转型时代的治理
重构全球发展动力

刘 虹 主编

上海社会科学院出版社

编辑委员会

主　编：刘　虹
副主编：张　怡　黄　昊
编　委：杜晓馨　江天骄　刘　丽　李　琴
　　　　姚　旭　杨庆峰　张延人

引　言

当今世界并不太平。

人类历史上无数次秩序的重塑，总有这样那样的过程。身处历史进程中的我们，并不能准确判断世界正处于和即将处于怎样的状态，但我们从历史和现实都能明确地知道，变局已来，然后不得不追问，这个缤纷的世界将何去何从。

当人类历史迎来 21 世纪的第三个 10 年，战争、疫情、种族、贫困、性别、能源短缺、气候变暖甚至代际交替，这些问题一一摆在了人类面前。对于全球主要国家来说，旧有的国家发展动力无以为继，寻找新的国家发展动力尚需时日，各国都在各自不同的困境中前行。

无论怎样，在前行中，发展需要延续，治理也需要持续。令人忧心的是，尽管各国面临着各式各样的挑战，但如同 2008 年时形成共抗金融危机的合力的基础似乎日渐式微，反而是更多基于意识形态而非民生的考量占了太多的 C 位。之前 30 年全球化时代的欣欣向荣、互利共赢，在有些国家的蓄意破坏下正逐渐丧失，"国家"本身取代了"国家间合作"，正成为这个时代新的特征。在这种思维转型的大趋势下，国家开启又一轮的"转型"并不意外——而这种转型，从外在看，甚至有可能回到类似 19 世纪的状态：对民族国家、主权国家的诉求可能成为国家新的动力，发展作为国家的"初心"和"使命"，会上升到一个关键的位置——而与 19 世纪帝国主义争霸的时代不同，当今人类已经拥有了前所未有的科技成果，享受着前所未有的物质生活，也存留着排斥全球性战争的集体记忆，以及对毁天灭地的大规模杀伤性武器的恐惧。从这个意义上来讲,这种转型,可能是前所未有的。即使从现象上来说,它对国家的诉求依然符合"解除饥饿—消除贫困—实现富裕—追求精神"的传统路径,但从思想和方法上,它已经成为人类从你死我活的竞争转向共享发展的竞合的必然路径。基于此,全球发展动力的重构,是必然的。条件和动因甚至施力者都在发生悄然而巨大的变化,各国发展合力的方向、强弱、内容不可能不发生相应的变化。

而这个变化中间,最大的变量依然是中—美。

仅就中国而言,"东升西降"尚是一种趋势,还不能说是一种必然。即使面对美国和西方国家近乎疯狂的全方位围堵,中国在未来几十年里寻求的发展道路,依然是协调可持续的均衡发展。但和过去不同的是,可能会以科技和创新为新的载体和手段。经过40多年坚定不移的改革开放,中国已经找到了自己的道路,并且可以与他国共享发展的成果、经验甚至是可复制、可推广的模式,而非如同某些国家一样强行以一种方式、一种模式一以贯之。但是,中国毕竟是后发的,中国话语在世界上并不强势,中国发展始终被有色眼镜、放大镜、显微镜审视和怀疑。对于世界而言,中国的力道虽然很大,但被牵扯分散的也不少,落实到世界各国的实利,相对于传统发达国家还有不少欠缺,甚至被冠之各种不实甚至污蔑之辞。于中国而言,发展依然是、一直是、永远是硬道理,而今天的发展,不仅仅是解决吃饱吃好的问题,更不局限于富起来、强起来等立足自身的目标,更多地是要带有全球性的普遍意义。那就是后发国家根据自己的国情,选择自己的发展道路,准确把握自身特点,寻求自身发展动力,不断融入全球发展大势,造福广大人民,同时以自己的发展辐射和带动其他国家,形成正向循环。

本书名为"转型时代的治理:重构全球发展动力",着重但不局限于对全球过去一段时间智库研究的提炼和总结。这一尝试在2013—2016年间取得了很好的成果,2016年后由于种种原因暂时搁置了。自从2021年提出"国家发展动力"这一理念后,我们一直想将"国家发展动力"的有关理论和概念融入我们的研究,并用相关工具尝试解释和分析这个世界遇到的有关问题,当然,是基于中国学者的立场。经过讨论,我们认为,这和智库研究成果提炼综述的初心是吻合的,因此,我们用了近一年的时间,经历了新冠疫情等多次考验,终于形成了一个与以往书稿看上去如此不同的框架。我们舍弃了"全面描述、重点突出"的撰稿方法,按照"大话题、小切入"的思路选择了几个热门的话题进行论述和评析,同时还在不同学科之间尝试寻找一个合理的逻辑,使得本书看上去并不遵循严肃的学术体例,而是以学术思想切入对现象和事件的描述,力图使每一个章节能让感兴趣的读者读出其背后的思考来。

第一章可以看作本书对应时间段的背景描述。谈到2021—2022年,全球思想的汇聚点都首先在新冠疫情上。对于人类社会而言,疫情的关键影响体现在经济上;也正因为疫情,全球经济治理的有效性、可靠性甚至意义价值都备受质疑。张延人博士对全球知名学者的观点进行了综述和点评,认为疫情造成的影响广泛且不确定,从经济层面看,对劳动力市场、生产供应链、金融市场和全球经济将产生不同的冲击,对全球经济和财政产生了显著的影响。

第二章试图展示在全球农业和食品系统治理上的首要不确定性。2022年乌克兰危机以来,"粮食安全"骤然成为全人类的共同话题。中国自古是一个农业大国,对于一个中国的研究机构来说,即使身在国际大都市,也没法不把视线放在农业上。刘丽博士一直以来关注农村产业链及其相关问题,她在这一章全面梳理和分析2021年全球智库关于农业和食品系统的多学科、多角度观点,发现具有建设性、启发性的新思想、新理念和新框架,尝试构筑一个韧性、可持续的全球农业和食品系统。

第三章,读者将看到的是2021—2022年全球智库和机构在气候变化、环境保护以及可持续发展领域的最新研究结论。李琴博士在这些领域的政策研究方面做了长期而持续的工作,这可以看作她所有工作的一个节选。值得重视的是,李博士花了大量篇幅介绍了中国的努力和研究,这是具有世界意义的。把绿色看作生产力,是中国对世界的重大贡献,对这一点的深刻理解,贯穿于本章始终。

第四章探索的是人工智能领域的"人"的治理。杨庆峰博士从哲学层面为读者描述了 AI 时代的傲慢与偏见，对当前人工智能治理的特征及其问题进行分析，指出当前人工智能治理中表现出强烈的客观主义、经验主义的特征，而忽略了主体的维度，如人类偏见、情感想象和信任，可以说在一定程度上形成了治理盲区。本章提出需要一种主体主义的人工智能治理原则。这种方案是反思式的，而不是具体的举措。它是一种偏重文化的方案，而不是经验的、琐碎的方案。

第五章则是对信息技术发展衍生的另一个细分领域——跨境数据流动进行的深入探讨。姚旭博士是中国这一领域较早的研究者。本章认为，跨境数据流动催生国家发展新动力与新挑战，但也需要在治理过程中考虑多层次的平衡。为此，欧盟、美国和全球其他国家都做了很多探索，也产生了诸多冲突和挑战。各国不得不面对规制始终落后于现实这一无法更改的情况，并作出正面的回应：给予现实中的跨境数据流动治理问题以空间去碰撞，只有在不断的碰撞当中才有可能发现更深层次的问题，并借以找到解决之道；在跨境数据流动治理的过程中，"自由流动—规制保护"之间的张力只有通过不断碰撞，才能最终得到平衡，这样一个始终存在的动态博弈的过程才是跨境数据流动的本质。

第六章聚焦教育治理。教育原本不是个问题，但在大国博弈中却又不能不成为问题。全球教育治理问题一直是刘虹博士的一个研究领域，在本章中，她和合作者樊晓杰博士指出，新冠疫情不仅导致常规教育交流活动和学术科研合作等受到严重影响，其更深层次的影响还在于全球教育格局因教育要素流动受阻而发生了重大改变，同时也促使人们再次审视教育的精神和文化根源。

第七章将视角再次落到了青年这一"关键群体"。和以往的青年研究不同，杜晓馨博士从国家发展需求出发，从青年健康、青年就业和青年参与三个角度简述了目前世界各国关注的青年问题，以及如何通过解决这些主要的问题来排除社会发展的障碍，促使青年人成为社会发展的重要动力。本章认为，在世界范围内，对于青年的关注首先是需要观念上的革新，健康、就业和参与的外延都在不断拓展的过程中，政策的制定也需要依据这些变化做出调整;青年所面临的问题是相互关联的,真正能够促进青年人成为国家发展的动力,需要全盘的考虑。青年人个体的发展与国家整体的发展如何有机融合、有序并轨,是世界上所有国家都需要解决的问题。

综上所述,本书涉及的领域相当广阔,包含文理科等多个领域。在成书过程中,在协商一致的前提下,我们也选择性地放弃了一部分内容——并不是学术不够扎实或内容不够精彩,而是我们希望本书不是一个拼盘的结果,而是有其内在的联系性,同时也能体现我们作为一个关注国家发展的智库的特点。目前的框架,以经济为起点,串联起农业治理与生态保护、科技伦理与数据规制、教育合作与青年群体等诸多内容,我们努力做到逻辑性与可读性的结合。当然,这个结合是否合适,只能留待读者来评判了。

我们诚挚地期待读者的每一条批评,这将是我们下一本"国家发展动力"丛书的"思想"来源。面对批评,我们始终是真诚的。

目 录

引言 ··· 1

第一章　新冠疫情防控：全球经济治理遭遇严峻挑战 ············ 1
 第一节　新冠疫情传播的影响及其测量 ························· 2
 第二节　新冠疫情导致的社交隔离及其有效性 ················· 5
 第三节　新冠疫情对经济和财政的影响 ························ 12
 第四节　新冠疫情应对措施的有效性评估 ····················· 22

第二章　粮食安全：全球农业和粮食系统治理危机并存 ······· 29
 第一节　农业和食物系统的影响因素 ·························· 30
 第二节　多层次的粮食系统治理实践 ·························· 36
 第三节　中国特色的农业和粮食系统治理 ···················· 53

第三章　可持续发展：全球生态环境治理呼吁新框架 ·········· 57
 第一节　全球生态环境治理的危与机 ·························· 59
 第二节　应对气候变化的决策新进程 ·························· 66
 第三节　全球生物多样性治理新框架 ·························· 69
 第四节　城市可持续发展与韧性安全 ·························· 77
 第五节　生态文明建设的中国方案 ····························· 80

第四章　伦理风险：全球人工智能治理存在主体盲区 …………… 86
　　第一节　作为国家发展动力的人工智能及其伦理审查 ………… 86
　　第二节　想象与信任：人工智能治理的主体维度 ……………… 93
　　第三节　基于中国实践的人工智能治理方案 …………………… 111

第五章　规制范式：全球跨境数据流动治理探索有效路径 …… 114
　　第一节　跨境数据流动催生国家发展新动力与新挑战 ………… 114
　　第二节　代表性国家、地区及国际组织跨境数据流动治理模式 … 116
　　第三节　不同规制范式间的冲突：美欧间跨大西洋跨境数据
　　　　　　流动 ……………………………………………………… 128
　　第四节　中国在全球跨境数据流动治理模式变革中的应对与
　　　　　　探索 ……………………………………………………… 135

第六章　共同发展：全球教育治理构建人类利益共同体 ………… 138
　　第一节　全球教育治理的行动者 ………………………………… 139
　　第二节　全球教育治理的形成与变革 …………………………… 148
　　第三节　新冠疫情时代全球教育治理面临的挑战 ……………… 155
　　第四节　中国参与全球教育治理的路径探索 …………………… 163

第七章　青年群体：全球创新驱动型国家发展的核心要素 ……… 166
　　第一节　青年人是国家发展的关键动力 ………………………… 166
　　第二节　世界青年健康发展作为持续动力 ……………………… 170
　　第三节　世界青年就业发展作为助推动力 ……………………… 179
　　第四节　世界青年参与发展作为创新动力 ……………………… 191
　　第五节　个体与国家共同发展的中国青年之路 ………………… 199

第一章 新冠疫情防控：全球经济治理遭遇严峻挑战

2020年年初，一种名为COVID-19的新型冠状病毒席卷全球。这一病毒的扩散导致的疫情已经造成了巨大的损失，酿成了一场波及全人类的巨大悲剧。截至2022年1月，全球累计病例数共计超过3.3亿，死亡人数达550万。就像司机在看到前方路面上有个大坑后不得不迅速踩下刹车减速一样，COVID-19病毒的蔓延迫使各国政府立刻出台应急措施，优先保障国民的健康安全，而对国家发展按下了暂停键。由于COVID-19传播速度极快，为了控制其传播，各国采取了社交隔离（Social Distancing）等多项公共健康措施。社交隔离政策迫使商业活动中止，学校、社区、非政府组织关闭，亦禁止人员聚集。多国采取封城隔离措施（Lockdown Measures），只允许必要出行。① 各国希望通过社交隔离"压平曲线"，即控制新冠病毒感染病例的每日新增速度，从而减轻医疗压力。

按下发展暂停键所产生的社会经济代价是惊人的。国际货币基金组织（International Monetary Fund, IMF）发布的世界经济展望指出，新冠疫情对经济的冲击远超2008—2009年国际金融危机。IMF认为全球经济衰退的原因包括：社交隔离长期化、封城政策抑制经济活动、维持营业的企业生

---

① 按照CDC的定义，保持社交距离（保持物理距离）是指与非共同居住者保持物理距离。保持社交距离要求：(1)与他人至少保持6英尺（2个手臂长度）距离；(2)不参与聚集性活动；(3)避开人群密集场所，不参与大型集会。

产力骤降,以及不确定性增加。① 新冠疫情造成的影响广泛且不确定,从经济层面看,对劳动力市场、生产供应链、金融市场和全球经济将产生不同的冲击。经济上负面影响的程度将取决于社交隔离政策(如封城及相关措施)的强度、隔离政策持续的时间以及民众的配合程度。此外,新冠疫情及政府的应对措施有可能增加民众精神压力,加剧经济不平等,并对某些社会阶层造成尤为强烈的冲击。COVID-19 的产生和蔓延,不仅对全球经济和财政产生了显著的影响,也进一步加剧了全球发展的不确定性。

第一节 新冠疫情传播的影响及其测量

瘟疫在人类历史上并不罕见,在多个历史时期均曾出现。但自 2000 年以来,瘟疫暴发的频率显著攀升,主因是动物间传播的病毒性疾病增多。由于瘟疫暴发日益频繁,包括 Garrett、Keogh-Brown 等人,以及 Madhav 等人和 Fan 等人在内的许多学者认为,必定会出现一场全球性的瘟疫大流行。伦敦帝国理工大学 COVID-19 应对小组(COVID-19 Response Team)的 Ferguson 等人认为,继 1918 年西班牙流感之后,新冠病毒感染成为最严重的全球性瘟疫。② 尽管研究者会把两次瘟疫放在一起比较,但 Barro 认为,1918 年西班牙流感流行时期的非医疗干预并没有成功降低总体死亡人数,原因是防疫政策持续时长不足。他推算,当时关闭校园、禁止大规模社交聚集的措施平均只持续了 36 天,而防疫隔离的平均时长仅为 18 天,都远远短于该流感病毒活跃的时间。③

---

① 世界银行(The World Bank)预测 2020 年全球 GDP 将较 2019 年下降 5.2%。经济合作与发展组织(OECD)预测,全球 GDP 将会下降 6%至 7.6%不等,具体取决于第二波全球新冠疫情的严重性。
② Ferguson, N., (2020), Impact of Non-pharmaceutical Interventions (NPIs) to Reduce COVID-19 Mortality and Healthcare Demand, Imperial College London.
③ Barro, (2020), The Coronavirus and the Great Influenza Pandemic: Lessons from the "Spanish Flu" for the Coronavirus's Potential Effects on Mortality and Economic Activity, NBER Working Paper No.27049, National Bureau of Economic Research.

一、流行病对经济活动的影响

一般认为,流行病会严重影响经济活动,至少短期之内如此。根据Jonas的观点,疫情带来的影响:一是社交隔离措施导致的回避反应(例如,个人可能会放弃购买和消费某些商品和服务);二是较小的直接成本(例如住院和医疗费用);三是较大的间接成本(例如劳动投入损失和生产损失);四是抵消效应和连带效应(例如服务中断和旅行取消)。一些研究试图预测大流行病造成的经济损失。[1][2] 例如Jonung和Roeger就预测,假如出现一场全球性流行病,欧盟(European Union, EU)的供需两方面都会受到冲击,GDP预计会下降1.6%。其他研究则将新冠与过去的流行病对比,以分析疫情影响。[3] 例如,Barro等人提出"1918年西班牙流感大流行期间的死亡人数,放到今天会有什么变化?"Barro等人估计,如果其他因素不变,按照1918—1920年西班牙流感大流行期间2.1%的死亡率估算,现在的COVID-19大流行将导致全球大约1.5亿人死亡(按照2020年75亿的世界人口数计算);同时还发现,2.1%的死亡率将导致GDP平均下降6%,私人消费平均下降8%。[4]

Zhu等人认为,目前发现的第一例COVID-19出现于2019年12月8日,病例数和死亡人数则从2020年3月起开始显著增长。截至2022年1月20日,全球累计病例数共计超过3.3亿,死亡病例数超过550万。和过往的流行病相比,COVID-19对老年人健康的影响尤为严重。为应对新冠疫情采取的隔离封锁措施则比历史上采取过的措施更加严格,持续时间也更久。这些措施打乱了全球供应链,影响了总需

---

[1] 研究历史上流行病造成的经济损失的文献,参见Boissay和Rungcharoenkitkul。
[2] Jonas, O. B., (2013), Pandemic Risk, The World Bank.
[3] Jonung, Roeger, (2006), The Macroeconomic Effects of a Pandemic in Europe: A Model-based Assessment, DG ECFIN, European Commission, Brussels.
[4] Barro, (2020), The Coronavirus and the Great Influenza Pandemic: Lessons from the "Spanish Flu" for the Coronavirus's Potential Effects on Mortality and Economic Activity, NBER Working Paper No.27049, National Bureau of Economic Research.

求和消费模式,进而导致金融市场波动加剧,经济冲击范围扩大。此外,企业和家庭的借贷和负债增加,致使新冠疫情造成的短期经济冲击更甚于以往。[1]

二、COVID-19 的传播情况测量

对新冠疫情相关数据的分析,是研究疫情的潜在经济影响、社会经济后果,以及政府应对措施的前提。有了这些数据,才可能估量疫情影响范围。及时可靠的数据能让全世界了解疾病传播情况、疫情对各国民众生活的影响,以及应对措施是否有效(Roser 等人)。[2]

现有的研究主要基于三个关键的指标:(1)检测总次数;(2)COVID-19 确诊病例数;(3)COVID-19 死亡病例数。这些数据由各国各级地方、地区和国家卫生机构(部委)提供,由约翰霍普金斯大学的系统科学和工程中心(the Center for Systems Science and Engineering at Johns Hopkins University)收集整理,以供研究和教学。[3] 中国的病例数按省份统计,美国、澳大利亚和加拿大按城市统计,其他国家则按国家统计(Dong 等人,2020)。[4] 这些数据可与世界卫生组织(WHO)、[5] 美国疾病控制中心(CDC)和欧洲疾病控制中心(ECDC)的数据交叉印证。

病例死亡率(Case Fatality Rate,CFR)可基于以上数据,由死亡病例数除以确诊病例数计算得出,用以衡量 COVID-19 的死亡率。[6] 然而,Roser 等人反对用 CFR 衡量死亡风险,[7] 他们的理由是,CFR 是基于确诊病例数

---

[1] Zhu, N., A Novel Coronavirus from Patients with Pneumonia in China, *The New England Journal of Medicine*, 2020, 382(8), 727-733.
[2] Roser et al., (2020), Coronavirus Pandemic (COVID-19), Our World in Data.
[3] 数据及数据可视化呈现见约翰霍普金斯大学 Coronavirus Resource Center, https://coronavirus.jhu.edu。
[4] Dong et al., An Interactive Web-based Dashboard to Track COVID-19 in Real Time, *The Lancet, Infectious Diseases*, 2020, 20(5), 533-534.
[5] WHO 新冠疫情数据见:https://covid19.who.int。
[6] 数据来自约翰霍普金斯大学的各国 CFR 数值。
[7] 详见链接:https://ourworldindata.org/mortality-risk-covid。

计算的,但由于检测能力的有限性,并非所有感染者都能被纳入确诊病例范畴。此外,CFR只能反映某一时间点特定情况下疾病的严重性,其数值会随着时间、地点、人口特征的变化而改变。

以上数据主要关注确诊数量和检测能力,而美国新冠追踪计划(COVID Tracking Project)[①]则提供了各州因COVID-19住院、接受重症监护、接受呼吸辅助的人数。该计划还评估了各州的数据质量。近期,追踪计划中还加入了新冠种族数据追踪(COVID Racial Data Tracker)[②],呈现疫情对不同种族个体的影响。这些测量手段和测量数据为我们理解美国新冠传播情况提供了更为全面的视角。

第二节 新冠疫情导致的社交隔离及其有效性

一、社交隔离的实施情况测量

测量社交隔离实施情况比测量病毒传播情况更为困难。我们从文献中总结出三种主要的测量方法:测量人口流动、测量标志数值(proxies)和形成指标。标志数值和指标根据已观测到的传染扩散数据以及政策实施信息得出,人口流动情况则根据已观测到的出行模式得出。近期,研究者广泛应用流动性测量手段,以理解疫情期间的人口流动模式(Nguyen等人)[③]。然而,人口流动数据提供者采用的测量方法稍有差异。表1.1总结了不同数据提供者的数据整合方式。

---

① 详见链接:https://covidtracking.com/data。
② 详见链接:https://covidtracking.com/race。
③ Nguyen et al., (2020), Impacts of State Reopening Policy on Human Mobility, NBER Working Paper No.27235, National Bureau of Economic Research.

表 1.1　　　　　　社交隔离——人口流动测量手段和测量方式

测 量 手 段	测 量 方 式
谷歌公司社区流动报告（Google LLC Community Mobility Reports）	谷歌动态(Google Mobility)①根据用户的移动设备位置记录汇总匿名数据。它将数据与基准时期对比,显示不同类型地点的人流量和人群停留时间变化。报告将地点分为六类：(1)零售和娱乐场所；(2)杂货店和药店；(3)公园(海滩等)；(4)交通站点(地铁站、公交车站、火车站)；(5)工作场所；(6)居住场所
Unacast	Unacast② 设有"社交隔离记分牌"。"记分牌"使用手机的位置数据,将每天的平均访问数据与疫情之前的"正常"水平做对比,根据人们的社交隔离行为给出从 A 到 F 的打分。给分基于三个不同的指标：(1)平均出行距离的百分比变化；(2)"非必要访问"的百分比变化；(3)"活动轨迹交错"的变化
安全图像(Safegraph)	安全图像(Safegraph)③追踪数百万部美国手机的 GPS 位置数据,每天测量人口普查区块级别的群体活动
百度地图(Baidu Maps)	百度地图(Baidu Maps)④每天追踪中国三百多个城市的人口流动情况,包括客流量、城市出行强度、城际迁移趋势。武汉疫情扩散早期,这个平台便被用于追踪 COVID-19

　　人口流动数据⑤变化快,且可以每日测量,因而可被用于衡量社交隔离措施对民众对居家隔离(shelter-in-place)的贯彻程度,以及劳动雇用情况等其他变量的影响(Gupta 等人)⑥,还能够提供研究人类行为的关键视角。例如,安全图像(Safegraph)的数据就表明,美国人的社交活跃度在封城前就已迅速下滑,且下滑幅度很大(Farboodi 等人)⑦。

　　然而,人口流动数据有其自身的局限性。首先,这些数据只能表明人们

---

① 详见链接：https://www.google.com/covid19/mobility。
② 详见链接：https://www.unacast.com/covid19。
③ 详见链接：https://www.safegraph.com/dashboard/covid19-commerce-patterns。
④ 详见链接：http://research.baidu.com/Blog/index-view?id=133。
⑤ Oliver 等人详细解释了为何人口流动数据虽然可能有效,但并不常用于疫情研究。
⑥ Gupta et al., (2020), Effects of Social Distancing Policy on Labor Market Outcomes, NBER Working Paper No. 27280, National Bureau of Economic Research.
⑦ Farboodi et al., (2020), Internal and External Effects of Social Distancing in a Pandemic, NBER Working Paper No. 27059, National Bureau of Economic Research.

在不同地点停留的时间,但无法显示出人际接触的具体环境,即接触是发生在工作场所还是公共社区(Martin-Calvo 等人)[1],而要理解新冠病毒如何传播,具体环境至关重要,因为不同的接触环境会影响病毒传染的风险。其次,人口流动数据同样无法清晰反映个人的生产性活动,例如,无法反映居家远程办公者在家办公时创造的价值。此外,随着总体失业率和工作不稳定性上升,人口流动数据的效用也会降低(Gupta 等人)[2]。相比这类位置信息,通信网络数据有明显的优势,更能反映实际情况,因为位置信息只能从使用智能手机、使用 GPS 定位且在出行时开启 GPS 定位的用户处收集,通信网络数据则没有这一限制(Lomas)[3]。

二、社交隔离的决定因素、有效性和遵守程度

各国为缓解新冠疫情所采取的社交隔离手段种类广泛,[4]相关措施的严格程度也不尽相同,既有严格的全面封锁,也有可自愿选择是否遵守的防护措施。[5] 例如,瑞典的限制相对较少(Juranek 和 Zoutman)[6]。政府虽然禁止大规模活动,要求餐馆和酒吧只能提供送餐上桌服务,但一般允许私营企业自由经营。[7] 同时,政府鼓励民众身体不适时居家隔离,尽可能减少社交

---

[1] Martin-Calvo et al., (2020), Effectiveness of Social Distancing Strategies for Protecting a Community from a Pandemic with a Data-driven Contact Network Based on Census and Real-world Mobility Data, MIT Connection Science.
[2] 人口流动数据可追踪用户从参照点(家)向工作场所的移动,由此得出用户的工作地点。然而,如果用户居家办公或失业,数据就无法得出与参照点不同的工作地点。因此,人口流动数据的有效性会降低。
[3] Lomas, N., (2020), Google is Now Publishing Coronavirus Mobility Reports, Feeding off Users' Location History, Tech Cranch.
[4] 世卫组织卫生系统反应监测(WHO Health System Response Monitor)提供国别分析,以及其他更多详细信息,见链接:https://analysis.covid19healthsystem.org/。
[5] 人们感觉到健康风险和经济损失风险,就会倾向于采取社交隔离行为(Makris)。Maloney 和 Taskin 也认为主动的社交隔离一般是出于恐惧或者社会责任感。
[6] Juranek and Zoutman, (2020), The Effect of Social Distancing Measures on the Demand for Intensive Care: Evidence on COVID-19 in Scandinavia, NHH Discussion Paper.
[7] Lyu 和 Wehby 的文章诠释了不遵守社交隔离政策的负面后果。他们分析比较了美国爱荷华州(无居家隔离政策)和伊利诺伊州(有居家隔离政策)每十万居民中的累计新冠感染数。同样,Bertoli 等人也指出,法国疫情期间举办市政选举,影响了之后的新冠死亡率。

活动(M. Andersen 等人)①。

　　社交隔离措施较为严格的国家一般有如下特征：老龄人口比重较大、人口密度较高；处于易感染环境的劳动者较多；自由程度较高；国际旅行更频繁；纬度更高(Jinjarak 等人)②。Cui 等人从博弈论的角度分析，认为经济上相互联系的国家会达成纳什均衡：如果其他国家采取居家隔离政策，则会引起未采取居家隔离的国家效仿。③

　　影响社交隔离政策的因素包括党派领袖特征、政治信仰和党派差异(Baccini 和 Brodeur④；Barrios 和 Hochberg⑤；Murray 和 Murray⑥)。⑦ Barrios 和 Hochberg 认为对感染 COVID-19 的风险认知与党派差异有关。他们发现，在美国，特朗普支持率较高的地区中，如果不强制实行社交隔离措施，居民就不太可能进行社交隔离，即使各州实施强制居家(stay-at-home)措施，情况也依然如故。Allcott 等人也发现了类似的情况，而且，调查问卷结果表明，民主党和共和党的支持者对感染 COVID-19 的风险认知不同，因此对社交隔离措施的重要性也持不同看法。⑧

　　研究者尝试分析社交隔离政策是否有效减少了社交活动，是否由此压

---

① M. Andersen, et al., (2020), Effect of a Federal Paid Sick Leave Mandate on Working and Staying at Home, NBER Working Paper No. 27138, National Bureau of Economic Research.

② Jinjarak et al., (2020), Pandemic Shocks and Fiscal-Monetary Policies in the Eurozone, COVID-19 Dominance During January-June 2020, NBER Working Paper No. 27451, National Bureau of Economic Research.

③ Cui et al., (2020), Shelter-In Place Strategies and Tipping, NBER Working Paper No. 27124. National Bureau of Economic Research.

④ Baccini and Brodeur, (2020), Explaining Governors' Response to the Covid-19 Pandemic in the United States, IZA Discussion Paper No. 13137, Institute of Labor Economics.

⑤ Barrios and Hochberg, (2020), Risk Perception Through the Lens of Politics in the Time of the COVID-19 Pandemic, NBER Working Paper No. 27008, National Bureau of Economic Research.

⑥ Murray and Murray, (2020), Following Doctors' Advice: Explaining the Issuance of Stay-at-Home Orders Related to the Coronavirus Disease 2019 (COVID-19) by U.S. Governors, Center for Open Science.

⑦ Baccini 和 Brodeur 发现，在美国，民主党州长比共和党州长选择封城居家隔离政策的概率要高 50%。此外，没有任期限制的州长选择封城或居家隔离政策的概率要高 40%。

⑧ Allcott et al., (2020), Polarization and Public Health, NBER Working Paper No. 26946, National Bureau of Economic Research.

低了COVID-19的感染率和死亡率。Abouk和Heydari指出[1]，在美国，家庭外社交的减少是由政府政策和自愿措施共同推动的，与全州范围内是否实行居家隔离存在很强的因果关系，与非必要商业活动的中止和对酒吧及餐馆的限制之间的因果关系则较弱。Ferguson等人认为，需要实施多种干预措施，才能有效限制病毒传播。控制传染的最佳策略是同时结合病例隔离、居家隔离和高危人群（70岁以上人群）社交隔离三种措施，这一策略可让英国和美国的死亡人数减少一半，重症监护室（ICU）的床位需求减少2/3。[2]

COVID-19研究的另一个热门方向是病毒检测（Baunez等人[3]；Gollier和Gossner[4]），病毒检测对于了解COVID-19感染人数，实时跟进疫情增长态势至关重要（Baunez等人）[5]。然而，Gollier和Gossner指出，由于检测试剂生产能力不足，并非所有受新冠疫情影响的国家都能进行大规模检测。这些学者呼吁用"小组混检"[6]方法解决，但这一方法实施起来也有问题，例如，小组存在最大人数限制，小组混检误差会增加。Baunez等人从检测的边际效益出发，提出在某一国家的不同地区进行"检测分配"。作者分析了意大利的数据，认为现在"检测分配"的效率并没有达到作者给出的标准。[7]

---

[1] Abouk and Heydari, The Immediate Effect of COVID-19 Policies on Social Distancing Behavior in the United States, Med Rxiv, 2020-04-07, 20057356.

[2] Ferguson et al., (2020), Impact of Non-pharmaceutical Interventions to Reduce COVID-19 Mortality and Healthcare Demand, Imperial College London.

[3] Baunez et al., Sub-National Allocation of COVID-19 Tests: An Efficiency Criterion with an Application to Italian Regions. AMSE Working Paper, 2020, 11, Aix-Marseille School of Economics.

[4] Gollier and Gossner, (2020), Group Testing Against Covid-19.

[5] Baunez按纽约市的邮编划分单位，分析病毒检测次数和社会阶层分布，发现检测次数、阳性结果和收入水平间有强关联性。也就是说，较贫困社区的居民更少得到检测，但一经检测，阳性概率更高。

[6] 小组混检法指将一组待检测者的采集样本混合检测，能够减少总检测次数。直观看来，如果整组结果是阴性，则表明小组中的所有个体都是阴性，个体便可以回归工作岗位，减轻社交隔离或封城造成的经济影响。

[7] Baunez et al., Sub-National Allocation of COVID-19 Tests: An Efficiency Criterion with an Application to Italian Regions. AMSE Working Paper, 2020, 11, Aix-Marseille School of Economics.

另一些研究则着力于讨论民众对社交隔离政策遵守程度的决定因素（Fan等人）。[1] 已知的决定因素包括收入、信任和社会资本、公共话语等，某种程度上还包括新闻频道收视率。[2] Chiou和Tucker的研究表明，生活在高收入地区且能使用高速互联网的美国人更可能遵守社交隔离政策。[3] Coven和Gupta则发现，纽约市低收入社区的居民在非工作时间内更少遵守居家隔离要求。[4]

还有一些研究考虑到了个人认知和社会偏好，并发现这两者同样会影响行为，影响对社交隔离的遵守程度。Akesson等人根据在英美两国的实验结果指出，以专家意见为参照，非专家个体会高估COVID-19的传染性。[5] 非专家个体如果了解到专家的意见，很容易就能纠正自己的认知。然而，人们认知中新冠病毒的传染性越强，他们采取社会隔离措施的可能性就越小。这或许是因为人们觉得，无论他(她)们是否遵守社交隔离政策，感染病毒都在所难免。Briscese等人以部分意大利居民为样本，建立了"延长封锁时间"对民众遵守程度的影响模型。[6] 研究发现，如果延长的封锁时间短于预期（令居民惊喜），居民会更愿意遵守隔离政策。因此文章建议，为了确保民众的遵守程度，政府或地方当局必须做好沟通工作，调整好民众的预期。Campos-Mercade等人研究了社会偏好和社交隔离遵守程度之间的关系。[7] 作

---

[1] Fan et al., (2020), Heterogeneous Actions, Beliefs, Constraints and Risk Tolerance During the COVID-19 Pandemic, NBER Working Paper No. 27211, National Bureau of Economic Research.
[2] 种族多样性是另一个已知的决定社交隔离遵守程度的因素（如，Egorov等人）。
[3] Chiou and Tucker, (2020), Social Distancing, Internet Access and Inequality, NBER Working Paper No. 26982, National Bureau of Economic Research.
[4] Coven and Gupta, (2020), Disparities in Mobility Responses to COVID-19, NYU Stern Working Paper.
[5] Akesson et al., (2020), Fatalism, Beliefs and Behaviors During the COVID-19 Pandemic, NBER Working Paper No. 27245, National Bureau of Economic Research.
[6] Briscese et al., (2020), Compliance with COVID-19 Social-Distancing Measures in Italy: The Role of Expectations and Duration, IZA Discussion Paper No. 13092, Institute of Labor Economics.
[7] Campos-Mercade et al., (2020), Prosociality Predicts Health Behaviours during the COVID-19 Pandemic, University of Zurich, Department of Economics, Working Paper No. 346.

者发现，表现出亲社会行为的人更有可能遵守社交隔离措施和其他卫生要求。

Bargain 和 Aminjonov 的研究表明，与信任度较低的地区相比，高信任度地区的欧洲居民减少了非必要活动出行。[1][2] 同样，Brodeur 等人也发现，在美国，实施封锁政策之后，对他人的信任度相对较高的地区，人员非必要流动会明显减少。[3] 作者还证明，在封锁结束后，如果人们倾向于信任媒体，他们对社交隔离的遵守程度就会更容易受媒体报道的影响，而如果他们倾向于信任科学、医学或政府，受到的影响则较小。[4] Barrios[5] 等人和 Durante[6] 等人的研究也证明，公民意识较强的地区更遵循自愿社交隔离措施。[7] Aksoy 等人发现，公众的关注程度与实施社交隔离措施的时间有显著的相关性，但这种相关性主要适用于制度质量高的国家。[8]

Simonov 等人分析了电视新闻对社交隔离遵守度造成的因果效应。[9] 他们研究了福克斯新闻（Fox News）收视率的平均偏效应，该新闻频道常常反对世界卫生组织提出的防疫建议。研究发现福克斯新闻收视率每

---

[1] Bargain and Aminjonov, (2020), Trust and Compliance to Public Health Policies in Times of COVID-19, IZA Discussion Paper No.13205, Institute of Labor Economics.

[2] Brück 等人的研究表明，同病人的接触频次和对社会与机构的信任程度呈负相关关系。

[3] Brodeur et al., (2020), Stay-at-Home Orders, Social Distancing and Trust, IZA Discussion Paper No.13234, Institute of Labor Economics.

[4] 有研究同样指出了逆向的因果关系。Aksoy 等人指出，疫情会使个人（尤其是年龄在 18—25 岁间的年轻人）对政府机构失去信心，且倾向于更不信任疫情期间的医疗系统。

[5] Barrios et al., (2020), Risk Perception Through the Lens of Politics in the Time of the COVID-19 Pandemic, NBER Working Paper No.27008, National Bureau of Economic Research.

[6] Durante et al., (2020), A Social Capital: Civic Culture and Social Distancing During COVID-19, UPF Economic Working Paper Series Working Paper No.1723, Universitat Pompeu Fabra Barcelona.

[7] 详见 Ding 等人研究。作者分析了社区参与度对社交隔离遵守情况的影响。此外，Bartscher 等人的研究表明，在 2020 年 3 月中旬至 5 月中旬的英国和部分欧洲国家，社会资本（以议会选举投票参与率表示）越高的地区，累计人均感染率越低。

[8] Aksoy et al., (2020), Public Attention and Policy Responses to COVID-19 Pandemic, IZA Discussion Paper No.13427, Institute of Labor Economics.

[9] Simonov et al., (2020), The Persuasive Effect of Fox News: Non-Compliance with Social Distancing During the COVID-19 Pandemic, NBER Working Paper No.27237, National Bureau of Economic Research.

增加1％,人们居家隔离的倾向就会下降8.9％。Bursztyn等人的研究表明,与Tucker Carlson Tonight节目相比,观众如果更常观看福克斯新闻频道的Hannity节目,感染病例数和死亡病例数就会越多。这是因为Hannity节目的主持人淡化了疫情的严重性。两个节目传达信息的差异导致了应对COVID-19的不同态度。[1]

第三节 新冠疫情对经济和财政的影响

一、新冠疫情影响宏观经济的可能机制

为了理解COVID-19潜在的负面经济影响,必须了解疫情冲击会通过何种渠道传导至经济领域。Carlsson-Szlezak等人的研究指出了三条主要的传输渠道。第一条渠道是直接影响,与商品和服务的消费减少有关。长时间的疫情和社交隔离措施使得消费者不得不待在家里,谨慎处理可自由支配的支出,对长期经济前景抱悲观态度,消费信心也可能因此降低。第二条渠道是金融市场震荡给实体经济带来的间接影响。疫情下,家庭财富可能会减少,储蓄会增加,而消费支出会进一步减少。第三条渠道是供给侧受到的冲击。COVID-19阻滞了生产,因此也将对供应链、劳动力需求和就业产生负面影响,导致解雇潮延续,失业率上升。[2] Baldwin特别讨论了经济预期受到的冲击的情况。作者认为,疫情会促使经济主体采取"观望"态度,而冲击强度最终将取决于COVID-19的流行病学特征、消费者和企业面对逆境和不确定性时的行为,以及公共政策的应对能力。[3]

了解经济危机后的恢复过程也很重要。Carlsson-Szlezak等人认为经

---

[1] Bursztyn et al., (2020), Misinformation During a Pandemic, NBER Working Paper No.27417, National Bureau of Economic Research.

[2] Carlsson-Szlezak et al., (2020), Understanding the Economic Shock of Coronavirus, Harvard Business Review.

[3] Baldwin, R., (2020), Keeping the Lights On: Economic Medicine for a Medical Shock, VoxEU.Org.

济复苏大致有三种情况。最乐观的情况是"V形",即总产出被影响后迅速恢复到危机前的增长路径。其次是"U形"路径,即产出迅速下降,但之后没有恢复到危机前的水平,实际产出轨迹和危机前的产出轨迹之间存在巨大差距。最糟糕的则是"L形"复苏路径,产出下降至低谷,且随后的增长率仍然很低,以至于危机前的产出增长路径和新的产出增长路径之间的差距继续扩大。[1] 值得注意的是,Carlsson-Szlezak 等人指出,以前的大流行病(如1918年的西班牙流感、1958年的亚洲流感、1968年的香港流感和2003年的SARS)暴发过后,各经济体往往会经历"V形"恢复。然而,COVID-19后经济复苏的模式预计不会如此明晰,因为社交隔离措施和封锁措施预计会对就业产生更大的影响。Gourinchas 认为,短时间内,可能有高达50%的可就业人口无法找到工作。[2]

二、SIR 传染病模型

本节我们将讨论宏观经济模型和传染病模型的结合。传染病学家使用的一个重要工具是经典的 SIR 模型,即易感—感染—康复(Susceptible-Infected-Recovered, SIR)。该模型由 Kermack 等人提出,将人群的健康状态分为三类:①易感者(S)(有被感染风险);②感染者(I)(被感染且有传染性);③康复者(R)(之前被感染过)。死于传染病的患者将不再具有传染性。[3]

人群被分为以上三类,而类型之间的转变(例如,从 S 型转变为 I,并最终变为 R)取决于两个关键参数。第一个参数是易感人群与感染人群互动

---

[1] Carlsson-Szlezak et al., (2020), What Coronavirus Could Mean for the Global Economy, Harvard Business Review.

[2] Gourinchas, P.-O., (2020), Flattening the Pandemic and Recession Curves, Mitigating the COVID Economic Crisis: Act Fast and Do Whatever. Centre for Economic Policy Research Press.

[3] Kermack et al., A Contribution to the Mathematical Theory of Epidemics, Proceedings of the Royal Society of London, Series A, Containing Papers of a Mathematical and Physical Character, 1927, 115(772), 700–721.

并传播病毒的概率,即传播率。① 另一个参数是感染者随时间推移康复的速率,即康复率。新感染人数取决于易感人群数量、传播率和目前的感染者人数。新感染人数会被加进感染人数,并从易感人数中减去。随着感染者逐渐康复,他们的人数会从感染人数中减去,加进康复人数。该模型预设,易感人数最终会随着时间的推移而减少,而COVID-19康复者将会获得"群体免疫"②。

SIR的一个变种模型是易感—感染—暴露—康复(Susceptible-Exposed-Infected-Recovered)(SEIR)模型。这个模型假设个人首先要暴露在病毒中,然后才会被感染。这个过程中还要加入另一个参数,即暴露个体被感染的概率,即感染率。与SIR模型一样,新暴露人数取决于易感人群数量、传播率和目前的感染者人数。直观看来,感染病例的数量随着传播率和暴露率的上升而上升,随着恢复率的上升而下降。

SIR或SEIR模型中最重要的参数之一是基本传染数R0。R0表示在没有干预的情况下,人群中一个新病例预计能产生的病例数(Fraser等人)③。R0的数值是传播率与康复率之比。大多数学者估计COVID-19的R0在2.2和3.1之间,意味着每个感染者在康复前平均会感染2.2到3.1个人(Hur和Jenuwine)④。

大量研究运用SIR或SEIR模型估计并预测了无社交隔离情况下COVID-19的传播态势。Atkeson等人使用SEIR模型模拟了社交隔离对新冠病毒传播的影响。作者引入随时间变化的传播率(这一数值最终会影响R0),以研究社交隔离措施的作用。作者发现,如果没有采取疫情防控措施(模拟3.0至1.8之间不同的R0值),感染率的增幅会在150到200天内超过1%。如果实施温和的社交隔离措施(模拟R0值从3.0降低到1.6),

---

① 最简单的此类模型忽视了二次感染的可能。在这种情况下,感染者会重新变为易感人群。
② 关于获得COVID-19的群体免疫,详见D'souza和Dowdy。
③ Fraser et al., Pandemic Potential of a Strain of Influenza A(H1N1): Early Findings, *Science*, 2009, 324(5934), 1557-1561.
④ Hur and Jenuwine, Lessons on the Economics of Pandemics from Recent Research, Economic Commentary, Federal Reserve Bank of Cleveland, 2020(11), 1-7.

感染率仍然会上升。如果实施严格但短暂的社交隔离措施(模拟 R0 值从 3.0 降低到 1.0),病毒可能重新开始传播。研究结果勾勒了社交隔离政策对 COVID-19 传播的影响(Anderson 等人)[①]。

Atkeson 等人和其他研究人员认为,这些流行病学模型有一个基本假设:人群健康状态变化是经济体系之外的外生变量。这意味着 SIR 或 SEIR 两个模型都没有考虑到 COVID-19 会导致消费活动或工作时间减少。这一情况不容忽视,因为任何对流行病的宏观分析都需要考虑公共健康影响和经济影响,在"生命与生计"之间做出权衡。因此,这部分文献重点关注这一权衡的效益,也即,如何以最低的社会经济成本降低感染率。

Eichenbaum 等人结合宏观经济一般均衡模型与标准 SIR 模型来分析这一问题。[②] 一方面,在他们的 SIR 宏观模型中,感染率不仅取决于易感者和感染者之间的传播率,还取决于人们在消费和工作时的互动程度。从模型中的宏观经济部分看,人们的消费和劳动选择决定了他们的效用水平,而消费和劳动选择又由健康状态决定,也即,取决于该个体是易感者、感染者还是康复者。因此,易感者可以通过减少消费活动,改变(住所外的)劳动供给模式,来降低感染概率。Eichenbaum 等人从这样的假设出发,运用校准法,发现如果不采取任何疫情应对措施,总消费会在 32 周内下降 9.3%。另一方面,劳动供应或工作时间则遵循 U 形恢复路径,到疫情出现后的第 32 周,下降幅度达到最大,高达 8.25%。减少消费和劳动供应的决定引起模型中 SIR 部分的变化,感染率峰值和死亡率峰值分别从 7% 和 0.30% 下降至 5% 和 0.26%。

SIR 宏观模型没有具体考虑现实世界中的问题,例如破产成本、家庭和企业的集体非理性以及有效劳动供应的损失,也没有考虑其他模型中存在的动态因素,如消费的不确定性和价格黏性(如果存在价格黏性,消费和工

---

① Andersen et al., (2020), Designing Reopening Strategies in the Aftermath of COVID-19 Lockdowns, IZA Policy Paper No.158, Institute of Labor Economics.
② Eichenbaum et al., (2020), The Macroeconomics of Epidemics, NBER Working Paper No. 26882, National Bureau of Economic Research.

作时间会进一步下降)。① 此外,也有研究文献提到其他问题,如感染的外部性、不完全信息和不同人群的感染风险差异。我们将在下文中分析这些因素。

Eichenbaum 等人则关注了病毒感染的外部性问题。他们指出,感染者不会考虑他们的行为是否会影响其他经济主体的感染率和死亡率,而是会无视社会最优均衡,继续消费和工作。作者建模时将消费税和一次性退税设为最佳防疫措施,以妥善地将外部性内部化。消费税减少了消费活动,令人们更愿意选择休闲而非工作,反过来又减少了感染的传播。税收返还家庭,可以大体保持可支配收入不变。最佳防疫措施能将感染率峰值降低到3%,死亡率降低到0.21%。作者还提出,防疫措施要达到最佳效果,就应该根据感染扩散程度逐步收紧。如果政府从一开始就采取严格的遏制政策,经济将会受到更严重的影响。

Bethune 和 Korinek 对感染的外部性进行了更为正式的研究。② 作者建立易感—感染—易感(SIS模型)和 SIR 模型以量化感染的外部性,先后讨论了个体化、分散化的解决方法以及社会规划下的解决方法带来的结果。作者发现,如果采用前一种方法,感染个体将继续从事经济活动,以实现自身效用最大化。而易感者则确实减少了活动,努力降低感染风险。这样的行为带来的结果是,感染个体没有进行充分的社交隔离,没有将自己的活动对社会整体感染风险造成的影响内部化。基于对美国经济的模型假设和校准,结果表明,疫情持续时间将超过两年。相反,在存在社会规划者的情况下,社会规划者会强迫感染者减少活动,以减轻易感者的风险,最终将新增感染数减少到零。此外,按分散化方法计算,作者得出额外感染的边际成本为8万美元,按社会规划方法计算,则为28.6万美元(2020年名义美元价格计算)。这表明个人低估了他们可能强加给其他人的外部性成本;与统一的

---

① Eichenbaum 等人比较了三个经典宏观经济模型,表明:如果按照引入了价格黏性问题的新凯恩斯主义模型推导,会推导出更严重的经济衰退。
② Bethune and Korinek, (2020), COVID‐19 Infection Externalities: Trading off Lives vs. Livelihoods. NBER Working Paper No.27009. National Bureau of Economic Research.

遏制政策相比,社会规划的防疫方法符合帕累托效率。

感染者可能不会表现出症状,因此感染人数可能在不知不觉中攀升。Berger 等人在 Kermack 等人的基础上建立了 SEIR 模型,将这一不完全信息纳入计算。他们建议对易感人群进行随机病毒检测,以确定受感染但无症状的病人,随后对这部分人群进行隔离。[①] 作者发现,与统一的隔离政策(封锁政策)相比,根据测试结果采取的精准隔离措施对经济的负面影响会低 5 个百分点。Piguillem 和 Shi[②] 以及 Eichenbaum 等人[③]的结论是,结合病毒检测、感染者识别和感染者隔离的"智能防控"政策能更好地兼顾经济活动与公众健康。同样,Aum 等人指出,在韩国和英国,政府通过积极组织检测和追踪密切接触者有效控制了病毒传播,由此降低了经济和公共卫生成本。

Acemoglu 等人则引入了不同人群风险的异质性。[④] 不同人群(年轻人、中年人和老年人)有不同的感染率、发病率和死亡率,与他人互动的程度也不尽相同。因此,隔离措施需要有针对性。这是因为,一方面,与对所有年龄群体采取统一封锁措施相比,针对不同的风险群体进行差异化封锁(对年龄较大的群体,采取比对年轻群体更大的封锁力度)可以更大程度地减少死亡人数,降低负面经济影响。作者发现,假设实施持续 434 天的统一封锁,死亡总人数会达到总人口的 1.8%,经济成本约为全年 GDP 的 24.3%。另一方面,实施持续 230 天的针对性封锁能将死亡人数减少到总人口的 1%,经济成本减少到全年 GDP 的 10%。Glover 等人还在他们的改良 SEIR 宏观模型中加入了个人年龄和工作部门差异两个变量。[⑤] 研究表明,

---

① Berger et al., (2020), An SEIR Infectious Disease Model with Testing and Conditional Quarantine, NBER Working Paper No. 26901, National Bureau of Economic Research.
② Piguillem and Shi, (2020), Optimal COVID-19 Quarantine and Testing Policies, EIEF Working Paper Series No. 20104, Einaudi Institute for Economics and Finance (EIEF).
③ Eichenbaum et al., (2020), The Macroeconomics of Testing and Quarantining, NBER Working Paper No. 27104, National Bureau of Economic Research.
④ Acemoglu et al., (2020), A Multi-Risk SIR Model with Optimally Targeted Lockdown, NBER Working Paper No. 27102, National Bureau of Economic Research.
⑤ Glover et al., (2020), Controlling a Pandemic, NBER Working Paper No. 27046, National Bureau of Economic Research.

最优防疫政策取决于社会规划者对不同个体福祉的重视程度。如果规划者更重视老年经济主体的福祉,那么防疫措施将更严格、更持久;反之亦然。

还有一个有趣的问题:针对不同经济部门和职业采取不同的防疫或社交隔离措施,是否有助于减少死亡人数,缓解经济衰退?Bodenstein 等人和 Krueger 等人通过建立改良 SIR 宏观模型研究了这一问题。Bodenstein 等人[1]从供给侧视角出发,关注疫情对生产必要资源的经济部门的影响。作者结合宏观经济模型和包含两组异质人口的标准 SIR 模型,建立了一个综合框架。流行病学变量和经济变量之间的传导机制涉及劳动力供应的变化,即,感染者无法参加工作,这是疾病造成的直接成本。生产活动被分为两组,"核心"和"非核心"部门,两者之间生产的可替代程度很低。前者生产原材料和中间产品,后者生产最终产品。核心产业的生产如果放缓或停止,将通过投入—产出联系(媒体通常称作"供应链")影响非核心产业,造成间接成本。社交隔离措施能够减少死亡数和病例数,从而控制劳动力供应的下跌。该模型显示,如果不采取社交隔离措施,这一双部门模型中的产出将从稳定状态下降 40%。采取社交隔离措施后,下降比例将缩减到 20%。直观看来,"在其他条件不变的情况下,感染峰值越低,核心部门受到的影响就越轻,从而产生经济收益(同时减轻医疗系统压力)。然而,这些收益背后既有劳动力供应减少带来的经济损失,也有熨平'感染高峰'带来的经济收益。"

Krueger 等人引入一个不同商品消费替代弹性不同的多部门经济体,分析各经济部门的异质性。[2] 他的方法与 Bodenstein 等人有所不同,后者更关注供给侧方面。Krueger 等人的研究根据服务的消费风险高低区分不同部门。疫情暴发后,易感家庭会用低感染率部门的消费来替代高感染率部门的消费。这种支出模式的调整有助于保持相对稳定的消费路径,并降

---

[1] Bodenstein et al., (2020), Social Distancing and Supply Disruptions in a Pandemic, Finance and Economics Discussion Series 2020-031, Washington: Board of Governors of the Federal Reserve System.

[2] Krueger et al., (2020), Macroeconomic Dynamics and Reallocation in an Epidemic, NBER Working Paper No.27047, National Bureau of Economic Research.

低因参与高感染率活动(无论是作为供应者还是消费者)而被感染的风险。研究表明,在其他条件不变的情况下,这种经济活动的"再分配"或许有助于减少感染的数量。

其他研究者试图对经济主体的内生反应和感染风险随时间变化的特性进行建模。Quaas 和 Dasaratha 对政策变化或感染水平变化时的行为反应进行了理论分析。[1] Alfaro 等人修改了现有的 SIR 模型,以考虑到根据感染风险做出的社会互动优化决策。[2] 一般认为感染率是 SIR 模型中的外生变量。然而,作者首先解释了偏好的异质性,继而指出偏好特征(如耐心、利他主义和互惠)发挥了减少感染外部性的重要作用。采取兼顾社交隔离限制和社会偏好特征的防疫措施,能够减少经济成本和公共卫生成本。比如,Argente 等人就发现,在韩国首尔,公开 COVID-19 病例的确切位置,能够降低病例较多的社区或地区的人流量。[3] 作者将数据标入区分异质性人群的 SIR 模型,以说明感染传播和经济影响。作者发现,与没有公开病例位置时相比,公开病例位置能让两年内的感染总数减少 40 万,死亡人数减少 1.3 万,预计还将降低 50% 的经济成本。

三、疫情对宏观经济的具体影响

COVID-19 疫情出现以来,有许多研究者从历史角度思考疫情的经济影响。Ludvigson 等人发现,如果只考虑线性关系,那么 COVID-19 这样的大流行病相当于多期大型外生冲击。[4] 作者发现美国的 COVID-19 疫情会导致工业产值下降 12.75%,服务业就业损失 17%,航空旅行持续减

---

[1] Quaas and Dasaratha, (2020), The Reproduction Number in the Classical Epidemiological Model, Working Paper No. 167, University of Leipzig, Faculty of Economics and Management Science.
[2] Alfaro et al., (2020), Social Interactions in Pandemics: Fear, Altruism and Reciprocity, NBER Working Paper No. 27134, National Bureau of Economic Research.
[3] Argente et al., (2020), The Cost of Privacy: Welfare Effect of the Disclosure of COVID-19 Cases, NBER Working Paper No. 27220, National Bureau of Economic Research.
[4] Ludvigson et al., (2020), COVID-19 and the Macroeconomic Effects of Costly Disasters, NBER Working Paper No. 26987, National Bureau of Economic Research.

少,宏观经济不确定性持续5个月之久。Jordà等人分析了从14世纪到2018年实际自然利率(在非通货膨胀环境下,投资资本的需求和供应所产生的安全资产的实际回报水平)的回报率。[①] 理论上,疫情应该会对实际自然利率造成向下的负冲击,因为劳动单位平均资本过剩(劳动力利用不足)会导致投资减少,而人们为了保障未来,或者为了弥补损失的财富,会增加储蓄。

然而,在新冠疫情背景下,使用历史数据分析可能不太合适。根据Baker等人的说法,COVID-19导致不确定性大规模飙升,且难有类似的前例可比。[②] 作者建议,考虑到病毒演变的速度和对数据实时性的要求,应该利用前瞻性不确定度测量来确定疫情对经济的影响。作者使用实际商业周期(RBC)模型,发现新冠疫情冲击[③]会导致2020年第四季度GDP同比收缩11%。作者认为,超过一半的收缩是由COVID-19带来的不确定性造成的。Coibion等人通过调查评估美国家庭的宏观经济预期,他们发现,导致消费、就业下降,通胀预期降低,不确定性增加,抵押贷款支付减少的主因不是COVID-19感染本身,而是封城等防疫措施。[④]

Mulligan评估了"封城"的机会成本,以佐证COVID-19带来的宏观经济影响。[⑤] 作者在美国的国民核算框架内推断了"非工作日"带来的福利损失,工人缺勤或被解雇导致的劳动—资本比率下降,以及因此导致的工作场所闲置。作者考虑了财政刺激产生的无谓损失、黑市活动对正常进出口流动的取代,以及疫情对非市场活动的影响(生产力损失,儿童和年轻人无法上学),得出每停产一年,福利损失约为7万亿美元。医学创新,如疫苗研

---

① Jordà et al., (2020), Longer-run Economic Consequences of Pandemics, NBER Working Paper No.26934, National Bureau of Economic Research.
② Baker et al., Measuring Economic Policy Uncertainty, *The Quarterly Journal of Economics*, 2016, 131(4),1593-1636.
③ Baker等人利用标普500波动性指数(VIX)以及基于新闻报道的经济政策不确定性(EPU)分析了经济冲击。
④ Coibion等人指出,这些发现会影响货币和财政政策,以及相关的传导机制。
⑤ Mulligan, C. B., (2020), Economic Activity and the Value of Medical Innovation during a Pandemic, NBER Working Paper No.27060, National Bureau of Economic Research.

发、密切接触者追踪和工作场所风险防控,可以抵消每年由停产造成的约 2 万亿美元的福利损失。

其他研究者则对供应侧进行了分析。Bonadio 等人使用定量框架模拟全球封锁导致的 64 个国家劳动力供应收缩。[1] 作者发现,经济活动收缩的一大表现是实际 GDP 的平均下降,下降主因之一是全球供应链的中断。Elenev 等人在模型中将 COVID-19 的影响表示为劳动者生产力的下降和劳动力供应的减少,这两者都会对企业收入产生不利影响。[2] 企业收入减少,导致债务随之逾期,大批企业违约,最终可能造成金融中介机构倒闭。Céspedes 等人建立了一个极简经济模型,也推导出 COVID-19 将导致生产力损失。[3] 作者预测,生产力损失会引发恶性循环,首先导致抵押品价值降低,借贷活动随之受限,就业率因此下降,最终造成生产力进一步下跌。如此,"失业和资产价格通缩的恶性循环"将扩大 COVID-19 的冲击。[4]

COVID-19 之前,还没有研究者分析过疫情冲击下的消费模式和债务反应。Baker 等人[5]分析家庭交易数据,发现疫情初期,家庭在零售和食品等特定部门的支出急剧增加。但随后,家庭的整体支出却下降了。Binder[6] 对 500 名美国消费者做了一次在线调查,询问他们在特定消费项目上的支出变化情况,以了解他们对新冠疫情的关注点和反应。研究者发现,28% 的受访者推迟或延缓了未来的旅行计划,40% 的人选择放弃购买食品。有趣的是,Binder 从调查中发现,大体而言,消费者越关注疫情,对通胀的预期就越高,而高通胀预期往往代表着"悲观情绪"或"困难时期"。

---

[1] Bonadio, et al., (2020), Global Supply Chains in the Pandemic, NBER Working Paper No. 27224, National Bureau of Economic Research.
[2] Elenev, et al., (2020), Can the Covid Bailouts Save the Economy? NBER Working Paper No. 27207, National Bureau of Economic Research.
[3] Céspedes, et al., (2020), The Macroeconomics of a Pandemic: A Minimalist Model, NBER Working Paper No. 27228, National Bureau of Economic Research.
[4] 这一机制详见 Fornaro 和 Wolf。
[5] Baker, et al., (2020), COVID-Induced Economic Uncertainty, NBER Working Paper No. 26983, National Bureau of Economic Research.
[6] Binder, C., Coronavirus Fears and Macroeconomic Expectations, *The Review of Economics and Statistics*, 2020, 1-27.

Clemens 和 Veuger[①] 关注美国各州政府销售税和所得税征收额的减少。作者认为,COVID-19 导致消费相对于收入大幅下降。这与以前的经济衰退不同,在以前的经济衰退中,收入下降的幅度大于消费。作者发现,2020 年第二季度,新冠病毒大流行将使各州的税收减少 420 亿美元。作者预计,到 2021 财年,销售税和所得税收入将减少 1 060 亿美元,各州减少额不同。

McKibbin 和 Fernando[②] 预估了 COVID-19 的经济成本。作者使用 DSGE/CGE 混合全球模型,将 COVID-19 建模为对劳动力供应、消费、金融市场的负冲击,对政府支出,特别是卫生健康支出的正冲击。作者概述了七种不同的情况,估算了多国死亡率上升和 GDP 下降的程度。在防疫措施最成功的情况下,2020 年死亡人数预计将达到约 1 500 万,全球 GDP 预计将减少约 2.4 万亿美元。

第四节　新冠疫情应对措施的有效性评估

为了减轻公共卫生管控对经济的负面影响,维持和提高公共福利,世界各国政府都在短时间内实施了各种财政、货币和金融政策。Elgin 等人利用 166 个国家的经济政策数据库,采用主成分分析(PCA)方法设计了 COVID-19 经济刺激指数(Economic Stimulus Index)。作者将这一标准化指数与政府反应预测指标相关联,这些指标包括人口特征(如年龄中位数)、公共医疗水平(如人均病床数)和经济变量(如人均 GDP)。他们发现,COVID-19 感染率更高、年龄中位数更大、人均 GDP 更高的国家,经济刺激指数越大。此外,作者还开发了一个"管控严格指数"(Stringency

---

[①] Clemens, et al., (2020), Implications of the COVID-19 Pandemic for State Government Tax Revenues, NBER Working Paper No.27426, National Bureau of Economic Research.
[②] Mckibbin, et al., (2020), The Global Macroeconomic Impacts of COVID-19: Seven Scenarios, CAMA Working Paper No. 1912020, The Center for Applied Macroeconomic Analysis, Australian National University.

Index），涵盖关闭学校和限制旅行等措施。作者发现"严格指数"对经济刺激指数并没有显著的预测作用，这表明公共卫生措施并没有推动经济刺激措施出台（Weder di Mauro）。[1]

与之类似，Porcher同样利用PCA方法，根据在180个国家实施的10项类似的疫情防控公共卫生政策，设计了一个公共卫生措施指数。[2] 该指数旨在衡量各国公共卫生对策的严格程度。作者发现，从COVID-19的病例数和死亡人数来看，公共医疗系统更完善，政府治理更有效的国家，公共卫生措施严格程度往往较低。

当前的研究者大多用流行病学-宏观经济模型分析最佳封锁政策，且采用的主要是二元变量模型：所有的选择（和应对）要么全由个体或私营机构做出，要么全由社会规划者做出（Acemoglu等人[3]，Alvarez等人[4]，Berger等人[5]，Bethune和Korinek[6]，Eichenbaum等人[7]，Jones等人[8]）与个体或私营机构相反，社会规划者（政府）采取的防控策略会将压力放在前期，即从一开始就实行严格的封锁以控制感染的蔓延，放任经济衰退或萧条。这是因为社会规划者的模型设置不仅考虑到了医疗成本和医院的拥挤情况，还正确意识到劳动者需要时间来适应居家办公。[9] 政策结果取决于这些模型

---

[1] Weder di Mauro, B., (2020), Macroeconomics of the Flu, Center for Economic Policy Research.
[2] Porcher, S., (2020), "Contagion": The Determinants of Governments' Public Health Responses to COVID-19 All Around the World, HAL Archives, http://halshs. archives-ouvertes. frlhalshs-025672861document.
[3] Acemoglu, et al., (2020), A Multi-Risk SIR Model with Optimally Targeted Lockdown, NBER Working Paper No. 27102, National Bureau of Economic Research.
[4] Alvarez, et al., (2020), A Simple Planning Problem for COVID-19 Lockdown, NBER Working Paper No. 26981, National Bureau of Economic Research.
[5] Berger, et al., (2020), A SEIR Infectious Disease Model with Testing and Conditional Quarantine, NBER Working Paper No. 26901, National Bureau of Economic Research.
[6] Bethune and Korinek, (2020), COVID-19 Infection Externalities: Trading off Lives vs Livelihoods, NBER Working Paper No. 27009, National Bureau of Economic Research.
[7] Eichenbaum, et al., (2020), Epidemics in the Neoclassical and New Keynesian Models, NBER Working Paper No. 27430, National Bureau of Economic Research.
[8] Jones, et al., (2020), Optimal Mitigation Policies in a Pandemic: Social Distancing and Working from Home, NBER Working Paper No. 26984, National Bureau of Economic Research.
[9] 封锁政策出台得越早，劳动者就有越多时间适应居家办公，提高工作效率。

参数的假设值。最佳政策选择反映了时间偏好率、流行病学因素、生命统计价值、感染人群死亡率的上升速度、发现新疫苗的风险率、卫生部门的学习效应,以及封锁造成的损失的严重程度(Gonzalez-Eiras 和 Niepelt)[1]。封锁的强度取决于体现为感染者数量函数的死亡率梯度和假定的生命统计价值(VSL)。如果不进行检测,封锁的经济成本将会增加,最佳封锁时间则会缩短(Alvarez 等人)[2]。Chang 和 Velasco[3] 认为,政策的最优解取决于人们的预期。例如,财政转移支付的数额必须足够大,才能促使人们待在家里,减少传染;否则,人们可能不会改变行为,而感染风险将因此增加。作者在分析中也批评了 SIR 模型,因为这些模型中使用的参数(数值固定)实际上会随着个人对政策的反应发生变化。[4] Kozlowski 等人[5]在 SIR 宏观模型中研究了 COVID-19 的"疤痕效应"(即对负面极端事件或尾部风险事件发生概率的信念变化),发现经济主体对尾部风险事件的信念调整在长期内将产生更强、更持久的负面经济影响。

当每日死亡率和病例数有所下降时,最重要的政策便是重启经济。[6] Gregory 等人[7]将封锁描述为"生产力的损失"。在封锁中,雇主和劳工之间的关系或暂停,或终止,或延续。作者进一步解释,在 COVID-19 之后,经济复苏的速度和类型(V 型或 L 型)至少取决于三个因素:一是在封锁

---

[1] Gonzales-Eiras and Niepelt, (2020), On the Optimal "Lockdown" During an Epidemic, Working Paper No.20.01, Swiss National Bank Study Center Gerzensee.

[2] Alvarez, et al., (2020), A Simple Planning Problem for COVID-19 Lockdown, NBER Working Paper No.26981, National Bureau of Economic Research.

[3] Chang and Velasco, (2020), Economic Policy Incentives to Preserve Lives and Livelihoods, NBER Working Paper No.27020, National Bureau of Economic Research.

[4] Chang 和 Velasco 比较了他们对 SIR 模型的批判和 Lucas 对宏观经济模型的批判,后者认为使用主流模型对稳定性政策宏观经济影响进行的预测都具有误导性,因为经济主体会就情况做出不同反应。

[5] Kozlowski, et al., (2020), Scarring Body and Mind: The Long-Term Belief-Scarring Effects of COVID-19, NBER Working Paper No.27439, National Bureau of Economic Research.

[6] 例如,T. M. Andersen 等人,Glover 等人,Zhao 等人就对如何放松限制措施、是否保留封锁措施进行了分析。

[7] Gregory, et al., (2020), Pandemic Recession: L or V Shaped? NBER Working Paper No.27105, National Bureau of Economic Research.

开始时失业,但和雇主继续保持联系的劳动者的比例;二是封锁期间雇主和雇员之间非活跃关系的消失速度;三是封锁结束时,未被前雇主召回的劳动者在别处找到稳定工作的速度。

Harris指出[1],要决定重启经济的行动方案,对几个状态指标(如部分自愿核酸检测结果、核酸测试资格规定、每日住院率)的利用至关重要。Kopecky和Zha指出[2],死亡人数减少或是由于实施了社交隔离措施,或是由于群体免疫;使用标准的SIR模型很难识别和拆分这两种因素。他们认为,由于存在"识别问题",重启经济将面临很大的不确定性。只有实施全面检测,快速而准确地识别新的病例,确保未来可以通过隔离和密接追踪措施防控疫情暴发,才能解决这一模糊性。

Agarwal等人[3]依靠合成控制法研究反事实条件下的美国流动性限制干预措施。作者利用不同国家的每日死亡数据创建了不同的"美国合成流动性"变量。这些变量被用于预测反事实情形,从而展现不同程度的人口流动性干预对美国死亡水平的影响。他们发现,流动性的小幅下降会减少死亡人数;然而,在流动性下降40%之后,流动性限制的效果(以死亡人数衡量)就会减弱。作者分析反事实情形,发现取消严格流动性限制,保留适度流动性限制(如在零售和运输地点进行限制)或许能够有效地减少美国的死亡人数。其他研究者,如Rampini[4]论证了依次解禁措施的可行性,即,先解除对年轻人群的封锁,后期再解除对老年人群的封锁。作者指出,新冠对年轻群体健康影响较小,这是一个幸运的巧合,因此可以采取依次解

---

[1] Harris, J. E., (2020b), Reopening Under COVID-19: What to Watch For. NBER Working Paper No.27166. National Bureau of Economic Research.
[2] Kopecky, K. A. and Zha, T.(2020), Impacts of COVID-19: Mitigation Efforts Versus Herd Immunity, Policy Hub No.03-2020, Federal Reserve Bank of Atlanta.
[3] Agarwal, et al., (2020), Two Burning Questions on COVID-19: Did Shutting Down the Economy Help? Can we (Partially) Reopen the Economy without Risking the Second Wave? arXiv.org, 2005.00072.
[4] Rampini, A. A., (2020), Seauential Lifting of COVID-19 Interventions with Population Heterogeneity, NBER Working Paper No.27063, National Bureau of Economic Research.

禁的方法,明显减轻封锁措施的经济影响。Oswald 和 Powdthavee[1] 提出了类似的想法,即,因为年轻人经济效率更高(因为他们更有可能身处劳动力市场之中),抗感染能力更强,所以应该首先解除对年轻群体的流动限制。

美国的一些州重新开放之后,研究者开始关注重新开放的实时影响。[2] Nguyen 等人[3]发现,重新开放四天后,流动性增加了 6% 到 8%,而那些较晚采取封锁措施的州,流动性增加的幅度更大。这些发现意义重大,有助于研究病例的重新出现、医院容量的利用和新增的死亡数。Dave 等人[4]分析了威斯康星州最高法院废除居家隔离令,解除居家隔离要求,对社交隔离和 COVID-19 感染数产生的影响,发现就统计数据来看,并无重大影响。W. Cheng 等人[5]发现,由于一些州重新开放,美国 5 月份的就业率有所增加,主要因为许多人回归了之前的工作。然而,他们发现,员工离开的时间越长,再就业概率就会越急剧下降。

关于总体宏观经济方面,Gourinchas[6]指出,如果没有大额、及时、刺激性的宏观经济干预,经济衰退造成的产出损失将大幅增加,这主要是由于经济主体为免受 COVID-19 影响,会试图减少消费支出和投资支出,选择风

---

[1] Oswald and Powdthavee, (2020), The Case for Releasing the Young from Lockdown: A Briefing Paper for Policy Makers, IZA Discussion Papers No.13113, Institute of Labor Economics.
[2] Balla-Elliot 等人调查了美国小型企业对重启经济的期望。
[3] Nguyen, T. D., Gupta, S., Andersen, M., Bento, A., Simon, K. I. & Wing, C. (2020), Impacts of State Reopening Policy on Human Mobility, NBER Working Paper No. 27235. National Bureau of Economic Research.
[4] Dave, et al., (2020), Did the Wisconsin Supreme Court Restart a COVID-19 Epidemic? Evidence from a Natural Experiment, NBER Working Paper No. 27322, National Bureau of Economic Research.
[5] Cheng, et al., (2020), Back to Business and (Re)employing Workers? Labor Market Activity During State COVID-19 Reopenings, NBER Working Paper No. 27419, National Bureau of Economic Research.
[6] Gourinchas, P.-O., (2020), Flattening the Pandemic and Recession Curves, Mitigating the COVID Economic Crisis: Act Fast and Do Whatever, Centre for Economic Policy Research Press.

险更低的信贷交易。① Gourinchas 认为，②政府的反应应该会根据国家特征表现出区域差异。因此，各国用以减缓经济衰退的财政和货币刺激措施会在类型和水平上大有不同。由于大多数发达国家仍有高额政府负债，历史利率也较低，Bianchi 等人③建议采取互相配合的货币和财政政策来应对COVID-19 造成的经济衰退。他们建议，应该利用财政政策制定紧急预算，并对债务与 GDP 的比率设置上限。这一措施将增加总支出，提高通货膨胀率，并降低实际利率。货币部门将与财政部门配合，设定高于正常水平的通货膨胀目标。长期而言，政府将努力平衡预算，以恢复通货膨胀率至正常水平为目标，制定未来的货币政策。

Bigio 等人④重点关注政府转移支付与信贷补贴政策。作者认为，两者的最佳组合取决于金融发展水平：金融体系发达的经济体应该采用刺激性信贷政策；而发展中经济体则应进行更多的转移支付。Guerrieri 等人⑤探讨了疫情这种强度的供给冲击是否会导致市场不完整的多部门经济体超额的需求下降。他们发现，负面的供给冲击会导致需求过度下降，特别是在商品之间可替代性低、市场不完整、消费者之间存在流动性限制的情况下。他们认为，最佳的应对政策是同时放松货币政策并增加社会保险支出。另一方面，工资补贴、直接投放大量流动资产、股权注入和贷款担保等非常规政

---

① Collard 等人解释称，有效分配取决于消费者效用和感染风险之间的边际替代率（Marginal rate of substitution）。在动态模型中，资源分配由免疫和感染外部性之间的交互决定。Hall 等人分析了人们为避免死于新冠而愿意放弃的消费上限。作者发现，消费的减少幅度从 41% 至 28% 不等，取决于人群的平均死亡率。

② Gourinchas, P.-O., (2020), Flattening the Pandemic and Recession Curves, Mitigating the COVID Economic Crisis: Act Fast and Do Whatever, Centre for Economic Policy Research Press.

③ Bianchi, et al., (2020), Monetary and Fiscal Policies in Times of Large Debt: Unity is Strength, NBER Working Paper No. 27112, National Bureau of Economic Research.

④ Bigio, et al., (2020), Transfers vs Credit Policy: Macroeconomic Policy Trade-offs during COVID-19, NBER Working Paper No. 27118, National Bureau of Economic Research.

⑤ Guerrieri, et al., (2020), Macroeconomic Implications of COVID-19: Can Negative Supply Shocks Cause Demand Shortages? NBER Working Paper No. 26918, National Bureau of Economic Research.

策,可以保证经济处于充分就业、高生产力的均衡状态(Céspedes 等人)①。这些非常规政策可以阻断企业违约和金融中介机构疲软之间的负反馈循环,防止出现宏观经济灾难(Elenev 等人)②。Didier 等人③讨论了向企业提供直接融资的政策方案、重点事项和取舍权衡。

Chetty 等人④分析了美国刺激政策对家庭和企业的因果效应。他们发现,一方面,通过《冠状病毒援助以及救济与经济安全法案》(CARES)发放的刺激补助金会使消费有所增加。然而,这种消费主要是耐用品消费(人际互动需求低)。因此,这些消费并没有流向那些损失了收入的企业——主要是中小型企业——如酒吧和餐馆。另一方面,通过工资保护计划(Paycheck Protection Program,PPP)向小型企业提供的贷款对恢复企业就业帮助甚微。作者通过分析数据指出,在短期内,恢复消费者信心,实施有针对性的援助计划,比采取统一的刺激性政策更能有效地复苏经济。

---

① Céspedes, et al., (2020), The Macroeconomics of a Pandemic: A Minimalist Model, NBER Working Paper No. 27228, National Bureau of Economic Research.
② Elenev, et al., (2020), Can the Covid Bailouts Save the Economy? NBER Working Paper No. 27207, National Bureau of Economic Research.
③ Didier, et al., (2020), Financing Firms in Hibernation during the COVID-19 Pandemic, Policy Research Working Paper No. 9236, The World Bank.
④ Chetty, et al., (2020), How Did COVID-19 and Stabilization Policies Affect Spending and Employment? A New Real-Time Economic Tracker Based on Private Sector Data, NBER Working Paper No. 27431, National Bureau of Economic Research.

第二章 粮食安全:全球农业和粮食系统治理危机并存

全球农业和粮食系统正站在充满无限挑战和各种机遇的十字路口。回望过去,20世纪中叶开始的"现代集约农业",通过化肥、农药等化学品和农业机械投入,大幅提高了土地生产率和农业产量,也带来了水体污染、土质下降、生物多样性破坏、鱼类储量下降和大量温室气体排放等环境问题,农业和自然资源的生产潜力在全球多个区域遭到了破坏。现代农业带来了严重的生态破坏,也引发了社会反思传统农业生产模式的弊端,多角度探索可持续的农业和粮食系统治理。

构建可持续的农业和粮食系统,是全球治理和国家发展的挑战,也是构建粮食安全新格局、新路径的机遇。由于新冠疫情、极端气候、地缘冲突等的影响,2020年,世界7.2亿—8.11亿人口面临饥饿威胁(FAO et al. 2018),[①]比2019年增加1.61亿;全球23.7亿人陷入粮食危机,比2019年增加3.2亿,是历史上最严重的时期之一。土地资源不足和灾难冲击等因素,推动了近几十年的压力型移民增长,带来贫困人口生计和劳工福利等方面的挑战。农业系统与地区自然保护密不可分,控制气候变化和干旱等不利外部因素,才能避免粮食减产和总量的危机。同时,不仅要消除粮食总量相关的显性饥饿,也要通过多种方式避免维他命和矿物质缺乏的隐性饥饿,提高人口免疫水平、健康饮食和营养保障。

---

① FAO & INRA, (2018), Constructing Markets for Agroecology: An Analysis of Diverse Options for Marketing Products from Agroecology. Rome. FAO. 214 (also available at www.fao.org/3/I8605EN/i8605en.pdf).

农业和粮食系统,既是社会发展和国家发展的体现,也是推动国家发展的基石。面对错综复杂的国际局势和环境挑战,零饥饿是农业和粮食系统的第一目标。但是,全球粮食和食品系统没有统一的治理措施。全球高端智库及其相关政策制定者、研究者积极探索影响和制约全球农业和食品系统发展的多重因素,探索如何完善和改进国家性、地区性和技术性实践,从而以多元化、创新性的方式推动农业和食品系统的可持续发展与转型。不同参与者在农业和食品系统转型过程中具有不同的角色、责任、实践、原则和制度,整合这些相互独立又彼此联系的方面蕴藏着农业和食品研究的系统方法和思维模式。全球各个国家和地区需要推动政治承诺、更大层面的经济和行业变革与投资、合作和政策等方面的根本性变化。农业和食品系统框架广泛应用于政策领域,是国家实现可持续发展目标和任务的中心环节,推动了多利益相关者治理(multi-stakeholder governance)的新模式。本章的研究目标,旨在全面梳理和分析全球智库2021年关于农业和食品系统的多学科、多角度的观点,发现具有建设性、启发性的新思想、新理念和新框架,构筑一个韧性、可持续的全球农业和食品系统。

第一节 农业和食物系统的影响因素

全球农业与食物系统,由具有不同特质的小系统构成,小系统的内部和小系统之间具有关联性,形成了一个具有复杂性的整体。农业和粮食系统,是由土壤、水源、气候、动植物多样性等相互关联的资源要素构成的整体,包括生产、加工、流通(运输)、分配和消费等各个环节,涉及政府、农民、企业、运输部门和消费者等不同参与者。[1] 同时,农业和食品系统受到气候变化、新冠疫情、环境破坏和社会不公平等多重外部因素的冲击。这些不同的要素、环节、参与者和外部因素,共同影响了农业和食品系统的转型与发展,造

---

[1] FAO, (2014a), Developing Sustainable Food Value Chains—Guiding Principles. Rome. FAO. (also available at www.fao.org/3/a-i3953e.pdf).

就了农业和食物系统的多元性、相关性、整体性和复杂性过四个特性。农业和粮食系统中各要素不是孤立地存在着,每个要素在系统中都处于一定的位置,起着特定的作用。要素之间相互关联,构成了一个不可分割的整体。认识并利用系统的特点和规律,更好地控制、管理、改造或创造系统,才能调整系统结构,协调各要素关系,以多层次的治理方式,推动农业和粮食系统的可持续发展(图2.1)。

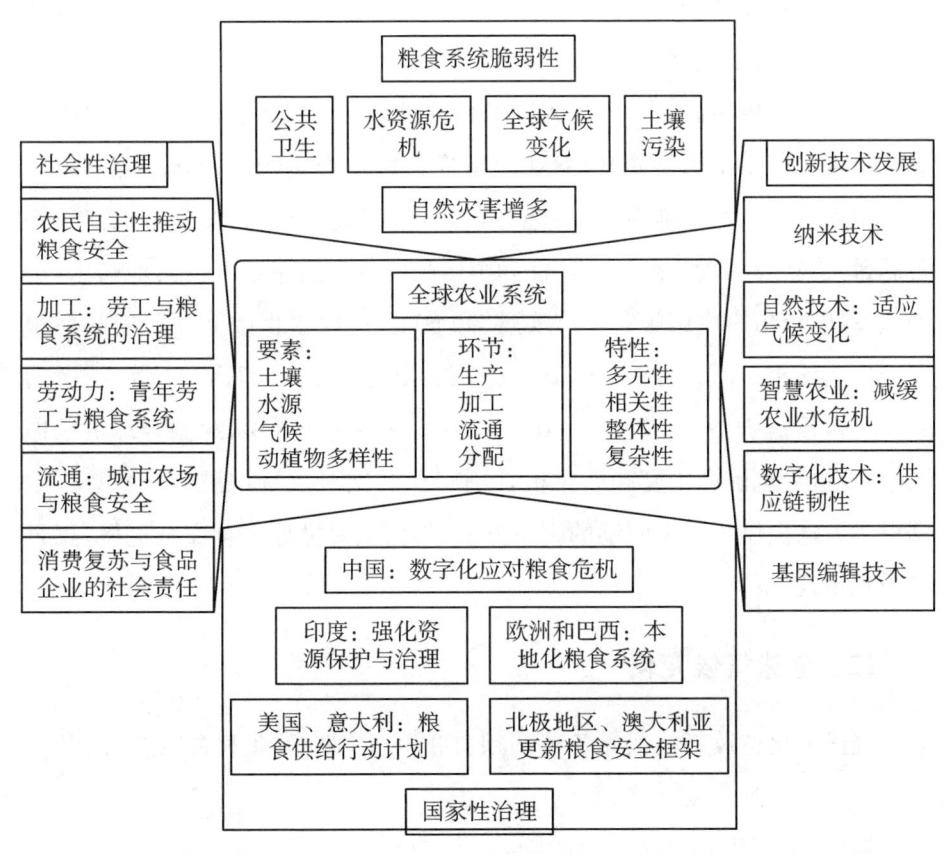

图 2.1 全球农业和粮食系统的脆弱性和治理

一、粮食安全的脆弱性

粮食不仅是一种商品,也是一种权利。莫斯科国立国际关系学院高级研究员 Elena Maslova 撰写的《G20：粮食安全的含义及其重要性》[1]一文中提到，粮食安全的概念不仅意味着要确保生物生存的能力，还意味着食物的可用性/可负担性、营养质量和食物系统的可持续性。粮食安全包括五个要素：充足性、可持续性、安全性、健康性和公平性。前四个要素强调了粮食作为商品的安全特性，农业生产不仅要克服集约化生产方式导致的过度利用和资源退化，也面临着来自工业、城市等其他领域的资源利用的竞争，面临着保护和加强地球生态系统及其服务的挑战。公平性则指出粮食作为权利的安全特性。饥饿会带来生命威胁，食物权是全球重要的人权。[2]

世界范围内对高、中、低收入国家粮食安全的阐释各有不同。发达国家更注重食品的质量和营养，营养和健康成为粮食安全研究的新指标。中国和东南亚很多国家逐渐由"吃得饱"向"吃得好"转变，粮食安全不仅涉及储备总量，也涉及粮食分配的均等性和个体的营养和健康状况。其他国家，例如俄罗斯，以依靠本国粮食生产实现"粮食主权"（"粮食独立性"）来解释粮食安全。博士后研究员 Matt Cooper、高级研究员 Homi Kharas 等人在《消除全球饥饿是否指日可待？》[3]一文中，引入机器学习模型，绘制全球饥饿地图，发现世界范围内中度和严重粮食不安全的绝对数量均呈上升趋势。数据科学方法提供了数据驱动的决策方法，如何应对世界粮食安全危机，正日益受到重视。

二、全球气候变化

气候变化持续影响世界各地的粮食生产、农业、渔业和畜牧业，以及农

---

[1] Elena Maslova, G20: What Is Food (Un)Security and Why It Matters, *Italian Institute for International Political Studies*, https://www.ispionline.it/en/pubblicazione/g20-what-food-unsecurity-and-why-it-matters-30087, 2021-04-15(2022-08-15).
[2] 美国大西洋理事会提出《识别并调整全球粮食系统中的混乱状态》，引起了广泛关注。
[3] Matt Cooper, Homi Kharas, Benjamin Müller, Are We on Track to End Global Hunger?, *Brookings*, https://www.brookings.edu/articles/are-we-on-track-to-end-global-hunger/, 2020-10-22(2022-08-15).

民生计、就业机会和移民,也造成政治不稳定,威胁国家安全。① 根据联合国粮农组织的最新估计,全世界约8.9%饥饿人口(2030年超过8.4亿),有一半都在非洲。非洲国家的粮食供应不足,源于持续冲突、气候干旱、沙漠蝗虫侵袭和新冠疫情等多重压力的叠加,人口快速增长进一步加剧了粮食不安全威胁。气候变化正越来越多地影响欧洲国家的粮食产量和农田价值。以色列特拉维夫大学波特环境研究学院院长Colin Price撰写的《气候变化和以色列的国家安全》②指出,以色列及其邻国叙利亚和黎巴嫩肆虐的野火,提醒着人们气候正在发生变化,且已经波及中东地区。以色列的气温上升,对旅游业、国民经济及军事活动都产生直接影响。降雨减少,加剧了地区的缺水状况,直接影响农业产生,而农作物的歉收又将引发民众的动乱。再者,风暴天气对基础设施造成了破坏,海平面上升威胁到邻国埃及,产生大量的"气候难民"。他提出以色列应将气候变化纳入其国家安全议程中,并将国内外的气候威胁纳入国家安全评估中。气候和高级能源副主任Margaret Jackson等在《美国退出〈巴黎协定〉对全球应对气候变化意味着什么》③一文中指出,气候变化影响着世界上每一个国家,除了气候变化带来的风险,地缘政治压力也使公共和私营部门展开在2050年前达成净零排放的竞赛。气候变化正在成为国际社会多个重要多边论坛的核心支柱以及各国外交政策的重要组成部分,气候行动正在重塑全球影响力的变化,气候行动需要当地人(直接受益者)可以直接参与到相关讨论的各个环节中,推动从下至上的地方性实践。

---

① Wheeler, T. & von Braun, J., (2013), Climate Change Impacts on Global Food Security. *Science*, 341(6145), 508 – 513. doi:10.1126/science.1239402.
② Colin Price, Climate Change and Israel's National Security, INSS Insight No. 1397, https://www.inss.org.il/publication/climate-change-and-israel/, 2020 – 10 – 29(2022 – 08 – 15).
③ Margaret Jackson and Jorge Gastelumendi, What the US Withdrawal from the Paris Agreement Means for the Global Fight Against Climate Change, *Atlantic Council*, https://www.atlanticcouncil.org/blogs/new-atlanticist/what-the-us-withdrawal-from-the-paris-agreement-means-for-the-global-fight-against-climate-change/, 2020 – 11 – 04(2022 – 08 – 15).

三、水资源危机

美国西北大学政策研究所研究员 Sera L. Young 撰写的《人类的治水经验及其对粮食安全的意义》[①]文章中指出,美国应将对水资源的管理纳入粮食安全政策,形成水安全目标。要保证水安全和粮食安全之间的平衡,加速成为水治理领域的领导者。目前全球有数十亿人生活中缺乏足够清洁的用水,物理性缺水(由于当地生态条件而缺水)以及经济落后或水基础设施不足导致的缺水往往交叠出现。水资源短缺、水资源平衡、灌溉农业的地下水短缺、水循环尤其是降雨和干旱期的变化,都迫使人们调整雨养生产和灌溉生产;可再生水资源减少;强降雨正使得发生泥石流、严重侵蚀和突发洪水的风险加大。降雨量最少的地区,通过进口粮食、海水淡化来缓解用水紧张,而刚果民主共和国等经济落后的国家,虽然降雨充沛,但因基础设施和管理方面的限制,仍然面临严重的缺水问题。气候变化将增加用水紧张地区的数量,给农业生产带来更大的挑战。降水更加不稳定、无法预测带来的经济损失将会增加,也会给当地公共卫生带来毁灭性的影响,甚至会加剧地区冲突,迫使人民流离失所。水安全必须成为非洲的核心,增强水务行业适应性和韧性不仅能够创造就业,而且可以促进中小企业发展。世界银行前非洲可持续发展中心主任 Ede Ijjasz-Vasquez 和该中心非洲发展倡议学会主任 Aloysius Uche Ordu 在《气候适应和非洲的大重置》[②]一文中指出,2020 年东非的洪水影响了远超 100 万人,尼罗河达到了半个世纪以来的最高水位。红树林种植、景观恢复以及蓄水和排水系统的修复,将有助于提升非洲的适应水危机的能力。

[①] Sera L. Young, The Human Experience of Water Security and What It Means for Food Security, Center for Strategic & International Studies, https://www.csis.org/analysis/human-experience-water-security-and-what-it-means-food-security, 2020 – 09 – 30(2022 – 08 – 15).
[②] Ede Ijjasz-Vasquez, Aloysius Uche Ordu, Climate Adaptation and the Great Reset for Africa, Brookings, https://www.brookings.edu/blog/africa-in-focus/2021/04/07/climate-adaptation-and-the-great-reset-for-africa/, 2021 – 04 – 07(2022 – 08 – 15).

四、生物多样性破坏

生态学家指出生物多样性危机,导致了粮食系统的脆弱性。美国外交关系协会全球治理项目高级研究员 Stewart M. Patrick 在《拯救生物圈的30×30 行动》[1]一文中指出,要通过改革限制农业、基建、排污等人类活动对环境的破坏,要与自然保护地原住民合作提高环境管理效率,并努力在政府管理的保护区与私人保护区和保护地役权之间取得平衡。在规划保护区时,各国需优先考虑生物多样性丰富、较为稀缺的环境和地区,并为具有更高保护价值的地区提供援助。据悉,全球只有约 7%的海洋受到保护,2%受到强有力的保护。如果不加以合理的管控,非法、未报告和无管制(IUU)的捕捞将对渔业的可持续发展造成破坏,并伤害遵纪守法的渔民以及依赖渔业的社区,威胁经济增长和食品安全,也将破坏海洋生态系统的多样性。渔业在维系人类生命和确保海洋生态系统健康方面具有不可或缺的作用,迫切需要加强国际规则判定并采取有效行动来抗击非法、未报告和无管制捕捞。此外,各保护区是否应该允许轻度的耕种和捕鱼活动,还是应该被视为原始荒野,没有一个放之四海而皆准的方案,具有诸多困境和不确定性。

五、新冠疫情危机

疫情引发的卫生医药系统危机与粮食系统危机具有内在关联。一方面,低收入国家缺乏健康基础设施来检测与跟踪病毒,卫生系统不足、疫情扩散加速了全球饥饿人口的增加,全球健康危机正演化为一场全球粮食安全危机。另一方面,接种新冠疫苗产生作用,它需要人们有良好的营养状态作为基础。美国国际战略研究中心全球粮食安全项目高级助理 Chase Sova

---

[1] Stewart M. Patrick, The "30×30" Campaign to Save the Biosphere, *World Politics Review*, https://www.cfr.org/blog/30×30-campaign-save-biosphere, 2021-04-12(2022-08-15).

在《新的疫情口号？"在所有人都吃饱之前，没有人是安全的"》[1]一文中指出，疫苗的功效有一部分取决于接种对象的营养状况，而疫情中许多弱势群体的营养状况正在恶化。在最贫穷的国家，只有20%的低收入人群能获得社会安全保障，更不用说食物安全保障，国家缺少资源来提升他们的保障。数百万人仅仅只能糊口，任何一点的收入冲击都将直接影响个人和家庭获得食物的能力。面对经济压力，人们通常会用更加便宜的加工食品来替代高营养食品，蔬菜瓜果等营养健康食品从餐桌消失。[2] 在疫情之前，超过15亿人不能负担健康和多样性的食物。[3] 营养不良的人群，尤其是儿童更容易接触和感染病毒，疫苗和营养成为保障充分而持久的免疫能力的重要因素。

第二节　多层次的粮食系统治理实践

一、国家性的粮食系统治理实践

（一）北极地区与澳大利亚更新粮食安全框架

美国威尔逊国际学者中心的研讨会主要讨论了如何在不同领域构建北极社区和生态系统的韧性。北极社区在生产粮食和获取高质量、具有文化相关性的食品方面面临独特的挑战和机遇，而新冠疫情则揭露了一个有关供应链中断和粮食获取的特殊挑战，亟须在一个更大的韧性框架内解决这些问题。亚洲发展银行提出，韧性的农业和粮食系统需要在陆地农业之外，更加关注海洋农业的发展。海洋是一个蓝色粮仓，为数十亿人带来食物、收入和营养。据相关部门统计，海产品是终极的可再生资源，全球超过33

---

[1] Chase Sova, A New Covid-19 Mantra? "Nobody Is Safe until Everybody Is Fed", Center for Strategic & International Studies, https://www.csis.org/analysis/new-covid-19-mantra-nobody-safe-until-everybody-fed, 2020-12-04(2022-08-15).

[2] Sody Harris, Diets in a Time of Coronavirus: Don't Let Vegetables Fall Off the Plate. https://www.ifpri.org/blog/diets-time-coronavirus-dont-let-vegetables-fall-plate.

[3] Kalle Hirvonen, Yan Bai, Derek Headey, Affordability of the Eat-Lancet Reference Diet: A Global Analysis. *The Lancet Global Health*, 2020, 8(1), 59-66.

亿人摄入的动物蛋白有20%来自鱼类。然而,海洋塑料污染问题日趋严重,威胁着海洋经济的生产力。珊瑚作为对海洋恢复力至关重要的生态系统也由于人类活动和气候变化的影响而逐渐退化和消失。开发高水平技术和创新解决方案,是推动海洋资源保护的重要基础,也是未来的崭新机会。

澳大利亚国际事务研究所提出整体健康系统的概念,以减少食品和健康风险。新出现的传染病中约有75%可以在人类和动物间传播,新冠病毒就是一个警钟。可见,人类和动物的健康密切相连,这种相互联系为决策者和科学家们在经济、社会、科学和伦理等各方面都提出了极大挑战。而"整体健康"理念注重人类、动物和环境健康间的关联性,强调跨学科、跨部门、跨区域的合作,在改善未来食品卫生安全政策及计划方面潜力无限。要推动卫生安全、生物安全和农业方面的政策协同,加强国际协同合作,努力确保食品与卫生安全。

(二) 欧洲和巴西的本地化粮食系统

欧洲一直都在积极推动本地化的粮食系统,减少全球食品系统带来的碳排放。与此相似,巴西社交媒体正推动将农民和消费者联系起来的配送服务和数字平台,其覆盖面已经延伸到了富裕社区以外的区域。巴西国内展开了数次运动,包括针对面临粮食不安全的家庭捐赠由小型家庭农场种植的作物,以及进行土地改革等。通过深化拓展粮食系统,巴西将加速推动农业粮食系统本地化,形成团结经济,应对新冠疫情的冲击。这其中,民间社会组织网络、农村社会运动、城市团结网络以及相关学者和实践者迅速地反应并采取了行动,探讨社会网络和现有食物链之间的多元性关系。除了出售和捐赠食物,这些社会网络还存在其他的社会功能,如助力生态可持续性,以及公平的生产、交易和消费模式等。学者和政府越来越关注需要怎样的支持来确保这些网络的可持续性和道德性;以及这些网络在多大程度上帮助重塑了食物的价值。

(三) 美国、意大利的粮食供给行动计划

国际援助与国际合作是拓展各国粮食安全治理能力的重要手段。联合国粮食及农业组织总干事屈冬玉撰写的《粮农组织、意大利和合作伙伴：共同参与粮食联盟》一文中指出，粮食联盟的成立对国际社会来说是一个战胜饥饿的大好机会。该联盟由意大利政府提议建立，由粮农组织领导，旨在利用政治、经济和技术资本，加强农业粮食系统的可持续性和弱势群体的复原力。受疫情影响，许多国家的经济衰退严重危及了农业生计和民众的粮食保障。对此，粮食联盟将团结私营部门、学术界和其他利益相关者，共同致力于消灭饥饿。粮食联盟包括一个专门的信托基金和网络中心，使参与者获取以项目为重点的信息和数据，以及项目所需资金和援助类型，调动财政资源和技术专长，并寻求创新，以支持最需要帮助的国家和民众。

新冠疫情之下，通过非正规市场运送粮食的地区受到了严重的影响，导致供应中断，价格飙升；失业、低收入（城市工薪阶层、非正式劳动者）和弱势人群（如美国有色人种、依靠外出务工人群汇款采购食品的家人）需要人道主义援助、慈善食品援助来应对困境，而粮食援助发展面临诸多挑战。[1] Shane Tews 在《如何用编程改变政府：我在访谈 Amanda Renteria 过程中获得的重要见解》[2]一文中指出，非政府组织 Code for America 在过去 10 年中建立了多个志愿者网点，并提供数字化编程服务。飓风期间，由于大量居民都在搜索庇护所，导致系统滞后 24 至 48 小时，而 Code for America 的智能地图会告知居民在哪里可以获得现金援助。但是，该组织也发现私营和公共部门的意见有时会出现分歧，需要满足合作各方的需求、达成共识；还需要覆盖农村、低收入和偏远地区人群，从而打造符合数字时代的数字化政

---

[1] 世界粮食计划署公共政策和研究中心高级主任 Chase Sova:《疫情与全球粮食安全：一年之后》。
[2] Shane Tews, Technology and Innovation: How Coding Can Transform Government, AEIdeas, https://www.aei.org/technology-and-innovation/how-coding-can-transform-government-highlights-from-my-conversation-with-amanda-renteria/, 2020 - 12 - 07(2022 - 08 - 15).

府。Vincent H. Smith等人在《饥饿的儿童，饱腹的航运公司》①一文中提到，由美国国际发展署管理的"粮食换和平"（Food for Peace）计划，旨在让美国农民和国外数百万挨饿的人受益，但它迫切需要取消对运输船只的限制。在农场主、航运公司和海员工会的游说下，立法者针对该计划施加了在美国采购绝大部分海外援助食品和至少一半货物由悬挂美国国旗的船只和美国船员运输的限制措施。这两项举措不仅减少了美国承运人所面临的竞争，也使得海运工会和远洋运输公司从粮食援助的货物优惠中获益。然而，美国货船需要支付更高的工资和雇佣更多的船员，使得运输成本比增加170%，导致美国国际开发署在海洋运输费用上的支出总额平均每年增加5千万美元。这些高额成本导致国际援助服务于美国特定群体的利益，直接限制了美国人道主义援助的善意和软实力。研究者呼吁对现有的规定进行改革，推动美国国际开发署使用最具成本效益的运输手段，从最具成本效益的地方采购粮食。美国为促进全球粮食安全，要积极采取多种措施：一是抵制保护主义和粮食出口限制；二是维持和扩大对发展中国家安全网的投资；三是保持国际援助资金的流动；四是向美国人民阐述国际援助的价值。与此类似，欧洲粮食银行联会报告称，食品救济站和粮食银行将无法单独对抗这场全球流行病造成的饥饿危机。② 应加强区域行动，将个人和全球行动结合起来。地方行动者、活动家、倡导团体、立法者和跨学科研究人员之间的合作，摆脱经济利益的驱使和官僚主义障碍的束缚。

（四）印度强化资源保护与治理

印度的空气污染问题非常严重。尤其是收获季之后，印度的空气污染会变得更加严重，农作物残渣燃烧是造成空气污染的重要因素。印度国家

---

① Philip G. Hoxie, Vincent H. Smith, Stephanie Mercier, Hungry Children, Well-fed Shipping Companies, *Milken Institute Review*, https://www.aei.org/articles/hungry-children-well-fed-shipping-companies/, 2021-04-26(2022-08-15).
② 详见纽约市立大学访问学者Ninette Rothmüller:《粮食不安全并非不可避免，我们的个人行动很重要》。

和各邦政府曾为解决这一问题做出多项努力，包括禁止焚烧农作物残渣、补贴农民购置农机、将水稻秸秆用于发电厂焚烧发电使用，以及鼓励农民保留农作物残渣，但均未得到贯彻执行，需要探索管理农作物残渣的新战略或新计划。

粮食和土地利用联盟（FOLU）发布的《印度食品和土地利用系统可持续性的科学、技术和创新技能状况》[1]报告，指出印度各个农业生态区域存在大量的农业科技组织从事着研究、教育、推广和人力资源开发工作，但是由政府严格控制的研发体系、次优研究、人力资源数量和质量的不足等因素阻碍了农业生产力的可持续发展。FOLU从政策规划、协调能力、需求侧措施、信息系统四个方面提出了具体建议。其中，政策方面的行动建议包括：（短期内）在确定研究优先级、采用新技术和分配预算时考虑生产力和产量变化、农场盈利能力、资源效率、包容性、气候和环境适应性、现有能力和技能等标准；（中期内）采用更灵活的资助机制，重点促进特定农业生态系统、行业等所需的特定技能，而不是目前基于资格的认证方式，通过农业大学和研究机构的卓越中心等公私伙伴关系机制，促进新技术开发和创新；（长期内）建立一个以印度农业和自然资源管理服务为基础的专门公务员制度，促进粮食和土地使用系统的一体化，增加对粮食和营养安全价值链沿线的研究、教育和技能开发的投资，特别强调自然资源管理、低增长地区、雨养农业系统、小农和农业营销等领域。

（五）中国以数字化应对粮食危机

数字化是农业革命新的契机，可以重塑传统的垂直农场和食物系统。数字农业包括实体性的数字科技（用于作物生产、动物饲养、机器人和滴灌等设备）和建议性APP（农场管理软件、数字平台等非实体性的数字科技），有着包容性和排斥性的双重效果。一方面，人工智能技术可以提高农产品

---

[1] Shailly Kedia, National Dialogue on Science, Technology, Innovation Capabilities and Skilling Approaches for Sustainability of India's Food and Land-Use Systems, The Energy And Resources Institute, https://www. teriin. org/event/national-dialogue-science-technology-and-innovation-capabilities-and-skilling-approaches, 2021 - 04 - 30(2022 - 08 - 15).

系统的生产、加工和可持续商业模式方面的效率，①精准农业减少了化学品的投放，不断产生室内的垂直农业和城市农业等新型农业类型。另一方面，人工智能科技将取代部分的手工劳动，使得一部分农场工人失业，②数字农业依赖小农民的合作与信任。Open Minera 顾问委员会主席 Winston Ma 撰写的《人工智能草莓和区块链鸡肉：数字化农业如何拯救全球粮食安全》③一文中指出，中国农业大学与电商平台"拼多多"联合开展了一项"智慧农业竞赛"，AI 专家带领的技术队伍在产量上比传统农业生产队伍多出两倍。中国正在大力发展农业数字化，致力于让小规模个体农户能够利用移动支付、AI、大数据等技术提高生产力，区块链技术也被应用于搜集信息、追踪食品去向，保障食品安全。随着从事农业的人数减少，未来必须让现代科技深入农村地区，并建设"数字农村"，提高农业生产力，以期应对全球日益严重的粮食安全问题。

　　数字农业是当前农业和粮食系统的第四次革命的产物，它在未来具有更大的潜力。日本亚洲开发银行研究所东亚部环境、自然资源和农业司司长 Qingfeng Zhang 和高级自然资源经济学家 Jan Hinrichs 在《COVID-19 如何加速食品供应链的数字化进程》④一文中指出，数字技术在供应链革新中的作用日益增强，新冠疫情的暴发进一步催化了这一趋势。通过线上平台进行食品采购的趋势增强，而数字化也有助于建立和优化食品配送所需的物流和递送服务。公共部门的食品安全和质量认证需要更多的投资，以服务于分散化和数字化连接的食品价值链。对于数字化链接程度更大的去

---

① Di Vaio, A., Boccia, F., Landriani, L. & Palladino, R., Artificial Intelligence in the Agri-food System: Rethinking Sustainable Business Models in the COVID-19 Scenario, *Sustainability*, 2020, 12(12), 48-51.
② Christiaensen, L., Rutledge, Z. & Taylor, J. E., Viewpoint: The Future of Work in Agri-food. *Food Policy*, 2020, 12(4), 13-25.
③ Winston Ma, AI Strawberries and Blockchain Chicken: How Digital Agriculture Could Rescue Global Food Security, World Economic Forum, https://www.weforum.org/agenda/2021/01/china-digital-agriculture-global-food-security/, 2021-01-26(2022-08-15).
④ Qingfeng Zhang, Jan Hinrichs, How COVID-19 Could Accelerate the Digitization of the Food Supply Chain, Asian Development Blog, https://blogs.adb.org/blog/how-covid-19-could-accelerate-digitization-food-supply-chain, 2020-07-09(2022-08-15).

中心化的食品加工供应链的投资将增强供应链的韧性。从农场到餐桌，数字技术在世界粮食供应体系中的地位越来越重要，而正确的政策将确保数字化收益的共享。

二、社会性的粮食系统治理创新

（一）城市农场与粮食安全

城市人口的持续增长，使粮食安全问题显得尤为突出。AACE食品、萨赫勒咨询公司等机构联合创始人Ndidi Okonkwo Nwuneli在《私营部门关于城市粮食安全问题的解决办法》[①]一文中指出，由于城市化加剧，城市过分依赖进口粮食，使其极易面临食品价格上涨与供应短缺问题，加重了弱势家庭的经济及健康负担。城市食品系统安全，需要多方面的措施。首先，政府应重新设计粮食供应系统，建立跨部门的粮食系统工作组，加强各部门之间的合作及数据共享，准确追踪城市粮食供需情况、浪费情况及价格变动，以便及时设计并实施快速有效的干预措施。其次，私营部门应投资提高营养食品的供应能力和消费者负担能力，同时减少食品运输、加工、包装和零售过程中的营养成分损失。最后，应投资研发在城市中种植粮食的创新方法，包括无土种植、屋顶和社区花园、实体和数字农贸市场等，同时通过媒体提高消费者意识，增强其选择营养食物的意识和能力。

美国国际战略研究中心研究员Christian Man在《超越产量：气候对粮食安全的诸多影响》[②]一文中指出，如今的粮食安全问题已经不再仅限于农村，城市地区在这个问题上也有其特有的脆弱性。除了温度和降水变化会影响作物产量和粮食供应之外，气候也会。首先，气候对粮食安全造成的极大影响不限于气温上升所引发的大量的食物浪费，儿童可能会出现营养不

---

① Ndidi Okonkwo Nwuneli, Private Sector Solutions to Urban Food Insecurity, Center for Strategic & International Studies, https://www.csis.org/analysis/private-sector-solutions-urban-food-insecurity, 2020 – 10 – 14(2022 – 08 – 15).
② Christian Man, Brian Thiede, Beyond Yields: Mapping the Many Impacts of Climate on Food Security, Center for Strategic & International Studies, https://www.csis.org/analysis/beyond-yields-mapping-many-impacts-climate-food-security, 2021 – 03 – 30(2022 – 08 – 15).

良等健康问题。其次,其他形式的气候问题(异常的温度和降水量)也会对发达国家和发展中国家粮食安全产生不利影响。最后,气候变化影响城市人口的收入、食品购买力、身体状况和移民模式,有必要形成农业—生计—健康三位一体的粮食安全理念,提高城市地区对粮食安全的适应能力。政策制定者要打破气候仅会影响农业的狭隘想法,兼顾以城市为重点的倡议,采取多部门联合的方法来提高对粮食安全问题的适应能力。

多媒体记者 Clarisa Diaz 撰写的《新加坡城市农场增强粮食安全的三个途径》[①]一文中提到,为了确保粮食安全并为保留适宜耕作的土地的肥力,新加坡企业开创了三种适用于城市空间的种植方法:在停车场屋顶建造水培农场、在办公楼等现有建筑中引入室内垂直农场以及在再利用空间中打造与热带气候相适应的城市温室。咨询公司 Upgrown Farming Company 创始董事 Lionel Wong 表示,新加坡的传统农民正在被取代,这或将最终导致粮食的净产量减少。同时,新加坡的高产量食品还需要一个可持续的消费者市场,而生产力并不一定与可持续性或盈利能力划等号。因此,新加坡是否能够长期、可持续地生产自己的食物还有待观察。

地下农场是创造性地利用城市空间,保障粮食生产的一种重要尝试。Formative Content 资深作家 Douglas Broom 撰写的《如何利用第二次世界大战掩体在地下种植可持续性作物》[②]一文中提到,为了解决人口压力造成的粮食安全问题,Zero Carbon Farms 公司创始人 Richard Ballard 和 Steven Dringin 利用第二次世界大战时在伦敦地下建造的避难所建立了一个地下农场。该农场使用最新的水培技术和可再生能源供电的 LED 灯生产新鲜蔬菜,每年最多可以收获 60 次,是传统户外农场产量的 6 倍。该农场的用水量比在土壤中种植类似作物少 70%,而且不必使用杀虫剂。这种地下耕

---

① Clarisa Diaz, 3 Ways Singapore's Urban Farms are Improving Food Security, World Economic Forum, https://www. weforum. org/agenda/2021/04/singapore-urban-farms-food-security-2030/, 2021-04-07(2022-08-15).

② Douglas Broom, This WW2 Bunker is Growing Sustainable Salad Leaves Deep Underground, Here's How, World Economic Forum, https://www. weforum. org/agenda/2021/04/underground-vegetable-garden-sustainable-farming/, 2021-04-22(2022-08-15).

作方式是提高粮食产量的有效途径,还可大幅减少碳排放。联合国估计,到2050年,地球上的人口可能会增加20亿,全球粮食产量将需要增加70%才能养活所有人。联合国粮食及农业组织(FAO)也称,闭环水培法的垂直农场可以在缺水的压力下扩大粮食生产,有助于保证贫穷人口的粮食安全。

(二) 消费复苏与食品企业的社会责任

数据科学家 Max Thomasberger 等人在《全球消费阶层何时才能复苏?》[①]一文中指出,疫情引发了全球经济危机,所有国家都面临着消费萎缩的挑战,尤其是亚洲地区,其消费阶层占全球的一半以上。据估计,到2027年,全球消费阶层将达到50亿人,但政府政策、长期人口和经济变化等多种因素导致各大洲和各国的复苏时间会差异很大。据预测,全球将出现四种复苏模式:人均支出零增长或正增长(中国、埃及等大多数国家);人均支出在2021—2022年快速复苏(印度、欧洲和东南亚大部分地区);人均支出在2023—2024年中度回升(美国、加拿大等大部分经济体);人均支出复苏缓慢,在2025年以后完成(墨西哥、中东和撒哈拉以南非洲的部分地区)。作者指出,全球消费阶层的崛起是21世纪的一个显著现象,受新冠疫情影响,消费向新兴市场转移的速度将加快。

美国哈德逊研究所食品政策中心总监 Hank Cardello 在《食品行业没有出现在新的可持续发展研究中》[②]一文中指出,《华尔街日报》曾根据环境、社会和治理指标(ESG)对5 500家上市公司进行了评估,雀巢是唯一一家进入前100名的食品公司,这对于希望增强与消费者之间的联系和信誉的食品行业而言敲响了警钟。食品行业在 ESG 方面落后,并且在可持续性领域与此相关的领域都不是创新者。疫情暴露并加剧了消费行业此前就已存在的

[①] Kelsey Wu, Max Thomasberger, When Will the Global Consumer Class Recover? *Brookings*, https://www.brookings.edu/blog/future-development/2020/11/25/when-will-the-global-consumer-class-recover/, 2020 - 11 - 25(2022 - 08 - 15).

[②] Hank Cardello, Food Industry is a No-Show in New Sustainability Study, Hudson, https://www.hudson.org/research/16443-food-industry-is-a-no-show-in-new-sustainability-study, 2020 - 10 - 20(2022 - 08 - 15).

一系列根本性和持续性问题：气候变化、环境污染、不公平和不平等、营养教育缺乏、消费者信任危机，等等。虽然食品行业声称要迎合消费者，但它的风险规避意识意味着其只有在被迫的情况下才会做出重大改变。种族偏见、收入不平等、气候变化、人口不健康，以及政治不稳定等是消费者和各行业都面临的重大问题。在这样的商业环境中，提供企业社会责任报告已经成为对企业的最低要求，企业领导者需要承认其业务影响所造成的社会问题并对此付诸实际行动。解决这些社会问题，不仅会为企业带来明显的社会效益，还能增加公司收入和股东价值，吸引消费者并获得雇员的忠诚度。食品行业在 ESG 名单上不如意，需要更贴近消费者需求，承担更大的社会责任不仅对世界有益，而且有助于赢得新一代消费者的青睐。企业、政府、社会、学界以及消费者要多方参与，构建一个更健康、更公平的世界。调查显示，自新冠疫情开始以来，约 94% 的消费者至少做出了一项健康化的改变——比如注重健康的购物；而 60% 的消费者购买了更可持续或更合乎道德的产品。

（三）青年与粮食系统

英国发展研究所研究员 Dominic Glover 和 James Sumberg 在《青年与粮食系统转型》[1]一文中指出，每个人都依赖食物，从童年到成年的成长或多或少实质性或潜在性地参与了食物的生产、分配、采购/准备以及消费。每个人的成长及其与粮食系统的关系都不尽相同，是由性别、阶级、财富、健康、区位、代际关系等独特因素塑造而成的。青年作为一个整体，对粮食系统造成了特殊影响。[2] 从发展的角度说，年轻人在应对生态压力的前沿，是食品系统的利益相关者和潜在的改变主体。年轻人掌握适应气候变化的绿

---

[1] Dominic Glover, James Sumberg, Youth and Food Systems Transformation, Institute of development studies, https://www.ids.ac.uk/publications/youth-and-food-systems-transformation/, 2020-07-21(2022-08-15).

[2] IFAD (2019), Creating Opportunities for Rural Youth: 2019 Rural Development Report. Rome: International Fund for Agricultural Development (IFAD).

色技能,是推动气候正义和性别平等共同目标和利益的群体。例如,女性占据了6亿贫困的动物饲养人群的2/3,占据了发展中国家农民劳动力总数的43%。而在全球8.22亿营养不良人群中,60%是女性。随着女性受教育水平的提高以及女性经济和社会地位的提升,女性又重新成为重要的公共议题和政策的焦点。年轻人需要公共服务、生产性资源、体面的工作和具有吸引力的生计机会。同时,青年不仅是农产品的消费者,农业和粮食系统的研究者,还是创业者和工作者,其热情、知识是创业的重要因素。在疫情中农业食品创业者们看到了新的机会,数字化发展模式和新的市场方案。[①] 具有创业意愿的农民,他们共同构成了农业创新生态系统的重要部分。青年创业与人才发展需要跨学科的教育和培训项目,对科学和技术进行投资,有助于为国家间知识和人才的交流建立桥梁。从事传统农业的年轻人是真正能够带来改变的人,他们支持食品和营养安全、公平性、社会—经济正义、生态可持续发展和其他的可持续发展目标;研究人员可以通过大学周围的原住民和在校学生,将最新的技术传播到他们居住的村庄和社区。

(四)劳工与粮食系统治理

农场劳动力问题不会随着农业从业者比例的缩小而消失,而是一个随着可持续发展目标不断深化和演进的经济和社会问题,很多学者探索了一系列可以用来加强对农场工人保护的政策和做法。20世纪之前,世界上大多数劳动力都受雇于农业;但随着工业国家经济的发展,农业劳动力为了获取更高的工资以及医疗保险、养老金等福利,纷纷流入非农业产业。如今,全世界33亿劳动力中,有1/4受雇于农业,这包括许多发展中国家中一半以上的劳动力。然而,为农场工人提供保护极其困难,因为农场劳动力受教

[①] Cristobal-Fransi, E., Montegut-Salla, Y., Ferrer-Rosell, B. & Daries, N., Rural Cooperatives in the Digital Age: An Analysis of the Internet Presence and Degree of Maturity of Agri-food Cooperatives' E-commerce. *Journal of Rural Studies*, 2020, 74, 55–66; Liverpool-Tasie, L. S. O., Wineman, A., Young, S., Tambo, J., Vargas, C., Reardon, T., Celestin, A., A Scoping Review of Market Links Between Value Chain Actors and Small-scale Producers in Developing Regions. *Nature Sustainability*, 2020, 3, 799–808.

育程度不高,再加上很多农场常常不受劳动法的约束。在发达国家中,如果农场雇员越少,这个群体就越容易受到伤害,因为农场劳动力和非农业劳动力之间的差距扩大了,大多数农场工人是当地找不到非农工作的工人,或者来自贫困国家的移民。只有不断改善对食品安全系统的持续监测和评估,才能有效保护农场工人。

世界银行就业组织首席农业经济学家 Luc Christiaensen、加州大学戴维斯分校农业与资源经济学系博士 Zachariah Rutledge 和加州大学戴维斯分校农业与资源经济学系特聘教授 J. Edward Taylor 撰写的《农业食品行业工作的未来是什么?》[1]一文中提到,欧洲为控制疫情发布行动限制政策后,出现了 100 万季节性移民,导致农场工人短缺。同时,食品生产的本地化正在减少发展中国家进入外部市场的机会;反移民情绪高涨。为最大程度地利用粮食系统在促成这一过渡期间提供的就业机会,需要关注三个政策领域。第一,包容性价值链发展,通过合同将小农生产者与其他价值链参与者联系起来,成为提高农业劳动生产率的组织性解决方案。第二,为了使农业数字化技术发挥作用,政府需要在技能开发(包括数字技能)上进行大量投资,确保获得相称的基础架构访问权,同时警惕市场集中度上升带来的威胁。第三,扩大社会保障体系,为大量因设备短缺或年龄太大而无法迁出农场的农民和农业工人提供支持,避免成为无效的贸易保护主义农业政策。

(五) 农民自主性助推粮食安全

美国国家经济研究局发文《农业技术应用中的自主性和特殊性:来自墨西哥的证据》[2],提出了鼓励小农在农耕中采用新技术是一个值得积极研究的

---

[1] Luc Christiaensen, Zachariah Rutledge & J. Edward Taylor, What is the Future of Work in Agri-food?, *Brookings*, https://www.brookings.edu/articles/what-is-the-future-of-work-in-agri-food/, 2020 - 12 - 11(2022 - 08 - 15).

[2] Carolina Corral, Xavier Giné, Aprajit Mahajan & Enrique Seira, Appropriate Technology Use and Autonomy: Evidence from Mexico, National Bureau of Economic Research, https://www.nber.org/papers/w27681#fromrss, 2020 - 08(2022 - 08 - 15).

领域,也是一个重要的政策问题。研究人员通过一项结合了局部土壤分析、定制化建议、推广服务以及实物资助的随机田间试验,来探究如何以土壤质量、知识以及自主权方面的差异性来解释新农业技术采用率低这一问题。研究人员发现,不同程度的技术推荐对农民所造成的影响都很小;将本地化推荐和推广服务结合起来,会对农民选择农耕方法产生中等但持久的影响;增加实物资助会对农民采用新型农耕方法和提高生产率产生短期效果,但这一效果仅出现在干预期;拥有更大自主权的农民(即有权选择如何使用实物补助金)比没有这种自主权的农民表现出更长的持续性,他们往往对项目合作伙伴更有信心,对建议记得更牢,并且在干预结束后对实验表现出更积极的态度。研究结果表明,自主性在增强农民对外部建议的遵守方面发挥了重要作用。

三、技术发展与粮食系统韧性

(一)自然技术适应气候变化

对于高技能中小企业来说,数字农业和气象服务以及气候信息平台是理想的市场机会。要大力发展气候数据和信息系统、数字农业,以及用于适应气候变化的社会保护系统等新兴技术,加快提升应对气候变化的适应力。建立开放、高效和透明的双向沟通渠道,提高公民对气候风险的认知意识,加强对气候灾害的防范和应对,以创造更有韧性的未来。世界野生动物基金会高级副总裁 Melissa D. Ho 在《农业的本质:为什么粮食系统必须成为人类和地球解决方案的一部分》[1]一文中指出,农业是导致气候变化以及自然丧失、退化的主要原因之一。现在必须采取行动,大幅改变我们生产、运输和消费粮食的方式,保障所有人的粮食安全;应对气候变化;维持生物多样性和保护自然。重新构建强健、有弹性的粮食系统,有如下几点建议:消除农业供应链中的森林砍伐和土地转换;调整政策和激励措施以扩大农业

---

[1] Melissa D. Ho, The Nature of Agriculture: Why Food Systems Must Be Part of a Solution for People and Planet, Center for Strategic & International Studies, https://www.csis.org/analysis/nature-agriculture-why-food-systems-must-be-part-solution-people-and-planet,2020-11-18(2022-08-15).

再生和弹性系统;重新推动生物燃料生产;减少粮食损失和浪费;改变国家饮食结构以改善人类和地球健康状况;预测并预防未来的流行病;将自然和气候纳入全球农业发展议程。最后,作者指出,仅设计适应气候变化的方案是不够的,还应推广落实到地球的每个角落,否则会出现为推动短期收益,而冒以长期失败为代价的风险。

全球食品安全项目,展示了世界各地的农民如何利用简单的自然技术适应气候变化。例如,快速普及的移动技术、云计算、农资和市场数据开放,正帮助小农步入数字世界。这类技术和管理创新应当获得重点鼓励,从而加快农业粮食体系转型。同时,创新、无害自然的基建项目能有助于减少洪涝风险,助力恢复环境流量、发展渔业、保护生物多样性、改进水质、开拓休闲商机。牛津大学领导的一项最新研究表明,粮食系统的变革对于控制全球变暖至关重要。即使化石燃料燃烧产生的排放量在短时间内被消除,粮食生产仍可能将气温推至比工业化前高 1.5 摄氏度以上的水平。当前已经有一些可持续的食品系统解决方案,但是仍然需要更强的政治意愿才能推动整个社会的变革。[1]

(二)数字化技术与供应链韧性

Marcus Casey 等研究员在《从农场到餐桌的自动化——技术对食品工业的影响》[2]一文中指出,新冠疫情对全球许多行业产生了负面影响,其中食品包装、制作和服务行业最为严重。大批餐馆或已面临停业;肉类包装行业从业人员由于受病毒感染严重,导致肉类供应中断及价格上涨。对疫情的担忧以及维持食品供应的必要性促使上述行业进一步加大对自动化和人工智能技术的投资。例如,在食品生产和配送方面,部分大型商业公司已采用

---

[1] 参见路透社数字媒体制作人 Cormac O'Brien 和汤森路透基金会粮食安全通讯员 Thin Lei Win 撰写的《疫情加剧了粮食不安全问题,但更严重的危机是气候变化》。
[2] Marcus Casey, Ember Smith, Automation from Farm to Table: Technology's Impact on the Food Industry, *Brookings*, https://www.brookings.edu/blog/up-front/2020/11/23/automation-from-farm-to-table-technologys-impact-on-the-food-industry/, 2020 - 11 - 23(2022 - 08 - 15).

采摘机器人、无人驾驶拖拉机和喷雾器等高效的自动化机器来代替人力,同时还为配送仓库配备自动引导车,并增加食品杂货店中的自助收银设备等,一定程度上缓和了疫情期间人员不足的压力。在餐厅服务方面,接待、烹饪、点单、收银等诸多环节也均已引入人工智能技术,但与后端运营不同,潜在顾客对这些技术的适应程度尚不清楚,部分餐厅也对使用机器人进行食品质检心存顾虑。政策制定者需考虑到人工智能给工人就业带来的潜在影响,并帮助他们向这一新经济过渡。

微软公司区域主任 Amrote Abdella 在《数据驱动的农业可以解决非洲粮食安全面临的挑战》[1]一文中指出,尖端技术有助于保障非洲公民的粮食安全。农业领域的人工智能利用先进的数据分析和机器学习,可以帮助农民应对气候变化的影响,优化作物产量;数字技术不仅可以提供基本数据、信息,还能基于科学的解决方案,打造具备气候变化抵御能力的农业。例如,面对土地和水资源系统的压力,发展农业的地区被迫削弱农业生产率的情况,粮农组织基于网络开发的土地资源规划工具箱,能够帮助规划者了解单产和产量缺口的大小和方位,同时也有助于打破区域间和部门间的障碍。例如,在撒哈拉以南非洲,通过改进灌溉、施有机肥、妥善管理资源,可以有效提高单产量。SunCulture 利用太阳能灌溉系统帮助肯尼亚的农民提高作物产量,农民年收入增加了 10 倍,作物产量提高了 300%,每周可节省 17 小时的人工灌溉时间。微软还开发了一个移动端平台,农民可以用其获取有关病虫害、土壤诊断、市场价格、天气等信息,还能得到基于土壤测试的最大化产量个性化建议方案,预计能使 10 万农民从中获益。

世界金融公司高级执行官 Heinz Strubenhoff 在《农业能否成为埃塞俄比亚的经济增长动力?》[2]一文中提到,尽管制造业增长强劲,农业仍是埃塞

---

[1] Amrote Abdella, Data-driven Agriculture can Solve the Challenge of Food Security in Africa, Microsoft News Center, https://news.microsoft.com/en-xm/2020/11/02/data-driven-agriculture-can-solve-the-challenge-of-food-security-in-africa/,2020 - 11 - 02(2022 - 08 - 15).

[2] Heinz Strubenhoff, Can Agriculture be Ethiopia's Growth Engine? *Brookings*, https://www.brookings.edu/blog/future-development/2021/02/24/can-agriculture-be-ethiopias-growth-engine/,2021 - 02 - 24(2022 - 08 - 15).

俄比亚最大的出口收入来源,其出口收入的80%和政府总收入的21%都来自农产品出口。然而,由于工业化农业水平低,埃塞俄比亚出口的农产品多为未加工产品,对深加工农产品日益增长的进口需求很快会将贸易顺差变为逆差。政府需要加大对农业的投资和扶持:一是改变国家主导食品部门的局面,释放私营企业潜力,吸引国际投资者,提高整体生产效率;二是改善农民和农业综合企业的融资渠道,探索移动货币解决方案并通过电信私有化加强数字基础设施建设,助力合理贷款及数字化交易;三是提高土地征用程序的透明度和效率,完善供应链体系,促进市场一体化、商业化和规模化。

(三)智慧农业减缓农业水危机

第四次产业革命,带来了颠覆性的物理、生物和数字化领域。它包括大数据分析、人工智能、物联网、与计算、机器人、自动驾驶、3D打印、基因编辑、区块链技术等。新一轮的科技浪潮深入影响了农业领域,与农业的数字化、信息化产生了密切的关系。精准农业中滴灌技术被广泛应用,减少了用水压力,甚至能允许在干旱地区一年中种植多种作物。沙特是精准农业和干旱农业的世界领导者,为了减少农业发展导致的地下水迅速枯竭,水资源日益紧张,沙特不断调整农业发展政策,大幅削减农业补贴,限制本国农业发展,重点发展海外农业、节水有机农业、渔业以及粮食存储业等,尤其在精准农业和节水农业方面取得了巨大的成就。

当前,数据和感应技术让精准农业更加先进。遥感技术可以用来检测土壤的特质,包括有机质、土壤结构,同时卫星科技可以用来提供作物生长、氮成分等方面的周信息和半实时信息,从而帮助它们减少水、肥料和电力的使用。精准农业模型整合了不同类型的数据,包括遥感、感知数据和农民层面的数据。欧盟基金项目致力于通过数字化措施发展非洲农业,整合地球观测数据、地面感知数据和通过数字平台收集的数据。这些数据不仅能支持农民决策,也可以用于先进的数据科学和AI模型,用于气象指数保险或者农业信用服务。运用数据驱动方法的高技术形式的精准农业,例如室内农业(in-door agriculture)可以摆脱传统农业的季节和气候限制,也可以帮助沙漠和干旱区域、城市化国家和严重的污染和水土流失地区。立体农业是一个充满挑战的商业模式,尤其是如何实现盈利,[①]它提供了创新商业模式的空间,通过金融机制如风险池、风险转移来创造自然灾害的气候反应系统,帮助转移政府的气候风险的负担。前非洲资源治理项目研究员 Mari-Lise du Preez 在《第四次工业革命与南非节水农业:关键技术进步清单》[②]一文中提到,地平线扫描、基因编辑、精准农业技术等最新科技给南非易受干旱影响的农业领域的前沿技术研究和创新带了许多机遇。同时,新的数据源和风险模型使得新的保险模式成为可能,有助于农业部门提高风险应对能力。从受控环境农业的发展中受益,甚至可能对这一领域做出贡献。

(四)纳米技术、基因编辑技术与农业发展

纳米技术有助于减少农业对水资源的使用。多伦多大学化学教授 Cynthia Goh 在为该论坛撰写的《微型纳米技术将对农业产生巨大影响》[③]一文中提到,人类通过改变纳米级物体的大小和其他特性获得了创建具有高度定制特性的精密表面的能力。在农业领域,传统杀虫剂和化肥的使用需要先将活性成分与水混合,该过程效率低下且需要消耗大量的水。而定制的纳米系统可以通过精密化学方法来实现肥料或农药的高效输送,这些活性成分的封装方式类似于靶向给药,还可以通过增加水容量而减少对水的需求。该技术不需要任何新设备,对于经济上具有挑战性的农业行

---

① Kurt Benke and Bruce Tomkins, Future Food-production Systems: Vertical Farming and Controlled-environment Agriculture, *Sustainability: Science Practice and Policy* 1, 2017, no. 1, 13 – 26.
② Mari-Lise du Preez, 4IR and Water-smart Agriculture in Southern Africa: A Watch List of Key Technological Advances, SAIIA Policy Insights, https://saiia.org.za/research/4ir-and-water-smart-agriculture-in-southern-africa-a-watch-list-of-key-technological-advances/, 2020 – 08(2022 – 08 – 15).
③ Cynthia Goh, Tiny Nanotechnologies Are Poised to Have a Huge Impact on Agriculture, World Economic Forum, https://www.weforum.org/agenda/2021/04/nanotechnology-impact-agriculture-pesticides-fertilizers/, 2021 – 04 – 30(2022 – 08 – 15).

业来说是一个巨大优势。Starpharma、Psigryph 和 Vive Crop Protection 等公司已经实现了对该技术的部署。纳米技术还可以被用于动物保健产品、食品包装材料以及用于检测土壤中病原体、毒素和重金属的生物传感器。在不久的将来，这些新的应用也必然将会到进一步推广。随着纳米技术的飞速发展、地球人口的持续增长和气候变化影响的日益凸显，这种生产率的提高对于农民和整个社会来说都是至关重要的。

中国、秘鲁、越南、美国、加拿大等国正积极利用人工智能、基因组编辑等新技术发展智慧农业，加大力度建设废水再利用系统和其他绿色基础建设，以应对用水紧张的问题。研究员 Dominic Glover 等在《脱欧后的农业基因组编辑：英国将往何处去？》[①]一文中提到，美国要求英国必须接受其食品标准，这意味着要放开转基因食品、氯洗鸡和激素牛肉的进口。这样将使英国农民在竞争中处于劣势地位，还将对英欧贸易谈判构成障碍。虽然脱欧后的英国在农业基因组编辑问题上将要采取的立场可能会影响到某些向英国大量出口粮食的非洲国家，但其政策选择对非洲国家的总体影响不会超过欧盟对后者的影响。与此同时，欧盟委员会正在审查其农业和食品新型基因育种技术监管框架，结果将在 2021 年 4 月底之前公布。英国未来在农业基因组编辑方面的政策选择可能更多地由欧盟的政策变化决定，而不是反映英国自身的战略愿望。

第三节　中国特色的农业和粮食系统治理

全球农业和食品系统治理，是一个制度性、社会性、科技性等多要素融合的过程。农业催化了人类文明的产生，是全球经济的重要构成部分。食物和农业是人类健康、福利和营养的内在部分，食物的获取决定了人类的发展和国家发展。农业和粮食系统面临着各种挑战和机遇，它既有来自土地、

---

① Dominic Glover, Angela Noland, Genome Editing in Post-Brexit Agriculture: Which Way for the UK? Institute of Development Studies, https://www.ids.ac.uk/opinions/genome-editing-in-post-brexit-agriculture-which-way-for-the-uk/, 2020-12-04(2022-08-15).

水资源等自然资源系统带来的风险,也有气候变化、公共卫生危机引发的风险等。国际的沟通与互动,制度和技术层面的条块分割,使得韧性、绿色、公平的农业和粮食系统会面临挑战。[①] 2020—2021年,全球智库的研究从不同的角度展现了全球农业和粮食系统的内在复杂性和多元性,国家层面、技术治理实践、城市、消费、青年、劳工、农民等多方共同行动。国际层面,则坚持互利共赢,深化粮食供应链韧性的国际合作和国际援助,开展多种形式的交流合作,加强信息共享,经验交流,技术合作和政策协同,推动国际粮食供应链健康稳定可持续发展。

农业和粮食系统与饮食、营养、生计、环境、性别、文化和技术等多个方面密切相关,不同知识深入融合、相互补充,这些知识既包括专业性的知识,也包括地方性知识。专业性的知识包括生物性、生态性、科技性、法律性的知识,也包括本土的文化习俗和制度性知识。知识是权力,也是一种力量。不同知识的整合和叠加,有助于消弭知识鸿沟,创造更加健康的农业和粮食系统。综合性农业与食品系统治理,是一个跨学科、多主题、多议题交织的重要课题。单一性的政策议题框架,无法解决复杂而多元的农业和粮食系统挑战,需要不同主体、不同国家的共同行动。这些知识、技能和技术要融合起来,为发展中国家、农民、妇女、青年等弱势社会主体服务,更好地发挥他们的能动性。当前的国际智库研究,对于农业和粮食系统所涉及的知识和能力,还需要进一步的拓展,例如农业领域的法律知识是一种重要的领域,关于农业和粮食系统中的税收、知识产权保护、数据产权、隐私保护等,对于保障农业和粮食系统的健康发展有其内在的作用,需要进一步的探索。随着农业和粮食的数字化转型,农业和粮食系统中农民和政府的数字化能力,数字技术开发者的人文理念,也应该得到相关研究者和智库更多的重视。

中国政府高度重视粮食和农业生产,始终把解决好吃饭、保障国家粮食安全作为治国理政的头等大事。新时代新征程,中国以有力举措,汇聚各方

---

① Blay-Palmer, A., Carey, R., Valette, E. & Sanderson, M.R., Post COVID-19 and Food Pathways to Sustainable Transformation, *Agriculture and Human Values*, 2020, 37, 517-519.

合力来推动粮食和农业系统转型,推动粮食安全的理论创新、制度创新和实践创新。

第一,坚持创新驱动,注入粮食供应链韧性的强劲动能,大力实施科技和人才兴粮,以及推进技术创新、产品创新、装备创新和模式创新,加速推动互联网、大数据人工智能等新一代信息技术与粮食产业的深入融合,充分创新粮食安全的保障体系。坚持"藏粮于地、藏粮于技",切实打牢种子、耕地等基础,千方百计稳定粮食生产。

第二,完善粮食供应链韧性的制度举措,加快推动粮食安全保障立法进程,创新实施穿透式的监管,建设数字化粮食监管系统,守护大国粮仓。更大范围推广保护性耕作,全面推进长江"十年禁渔",建设农业绿色发展先行区,发展节水农业和旱作农业,推进化肥农药减量增效,促进农业碳减排和绿色发展。加大对脱贫地区产业升级、群众就业和公共服务等的支持,牢牢守住不发生规模性返贫的底线,做优乡村特色产业,加强农村生态文明建设,促进城乡融合发展。从食不果腹到丰衣足食、安居乐业,从吃不饱向吃得饱进而追求吃得好的过程,是国家粮食安全体系的历史性重大转变。

第三,不断提升国家粮食安全保障体系的调控能力,做好粮食市场和流通的文章。坚持系统观念,把握粮食供应链的关键环节,深入推进优质粮食供给,抓好两头思维,推动产业链、价值链、供应链的三链协同,实施粮食产购储加销五优联动和协同保障,增强粮食产业地域风险挑战的能力。中国特色的粮食安全之路,需要依托农业和粮食系统,推动国际和国内相结合的方法,积极构建国家粮食安全新发展格局。构建国家粮食安全新发展格局,要保持高度战略定位,确保实现高水平自立自强、高质量供需平衡、高水平对外开放。同时要统筹好发展与安全,着重处理好当前与长远、机遇与风险、国内与国际、生产与生态、政府与市场的关系。

中国的农业和粮食系统治理,既要注意各个国家对农业和粮食系统巨大的差异性和独特性,也要充分总结一般性的规律。本文通过梳理不同国家、地区的农业和粮食系统治理的特点、措施和效果等,拓展了韧性农业和粮食系统的认识视野,也为可持续转型注入崭新的动力。中国农业和食品系统的治理，要重视国家、社会、技术等三个维度，并且重视国家之间农业和粮食系统合作的新方式，重视国际农业和粮食系统合作，为可持续发展提供更多的动力。农业和粮食系统的危机，已经不仅仅是自然资源层面的挑战，更多地已经演化为一种政治经济危机。未来的农业和粮食系统治理，需要克服农业和食品系统的政治经济危机。[①] 例如，中国作为全球可持续发展领域的重要践行者，积极推动包括"一带一路""金砖国家"等合作机制，为保障全球和区域性的农业和粮食系统的发展起到了一定的积极作用。农业和粮食系统具有地缘政治（全球治理）、经济发展、技术治理等多个层面的政策含义。

农业和粮食系统的韧性、普惠性和包容性，实现零饥饿的可持续发展目标，是国家发展的体现，也是国家发展的基础。过去70年，中国贫困消除，粮食持续增产，可持续发展水平不断提高，居民健康水平也不断提高。未来，我国需要高度关注战争、极端天气（如干旱和洪水）、经济冲击等这些威胁粮食安全的重要因素。持续优化粮食的流通营商环境，继续推动粮食市场更加公平有序，消除贸易壁垒，激发市场活力，提升跨区域粮食流通的便利性，确保粮食现代供应链安全稳定。促进粮食安全与生态环境的协调发展需要促进粮食全产业链的节粮减损，推动节粮减损技术的研发应用。世界粮食供应系统正处于关键时刻，要向更可持续、更有韧性、更公平和更有营养的农业食品体系过渡。加强开放合作，提升全球粮食供应链柔性与韧性，确保供应链有效运转，推动全球粮食贸易健康、稳定发展，对于守护全球粮食安全，落实联合国2030年可持续发展议程，促进世界共同发展意义重大。这需要地方、区域、国家和全球层面的所有利益相关者，包括公共和私人行为者，在农业、贸易、政策、卫生、环境等多个领域采取综合行动。

[①] Douwe van der Ploeg, J., From Biomedical to Politico-economic Crisis: The Food System in Times of COVID-19, *The Journal of Peasant Studies*, 2020, 47(5), 944-972.

第三章　可持续发展：全球生态环境治理呼吁新框架

2015年，联合国环境规划署发布《2030年可持续发展议程》；同年，《巴黎气候变化协议》《仙台减轻灾害风险框架》等报告通过，国际社会为可持续发展添上浓墨重彩的一笔。《2030年可持续发展议程》勾勒了可持续性发展的未来道路。可持续发展目标将生态环境可持续性、社会公平和经济发展融为一体。可持续发展目标体系的建立使人们认识到，生态环境可持续性不是发展和人类幸福的障碍，而是发展的动力。这一观点正是全球推进可持续发展和生态环境治理的重点。近5年来，诸如生态系统保护和生物多样性经济学研究计划、生态系统服务项目等行动持续表明，认识到生态系统能够带来切实的经济利益，对于创造包容性绿色经济和帮助数百万人脱离贫困极为重要。

众所周知，自然资源作为劳动生产资料，是构成生产力的基本要素。自然资源为人类提供的供给、调节、支持和文化等生态系统服务功能，是经济社会发展的生产力之一，也是经济社会发展的潜力和后劲。因此，保护生态环境就是保护生产力，改善生态环境就是发展生产力。在我国，习近平总书记提出以上这一重大科学论断，深刻揭示了自然生态作为生产力内在属性的重要地位，既以其鲜活的语言和深刻论断强化了马克思、恩格斯所强调的第一类和第二类自然资源是自然生产力重要组成部分的认识观，又把整个自然生态系统纳入生产力范畴，是对马克思主义自然生产力观的极大丰富和发展。

在全球可持续发展和我国生态文明建设背景下，生态环境保护和治理赋予了"生产力"全新的内涵。现代化的绿色生产力,除了认识自然、改造自然和利用自然之外,在生产力内部必然要逐渐生成一种保护自然的能力,包括生态平衡和修复能力、原生态保护能力、环境监测能力、污染防治能力等。生态文明建设的理念之一是始终坚持把生态环境作为经济社会发展的内在要素和内生动力,始终把整个生产过程的绿色化、生态化作为实现和确保生产活动结果绿色化和生态化的途径、约束和保障。① 虽然我国在生态环境保护方面取得了重要的成绩,但是当前大气环境质量、水污染、土壤污染、过度开采等各种棘手问题依然严峻,不断考验着政府的生态环境治理能力和治理水平,迫切要求其进行治理转型和制度改革突破,从粗放式、运动式的治理模式向常态化、可持续性转变。建设生态文明,是一场涉及生产方式、生活方式、思维方式和价值体系的革命性变革。

在我国生态文明总体框架下,把环境保护作为区域全局和长远发展的主要底线,把绿色发展作为经济增长新动力的必要条件,以生态环境保护引导发展动力转换。绿色发展理念是破除不平衡和不充分发展所导致的环境问题的关键所在,无论是打赢防治污染攻坚战还是为人民群众提供更多、更好、更优质的生态产品与生态服务,都需要推进绿色发展。因此,绿色发展是对传统发展观的根本性变革,也是彻底解决生态环境问题的根本之策,本质上是要把生态环境资源作为经济增长的内生变量,把生态环境保护作为经济绿色转型的重要驱动力。首先,生态环境问题是经济系统中"黑色增长"因素造成的。我国近年来生态文明实践表明,生态环境保护不但不会影响经济增长,而且能够为经济增长创造良好的生态环境条件,引导和倒逼传统经济转型,正向带动经济增长,是推动高质量发展的重要驱动力。其次,生态环境保护投资对经济增长有促进作用。研究显示,"十三五"期间,我国全社会生态环境保护投资大幅度增长,对经济增长和就业形成了拉动作用。特别是大气、水、土壤污染防治行动计划,不但改善了生态环境质量,而且带来了显著的经济社会效益和健康效益。不仅如此,总量减排为经济增长腾

---

① 黄承梁:《生态文明是人类文明发展的历史趋势》,光明网,2021年10月15日。

出了生态环境承载空间,绿色消费也拉动了经济绿色增长。但我们仍需意识到,生态环境根本好转拐点远未到来。①

第一节 全球生态环境治理的危与机

一、全球生态环境面临多重危机

当今国际社会需要共同解决工业文明带来的诸多问题,通过全球环境治理,携手推进实现联合国可持续发展的目标。自工业文明以来,人类在创造巨大物质财富的同时,也打破了地球生态系统平衡,人与自然深层次矛盾日益显现。气候变化、环境污染和生物多样性丧失已被联合国列为三大全球性危机。特别是在新冠疫情背景下,全球正面临新冠疫情应对与经济复苏、气候变化、自然生态破坏和环境污染等多重危机。2021年2月,联合国环境署发布的《与自然和谐共处:应对气候、生物多样性和污染危机的科学蓝图》指出:气候变化、生物多样性下降和环境污染已经成为全球三大环境紧急情况;人与自然关系面临着社会经济发展压力加剧环境风险、遏制环境恶化的全球承诺尚未兑现、环境风险威胁可持续发展目标等多重挑战;全球亟待开展以联合国可持续发展目标为框架的系统变革,加快应对全球环境危机的重点行动,改革资源环境和经济系统,提高粮食、能源和水系统的环境友好性与可持续性,加强对人体健康与生态环境健康的协同保护,进而推动人与自然的和谐共处以及可持续发展。2021年,政府间气候变化专门委员会(IPCC)第六次评估报告第一工作组报告指出,气候变化影响广泛、快速且不断加剧,诸如海平面上升等变化不可逆转。联合国第五版《全球生物多样性展望》认为,当前生物多样性丧失速度之快在人类历史中前所未见,整合低碳、自然保护和污染防控应成为当前经济复苏的战略优先事项。

---

① 李海生等:《关于加强生态环境保护打造绿色发展新动能的几点思考》,《环境保护》2020年第15期。

与此同时,生态环境恶化倒逼全球生态环境治理的制度建设逐步完善,有效的国际机制推动全球生态环境治理进程,但全球环境治理体系的建立和完善仍面临前所未有的困难。近年来,气候变化、生物多样性丧失、荒漠化加剧、极端气候事件频发,给人类生存和发展带来严峻挑战,全球环境治理的需要从未如此迫切。全球新冠抗疫实践表明,全球生态系统是一个相互关联的整体。当前,实现碳中和、保护自然、减少废弃物和污染、支持整体健康等综合议程,以及实现社会公平的承诺正在世界各国和社会各个层面深化。2021年,在昆明举办的《生物多样性公约》缔约方大会第十五次会议(COP15)和在格拉斯哥举办的《联合国气候变化框架公约》缔约方大会第二十六次会议(COP26)为推进包容、碳中和以及自然和谐的综合议程提供了历史性机遇。加强环境治理体系建设,增进多边环境公约间协同增效,对于支持综合施策至关重要。以经济、环境和社会为三大支柱组成的2030年可持续发展目标对环境安全提出了更高的要求。

环境智库在全球环境治理进程中扮演独特性、主动性和创造性的角色,是影响政府科学决策和有效实施的重要力量,也是全球环境话语体系的重要组成部分,是全球环境治理进程中的重要角色之一。[1] 围绕生态环境、可持续发展、气候变化、生物多样性等主题,全球环境智库普遍关注这些问题和治理的最新进展和政策的协同增效。代表性智库有德国生态研究所、斯德哥尔摩环境研究所、世界资源研究所、美国布鲁金斯学会、欧洲环境政策研究所等[2],系列研究论文和报告表明,推进全球环境治理刻不容缓。可持续发展目标(SDGs)各目标和子目标之间相互联系并相互促进,可根据其相互关系制定优先战略,以实现协同增效,并采取整体性的公共决策推动SDGs实施。

(一)气候变化

气候变化的应对及其风险是全球持续关注的热点问题。目前,全球逾

---

[1] 汪万发:《全球环境治理中的环境智库:国际情况与中国方案》,《环境与可持续发展》2019年第2期。
[2] 宾夕法尼亚大学:《全球智库报告2020》,2021.

100个国家承诺到2030年停止并扭转全球森林丧失和土地退化。2021年11月,包括中国在内的100多个国家在格拉斯哥联合国气候变化大会签署联合声明,重申承诺,在2030年中止并扭转森林砍伐与土地退化进程,以保护和恢复地球上的森林,签署国家覆盖了全球85%的森林面积,并把190亿美元的公共与私人资金投资在保护与恢复森林项目。为应对气候变化,各国通过积极的举措,逐步向碳达峰、碳中和的目标迈进。

近两年,气候变化特别是极端天气事件给经济社会发展带来一系列风险。金融资产风险是逐步显现的风险之一,但与气候变化相关的金融风险被系统性低估了。因此,更多国家愿意对金融行业和资金供给进行调控,目的是将全球温升幅度控制在不超过1.5摄氏度的范围内。目前有三个倡议项目凸显了这种趋势:①欧盟制定的可持续金融行动计划,修改了多项金融规定;②多国央行和金融监管机构加入绿色金融网络(NGFS),并开始计量气候变化对金融稳定的影响;③气候行动联盟的设立,旨在应对气候变化,致力于减少气候变化所带来的风险。这些倡议项目所关注的焦点主要是气候变化。气候变化对经济的影响刚刚开始显现,气候变化对金融行业的影响仍属于"将来时"。在金融市场中,收益是资产价格的关键决定因素。气候相关成本不仅会影响资产收益,还会影响资产的市场价格。

(二)环境污染

世界经济论坛发布的《全球风险报告》(2021)显示,新冠疫情加剧了贫富差距和社会分化,将在未来3—5年阻碍经济发展,在未来5—10年加剧地缘政治紧张局势。从未来10年风险发生概率和影响来看,环境风险仍是首要问题。全球水污染问题仍然十分突出。《全球环境展望6》(2020)认为,淡水系统中污染物的抗菌素耐药性问题可能在2050年成为人类主要死因。由空气污染等带来的环境健康问题一直是全球环境与发展研究机构所关注的重要内容。世界银行对环境健康风险进行了研究,在研究中发现气候变化和环境污染对经济发展和人类生命健康会产生严重影响。关于未来如何应对环境污染所带来的健康问题,各项研究都认为应努力通过推进相关协议的达成来降低环境健康风险,明晰应对环境健康问题的路线。

(三)生物多样性

生物多样性丧失已不单纯是环境问题,更是发展、经济、全球安全和道德伦理问题。过去几十年间,陆地系统生物多样性丧失的最重要原因是土地利用的变化。气候变化目前并不是全球生物多样性丧失的最重要原因,但在未来几十年,气候变化的影响将会越来越大,甚至可能成为影响全球生物多样性丧失的首要因素。《地球生命力报告2020》表明,1970—2016年期间,监测到的哺乳类、鸟类、两栖类、爬行类和鱼类种群规模平均下降了68%。物种的种群变化趋势非常重要,是衡量生态系统整体健康水平的标志。衡量生物多样性是一个复杂的过程,无法通过某个单一方法来概括这张生物之网的所有变化。但是,绝大多数指标都表明生物多样性在过去几十年出现了净下降。[①] 全球对自然保护创新的关注和承诺尽早在2021年后采取行动的势头正在增强,并形成共识,认为各方需要付出巨大努力才能在2030年"彻底扭转"生物多样性丧失的趋势。因此,COP15之后几年的过渡和实施工作具有极其重要的意义。此外,有关资金缺口、性别差距、在各相关环境公约和其他可持续发展的努力之间寻求协同增效等问题迫切需要解决。当前,全球范围的努力,是将生物多样性纳入国家和全球决策主流的重要契机。

(四)外来物种入侵

2020年,生物多样性和生态系统服务政府间科学政策平台(IPBES)的全球评估发现,外来入侵物种(IAS)是对全球生态系统造成生物多样性破坏的直接驱动因素之一。自1980年以来,外来物种累积记录增加了40%,新的外来入侵物种的引入率比以往任何时候都高,并且没有减缓的

[①] World Wild Fund for Nature: Living Planex Report 2020, https://www.worldwild life.org/publications/living-planet-report-2020.

迹象。在21个有详细记录的国家中,自1970年以来,每个国家的IAS数量增加了70%。① 外来入侵物种会对生物多样性产生破坏影响,对本地物种、岛屿上的生物群落、大陆生物群落以及其他具有高比例地方性物种的生物群落都将产生巨大影响。

(五)风险的叠加

气候变化威胁着生物多样性。世界自然基金会(WWF)的报告《风险的本质——帮助企业了解与自然相关的风险框架》指出,随着企业和金融行业对气候变化相关风险的担忧日益加重,解决生态系统服务衰退的问题也越发紧要:从各国央行到企业,已经迅速将气候变化相关风险设置为首要议题,并提供了应对自然相关风险的综合框架。自然相关风险框架包含两重含义。一是企业和经济对大自然的影响和依赖,二是导致自然相关风险的两方面原因:企业对自然环境的影响和依赖发生变化导致威胁产生;企业自身存在的风险敞口和脆弱性,自然相关风险一旦出现,就可能给企业乃至整体经济带来一定的后果。②

2019年,联合国粮农组织(FAO)发布了第一份《世界粮食和农业生物多样性状况》报告,详细描述了生物多样性给粮食和农业带来的益处,分析了农民、牧民、伐木工、渔民和渔场工作人员如何塑造并管理生物多样性,阐明了驱动生物多样性变化趋势的主要力量。生物多样性公约发布的报告显示,停止并扭转地球动植物多样性危险、持续的丧失,需要的不仅仅是扩大全球陆地和海洋保护区系统,更需要在一系列多样化、相互关联的变革中采取成功、协调的行动,包括大量减少有害的农业和渔业补贴、大幅减少过度消费以及将气候变化控制在1.5℃。如没有变革,就无法实现制止和扭转生物多样性丧失的高水平雄心,变革是"跨技术、经济和社会因素(包括范式、

---

① 生物多样性和生态系统服务政府间科学政策平台:《生物多样性和生态系统服务全球评估报告的决策者摘要》,2019。
② 世界自然基金会:《风险的本质——帮助企业了解与自然相关的风险框架》,https://webadmin.wwfchina.org/storage/content/press/publication/2020/.pdf。

目标和价值观)的根本性全系统重组,需要保护和可持续利用生物多样性、人类长期福祉和可持续发展"。同时,应对自然和管理生态系统中的威胁至关重要,需要采取一系列行动来解决相互作用的驱动因素。扭转生物多样性丧失需要解决自然和管理生态系统中对生物多样性的威胁,以及解决它们之间的相互关系。"自然"和"管理"的生态系统在物种和遗传组成、生态系统功能和对人类利益的供应方面存在差异,因此它们的行动目标、参考状态、监测要求和相关指标也不同。[①]

二、全球生态环境治理体系的新格局

当前,世界正值"百年变局",也亟待进行"百年布局"。在配置要素资源时,价值判定需要从"单维经济"转向"多维价值",即经济、社会、环境的综合价值,可持续发展成为全球大势所趋。总的来说,在全球化驱动下,已推动逐步建立一个综合性的生态环境治理机制,但生态环境总体状况并未得到改善。尽管全球生态环境治理体系规模和范围不断扩大,但在实现其改善全球环境和可持续发展,甚至在缓解主要几个生态环境问题的恶化趋势方面均未见明显成效。在当前国际环境和发展趋势下,全球环境的治理格局已经逐渐向多元治理发展,越来越多的智库机构、政府间国际组织、非政府组织、社会公众都参与到全球环境治理工作中来。

生态环境问题既是一个全球公共问题,也是一个系统工程。它不仅关系到国际社会多层次、多种类的行为体,而且涉及能源、粮食、人口、贸易等多个领域,生产、运输、消费等各部门还需要建立起全球性、网络化的协调机制,协调统一各领域、各部门的政策与行为。2020年以来,全球生态环境治理体系研究议题集中于新冠疫情背景下的可持续发展目标、气候变化与碳中和、生物多样性、水资源、海洋生态环境治理、绿色发展与可持续发展融资等领域。总体看来,全球生态环境治理的关键领域和趋势表现在以下方面:

[①] Convention on Biological Diversity: Expert Input to the Post-2020 Global Biodiversity Framework, https://www.cbd.int/doc/c/16b6/e126/9d46160048cfcf74cadcf46d/wg2020-03-inf-11-en.pdf.

一是联合国可持续发展目标(SDGs)的推进。2021年是联合国推动可持续发展目标达成的关键10年起点。2022年初联合国一份报告显示,西非每日生活费低于1.90美元的人口比例从去年的2.3%跃升至2021年的2.9%,[①]而在经济复苏缓慢、财政空间缩小和资源调动乏力的情况下,各国的债务负担都有所增加。在贫富之间"信任赤字"日益扩大的情况下,通过让尽可能多的不同部门的行为者参与,确保可持续发展获得所需资金比以往任何时候都更加紧迫。

二是气候变化是贯穿始终的全球环境热点议题。世界气象组织2021年发布旗舰报告《全球气候状况》显示,全球平均温度已经上升了约1.2℃,在过去的几十年里,自然灾害激增对较贫穷国家的影响尤为严重,导致去年非洲粮食不安全、贫困和流离失所等问题日益恶化。[②] 极端天气事件增多,这清楚地表明自然界正在对人类活动引起的气候变化作出反应,但与自然和谐共处仍被视为恢复平衡的最佳方式之一。

三是生物多样性保护受到前所未有的关注。生物多样性丧失的速度比人类历史上任何时候都要快,许多生态系统已经退化得无法再修复,或者正面临出现"临界点"的风险。联合国估计,如果要保护地球的生物多样性和依赖多样性生存的社区,就需要将相当于中国领土面积大小的土地恢复到自然状态。如果全球要成功应对气候、生物多样性、土地退化等三重威胁,那么,到2030年,对基于自然的危机解决方案的年度投资需要增加两倍,到2050年增加四倍。

四是生态环境问题研究的全球化和一体化。对环境议题的研究逐渐呈现出整体观和一体化。SDGs指标体系的制定凸显了经济、社会和环境各方面的交互联结,注重各发展目标之间的协同增效。环境问题错综复杂,环境研究不再单一地考虑某一个环境现象,而是采用整合的视角,例如气候变化

---

① 《西非极端贫困率2020年增长3%"新冠"乃"重要推手"》,载联合国官网,http://news.un.org/zh/story/2022/01/1098002,2022年1月20日。
② WMO: The State of the Global Climate 2021, https://lib.icimod.org/record/35637, Nov. 1, 2021.

背景下的水资源问题、水资源与能源、大气污染与气候变化、生物多样性保护与经济社会发展耦合等。

五是热点问题和新兴问题的关注并重。应对气候变化和《巴黎协定》的实施,气候融资、旗舰物种保护、流域治理等传统问题热度不减。SDGs相关研究、气候变化适应行动、生物多样性资源可持续利用、海洋微塑料、水危机与世界安全等新兴全球环境问题将持续发酵。

第二节 应对气候变化的决策新进程

《巴黎协定》之后全球气候治理格局正逐步发生改变。2021年11月举办COP26在减缓、适应、资金和合作方面取得了部分进展,达成共识并通过了《格拉斯哥气候协议》,确定了《巴黎协定》实施细则,但发展中国家对气候融资的现状感到不满。国际能源署预测,这一系列计划如果能够如期完全落实,预计到2100年全球平均气温上升幅度将控制在1.8℃。世界资源研究所研究认为,该预测很大程度上是以相关国家新近宣布的碳中和目标为基础,而不是基于各国在其国家自主贡献目标中提出的实际计划和政策做出的。

2020年后,受新冠疫情影响,许多国家财政赤字、通货膨胀以及贫富差距问题日趋严重,同时《联合国气候变化框架公约》第26次缔约方大会也让人们意识到世界发展模式亟需根本性变革,需要建立一个更加公平的新全球治理体系。

为了保持将全球变暖限制在1.5℃的巴黎目标,各国决定做出到2030年共同减排45%、到2050年总体为零的贡献。尽管许多新的承诺增强了力度,但这些气候政策距离实现全球长期温控目标仍有不小的差距。《联合国气候变化框架公约》(UNFCCC)发布的《国家自主贡献综合报告》显示,根据191个缔约方最新公开的164份国家自主贡献目标(NDC),到2030年,全球温室气体排放将比2010年水平增加16%。联合国环境规划署发布的《2021排放差距报告》指出,经过调整和更新的NDC仍然不足以实现落实

《巴黎协定》所需的减排量。

国际气候与安全军事委员会（IMCCS）的专家组发布报告，敦促各国领导人将气候变化作为印度洋—太平洋地区的"安全优先事项"。作为《世界气候与安全报告概要2020》系列的一部分，报告阐述了六个要点，即应对气候变化的根源应成为地区的安全重点；气候变化应在地区安全议程中占据更重要的位置；气候变化在加剧地区潜在的紧张局势；地区的许多安全问题与气候变化密切相关；与气候变化相关的可预见性安全挑战说明了准备和预防工作的重要性；以及加强各安全部门之间的协调对于应对与气候相关的安全威胁至关重要。

2021年，美国大西洋理事会发布的《重新构想一个公正的社会》第四部分《被气候变化破坏的世界》指出，应对气候变化需要新地图与新思维。为此，政策制定者和决策者需要借助不同的概念图来理解当前的优先事项，其中包括人类可以在自然世界中可持续共存的新"地形"以及关于什么体系或正统观念最能解释世界运行方式的假设。[①] 荷兰克林根达尔国际关系研究所发布的《深化对气候安全实践的理解》指出，当前，在考虑应对气候变化带来的安全隐患时，政策制定者缺乏对实践的关注。人们也还在为气候变化与人类安全的相关性争论不休，这极大阻滞了应对气候变化具体方法论的发展。报告呼吁，应该更多关注气候安全的实践层面以应对部分地区已经出现的紧急事态。[②] 英国查塔姆学会在《为了推进贸易和气候目标，"全球英国"必须将它们联系起来》一文中指出，各国政府要保持获得关键产品和服务的机会，并确保全球供应链在危机时期发挥作用。研究认为，英国迫切需要整合其贸易和气候政策制定，重新调整贸易政策框架，以激励全球经济向更循环和净零的转变，实现政府的"清洁增长战略"应该是英国贸易政策的

---

① 详见链接：https://www.atlanticcouncil.org/blogs/geotech-cues/reimagining-a-just-society-pt-4-new-maps/。
② 详见链接：https://www.clingendael.org/publication/towards-better-understanding-climate-security-practices。

核心目标之一。① 美国大西洋理事会发布的《北约面临的新挑战：保卫气候变化的世界》指出，北约应进一步加大应对气候变化的行动力度，来应对气候变化带来的问题。② 英国查塔姆学会的能源、环境与资源计划组在《欧洲清洁能源的未来：挪威和英国面临的共同挑战》中指出，挪威和英国等欧洲石油和天然气生产国有望在疫情之后的经济复苏过程中加速能源转型，但同时也因不确定能源转型方向而面临着挑战。③ 美国国际战略研究中心在《超越产量：气候对粮食安全的诸多影响》一文中指出，气候引发的粮食安全问题已由农村扩展至城市地区，如今的粮食安全问题已经不再仅限于农村，城市地区在这个问题上也有其特有的脆弱性。就政策制定者而言，应该打破气候变化仅会影响农业的狭隘想法，同时兼顾以城市/农村作为重点的倡议。④ 美国大西洋理事会研究人员在《没有非洲，气候变化问题将无法得到解决》一文中提到，对全球变暖影响最小的非洲受到其带来的最大伤害，变革需要更多地考虑非洲的解决方案。⑤ 同时，气候变化影响全球水资源的分布。水资源的匮乏以及全球水资源分布不均对地方经济和世界经济带来的风险不容忽视，全球水危机也逐渐成为影响全球安全的不稳定因素。⑥

我国应对气候变化的政策和举措同样受到全球的高度关注。美国亚洲社会政策研究所的一项研究报告《中国对气候变化的应对：一项对比研究以及一项处于十字路口的政策》显示，2019年，中国的排放量大于美国、欧盟和日本的排放量之和。要解决气候变化问题是无法避开中国的，然而中国在气候变化问题上的应对是矛盾的。一方面中国在太阳能、风能和电动汽

---

① 详见链接：https://www.chathamhouse.org/expert/comment/advance-trade-and-climate-goals-global-britain-must-link-them。
② 详见链接：https://www.atlanticcouncil.org/blogs/new-atlanticist/the-new-challenge-for-nato-securing-a-climate-changed-world/。
③ 详见链接：https://www.chathamhouse.org/expert/comment/europe-s-clean-energy-future-shared-challenges-norway-and-uk/。
④ 详见链接：https://www.csis.org/analysis/beyond-yields-mapping-many-impacts-climate-food-security。
⑤ 详见链接：https://www.atlanticcouncil.org/blogs/africasource/climate-change-will-not-be-fixed-without-africa/。
⑥ 详见链接：https://www.orfonline.org/research/creating-urban-water-resilience-in-india/。

车的使用方面居世界领先地位,但同时中国的煤炭消耗量也居世界首位。中国政府采取了一些最激进的能源效率和森林保护政策,但其同时也在为国内外燃煤电厂产能的大幅扩张提供资金。另一份报告《国家排放权交易系统是中国绿色复苏的关键》则指出,中国国家排放权交易制度的实施提供了独特的机会,使中国长期致力于降低温室气体排放。中国的国家排放权交易系统应在经济有效地应对降低排放的挑战方面发挥重要作用。[1] 日本亚洲开发银行研究所于2020年7月发布的《利用山东绿色发展基金促进气候融资》报告认为,中国政府制定了积极的气候政策,以达成《巴黎协定》所保证的经济脱碳,中国政府所制定的气候政策的关键领域包括:创造有利的环境以长期满足气候融资要求,建立气候融资能力和知识——这些政策将有助于克服气候融资中的障碍。[2]

第三节　全球生物多样性治理新框架

一、全球生物多样性治理的新框架

生物多样性关系人类福祉,是人类赖以生存和发展的基础,也是生态文明建设的重要内容和推动高质量发展的重要抓手。近年来,全球范围环境智库越来越重视生物多样性保护、生态系统服务价值与可持续利用,利用生物多样性资源探索可持续的商业模式。对生物多样性和生态系统功能的关系,及其因人类活动、经济社会发展产生权衡或协同的研究都是学界和决策者关注的热点。生态系统服务是人类直接或间接从生态系统中获取的各种产品和惠益。世界经济论坛的研究报告显示,全球超过一半以上的GDP中度或高度依赖自然,各行各业直接或间接依赖生物多样性。过去50年,全

---

[1] 详见链接:http://asiasociety.org/policy-institute/national-emissions-trading-system-key-chinas-green-recovery。
[2] 详见链接:https://www.adb.org/publications/climate-finance-shandong-green-development-fund。

球生态系统有近60%的功能项正在退化,[1]生态系统调节服务的下降尤其引人关注,未来情景模拟显示生态系统服务下降的趋势不容乐观。[2] 生态系统服务的退化有许多原因,包括制度与政策缺陷、科学知识的不完备、突发事件及其他因素等,但大部分生态系统服务的退化是由生态系统过程尺度与人类管理尺度的错配产生的。人类活动/土地利用—景观格局—生态过程/功能—生态系统服务定量关系分析是揭示生态系统保护、恢复与重建机理的关键。[3]

(一) 多种因素驱动全球生物多样性发生变化

人类活动对生态系统的影响本质上是对生态系统结构和过程的影响,最终体现在生态系统所能提供的服务能力变化上。人类活动如城镇化和交通基础设施建设等造成建设用地扩张,引起土地利用和覆盖变化,继而导致自然生境丧失和生态系统功能退化,直接影响生物多样性保护,此外,人口增长和聚集及消费模式也会对一些敏感地区的生物多样性和生态系统产生影响。

土地利用覆盖以及海洋用途改变、自然资源的直接过度开发、气候变化、环境污染和外来物种入侵扩散等五大驱动因素,从根本上加快了生物多样性的丧失,同时给经济带来损失。2019年,IPBES发布报告显示,自1970年以来,人类活动改变了75%的陆地表面,影响了66%的海洋环境,农业生产、渔获量、生物能源生产和材料开采趋于上升。农业作物产值(2016年为2.6万亿美元)增加了大约三倍。这些已经对世界经济、粮食安全、饮用水,以及人们的生计和生活质量造成不同程度的影响或危害。《地球生命力报告》(WWF, 2020)表明,全球生物多样性正在下降,从1970—2016年,哺乳动物、鸟类、鱼类、植物和昆虫的数量平均下降了68%,在不到50年的时间

---

[1] Costanza R., de Groot R., Sutton P., et al. Changes in the Global Value of Ecosystem Services, *Global Environmental Change*, 2014, 26:152-158.
[2] Walter V. Reid, *Millennium Ecosystem Assessment. Ecosystems and Human Well-being*. Washington DC: Island Press, 2005, 27-28.
[3] 于德永、郝蕊芳:《生态系统服务研究进展与展望》,《地球科学进展》2020年第8期。

里下降了2/3以上。目前,全球只有15%的陆地和7%的海洋得到了保护,"爱知目标"远未完成。气候变化虽不是全球生物多样性丧失的最重要原因,但是在未来几十年,气候变化带来的影响会越来越大,甚至可能成为影响生物多样性的首要因素。随着生态系统理论和应用的研究深入,以上热点研究或许将在全球范围内的不同区域、以不同尺度展开。

2019年,由IPBES发布的《全球生物多样性和生态系统服务评估报告》,提供了生物多样性损失和生态系统服务衰退的明确指标。生态系统服务功能贡献的经济价值高达数百万亿美元,从水资源到能源,从食物到碳封存,生态系统服务为全球经济发展提供了基本要素。南非国际事务研究所研究人员在《能否挽救"自然界的超级年"? 2020年世界地球日的反思》指出,2020年被称为"环保超级年",是关于生物多样性、海洋治理和气候的未来的重要全球谈判的一年。人们认为生态危机要求人类与自然界互动的方式需要发生根本改变,建立新常态以结合可持续发展与经济发展目标。人们认为应该关注以下方面:投资恢复生态基础设施,新冠疫情后的经济刺激计划将有助于此;制定长期的、变革性的政策以根本去除陆地和海洋生态系统过度开发和退化的诱因;利用疫情后经济刺激方案,实行创新的"绿色刺激"。① 美国外交关系协会研究团队在《拯救生物圈的30×30行动》一文中指出,各国需为"30×30"(即到2030年保护30%的地表免遭人类破坏)行动制定具体措施。当前,全球约有15%的土地享有一些官方保护,但许多规划的保护区是零散分布的,一些生物多样性最丰富的区域被忽视了。同时,全球只有约7%的海洋受到保护,而且只有2%受到强有力的保护。②

(二) 呼吁将生物多样性纳入决策体系

2020年12月,美国外交关系协会研究人员在《拜登的环境议程必须超越气候变化的范畴》一文中指出,地球正在经历史无前例的生态多样性丧失

---

① 详见链接:https://saiia.org.za/research/can-the-super-year-for-nature-be-salvaged-reflecting-on-earth-day-2020/。
② 详见链接:https://www.cfr.org/blog/30x30-campaign-save-biosphere。

问题,气候变化、过度捕捞、入侵物种和污染等与人类行为有关的因素也在加剧着生物多样性的丧失。作者认为,新任美国总统乔·拜登应提高对保护生物多样性的重视程度,外交政策应将生物多样性保护与减缓气候变化并重。① 2021年,英国剑桥大学发布的报告《生物多样性经济学:达斯古普塔评估》,在生态学和地球科学的研究基础上提供了一个综合了经济学的框架,以探讨如何在经济学中考虑人类最为珍贵的自然资本。② 该研究认为,生物多样性丧失的速度比人类历史上任何时候都要快,要实现可持续的经济发展,就需要选择与现在不同的另一条发展道路,即对自然的利用不仅要可持续,而且还要能增进我们及子孙后代的共同财富和福祉。英国国际环境与发展研究所的报告《将生物多样性纳入政府决策》指出,目前,大多数主流国家在制定政策时,往往优先考虑发展机会,且容易受到各种政治因素影响,导致对生物多样性保护等关乎长远利益的问题重视不足。③ 报告提供了一份政策背景分析指南,通过分析各种利益、权力和关系对政府决策过程产生作用的机制,确保政府决策将最新的科学数据和更广泛的生物多样性信息作为参考,结合政治依据制定项目策略。

2021年10月,COP15第一阶段会议为谈判注入了政治雄心。第一阶段通过的《昆明宣言》,作出了确保制定、通过和实施一个有效的"2020年后全球生物多样性框架"等17项具体承诺。《昆明宣言》承诺加快并加强制定、更新本国生物多样性保护战略与行动计划;优化和建立有效的保护地体系;积极完善全球环境法律框架;增加为发展中国家提供实施"2020年后全球生物多样性框架"所需的资金、技术和能力建设支持;进一步加强与《联合国气候变化框架公约》等现有多边环境协定的合作与协调行动,以推动陆地、淡水和海洋生物多样性的保护和恢复。因此,《昆明宣言》更加强调实现2020年后全球生物多样性目标的可执行性,也强调空间规划和保护地体系

---

① 详见链接:https://www.cfr.org/blog/bidens-environmental-agenda-must-go-beyond-climate-change。
② 详见链接:https://www.gov.uk/government/collections/the-economics-of-biodiversity-the-dasgupta-review。
③ 详见链接:https://www.iied.org/20426g。

建设对全球范围内有效增加保护面积和效果的重要性。除了做好顶层设计及配套保障措施外,多次提到在国内政策、全球法律框架、资金方面加强行动保护生物多样性,包括强调利益攸关方的参与,鼓励相关部门和利益攸关方做出贡献,促进与其他国际环境公约和可持续发展制度的协同增效。

(三)《2020后全球生物多样性框架》解决的关键问题

关键问题一:2020年后全球生物多样性框架以及2030年目标。

《2020后全球生物多样性框架》将首先提出全球目标,包含了"保护""可持续利用"和"惠益分享"三个方面的要求,后两者由于关联各国经济发展,所占分量更重。二是建立履约机制,促进各缔约方以某种形式提出并履行各自目标承诺。三是建立保障机制,包括建立或完善相关约定、报告、核查、争端解决、资金、技术、能力建设等一系列机制。

关键问题二:遗传资源的获取、分享和惠益。

生物多样性不像气候系统具有全球公共领地或跨境的属性。然而,遗传多样性是其他各种多样性的基础和来源,生物遗传资源是国家战略资源。由于各国遗传资源禀赋存在巨大差异,发达国家生物产业的发展主要依赖从发展中国家获取的遗传资源,部分侵害了发展中国家的利益。围绕遗传资源的惠益共享,一些新兴概念也将成为谈判重点议题,例如遗传资源的"数字序列信息"。近年来,特别是2014年《名古屋议定书》生效后,基因数据正在以指数级的速度数字化,但其潜在的商业利益并未纳入惠益分享机制中。遗传资源惠益分享是纵贯《生物多样性公约》主线的核心。

关键问题三:2020后框架的资金和执行机制。

各缔约方都同意尽力扩大资金来源、撬动非国家主体的资金,但发展中国家明确要求发达国家提高来自政府的资助。关于履约机制和资金机制,发展中国家强调应当确保落实目标,要求发达国家提供技术转移和资金支持;发达国家则强调框架的实施主要依靠各国国内政策,而技术转移则需要尊重知识产权。

二、旗舰物种、遗传资源和生态系统功能的关注和保护

经济社会的发展进程中各种高强度人类活动干扰因素,加快了全球物种灭绝的速度。2020年9月,《生物多样性公约》秘书处发布第五版《全球生物多样性展望》,指出在2020年全球生物多样性目标("爱知目标")的收官之年,全球仅部分实现了20个纲要目标中的6个目标,大多数目标未能实现。来自世界自然保护联盟(IUCN)2020年的评估结果也显示,全球有41%的两栖类、26%的哺乳动物和14%的鸟类处于受威胁状态,全球生物多样性普遍受威胁的形势还在持续恶化。作为世界上生物多样性最丰富的国家之一,中国同样面临挑战。在《中国生物多样性红色名录》评估的34 450种高等植物中,受威胁物种占比10.9%。过去国际社会在生物多样性保护方面做出了很多努力,但物种加速灭绝的趋势并没有根本扭转。[1] 气候变化正在加快物种灭绝,导致生态系统快速发生变化。这将严重限制生态系统的自然碳封存能力,反过来又会使气候继续恶化。最终的结果将形成一个负面反馈循环。然而,目前很多决策者并没有意识到气候变化和生物多样性丧失之间的密切关系。

作为遗传资源的地方栽培植物和驯化动物的种类和品种正在消失。尽管包括土著居民和社区在内的地方付出了很大努力,但全球各地种植、饲养、贸易和维护的动植物种质资源和品种越来越少。到2016年,在用于粮食和农业的6 190种驯养哺乳动物中,有559种(占9%以上)已经灭绝,至少还有1 000多种受到威胁。[2] 此外,对长期粮食安全非常重要的许多农作物的野生近缘种没有得到有效保护,[3] 驯化哺乳动物的野生近缘种的保护状

---

[1] 童克难:《聚焦全球生物多样性保护治理新战略》,《环境经济》2021年第2期。
[2] IPBES (2019): Summary for Policy Makers of the Global Assessment Report on Biodiversity and Ecosystem Services of the Intergovernmental Science-Policy Platform on Biodiversity and Ecosystem Services.
[3] Qin Li, Yao Zhao, Xiaoguo Xiang, Jiakuan Chen, Jun Rong, Genetic Diversity of Crop Wild Relatives under Threat in Yangtze River Basin: Call for Enhanced In situ Conservation and Utilization J. *Molecular Plant*. 2019, 12(12):1535–1538.

况日益恶化。栽培作物的野生近缘种以及驯化品种的多样性下降,意味着农业生态系统对未来气候变化、害虫和病原体的抵御力将会下降。在我国,继1956—1957年、1979—1983年开展两次普查后,2015年我国启动"第三次全国农作物种质资源普查与收集行动"。2018年,湖北、湖南、重庆、江苏等6省份初步统计的主要粮食作物地方品种的数目在1956年时有11590个,到2014年仅剩3271个,地方品种丧失比例达71.8%。[①] 近5年来,我国不断加强农业种质资源的挖掘和保护。

几十年来,在海洋里和近海区域进行的人类活动呈指数级增长,对海洋生态系统造成了严重的负面后果。在全球气候变化和人类活动的影响下,海洋生态系统的结构与功能发生了很大的变化,海洋赤潮、绿潮、白潮等生态灾害不断出现。气候变化可能会对海洋生物和生态系统产生不可预测的深远影响,鱼类和其他物种的分布已经因持续上升的温度而变化。因此,气候变化对海洋渔业资源的分布和生产力,以及渔民生计和社区的稳定都产生了显而易见的影响。这些变化可能会对所有海洋生态系统造成十分严重的后果,特别是对极地地区和珊瑚礁。

鉴于人类施加于海洋的多重压力,如何有效治理海洋至关重要。当前,全球海洋治理已进入结构调整与秩序变革的新阶段。传统海洋强国对国际海洋治理的垄断虽已瓦解,但大国意志和强权政治依旧存在,发达国家与发展中国家海洋治理能力的不平衡日益加剧。尽管国际政策都承认需要采取生态系统方法来改善海洋治理,但在实际运用中,生态系统方法有一定的局限性。全球海洋治理体系仍有一些规则模糊不清,涉海前沿领域法律制度的创设虽已起步,但前景和效果仍有待观察。越来越多研究呼吁,强化陆海统筹,推动基于生态系统的海洋综合治理。加强对重要海洋物种及其栖息地、海岸生态系统的保护和恢复,通过海岸基于自然的解决方案等方式增强气候韧性。

在全球"碳达峰、碳中和"背景下,森林和湿地生态系统保护也受到前所

[①] 周勉:《种源大国面临"保种"困境》,《经济参考报》2018年10月9日。

未有关注。对于温室气体减排发挥最大贡献的为森林生态系统,COP26 会上,130 多个国家承诺在 2030 年前"停止和扭转"毁林。如果这个承诺得到兑现,将同时实现削减碳排放、增加碳吸收、协助降低气温和保护野生生物等多个目标。国际环境与发展研究所的研究观点认为,人们对自然在减缓和适应气候变化中发挥作用的认识显著提高,《格拉斯哥气候协议》的重点在于认识到了不同生态系统发挥的作用,而不只是森林,湿地生态系统等也同样重要,为更多地探讨"基于自然的解决方案"提供了基础。森林提供了丰富的公共服务和私人物品,包括碳储存、生物多样性栖息地、水源涵养、防风固沙、减少疾病、木材和非木材产品等。[1]《全球森林生命力展望:保护现状与对策(2021)》报告将全球毁林的直接驱动因素分为四大类:农业、采掘、基础建设、火灾等其它因素,这四类直接因素对应了五类间接因素:人口因素、技术因素、政治因素、经济因素和环境因素。当前,全球毁林的热点区域分布于拉丁美洲、撒哈拉以南非洲和东南亚等地,而且毁林的驱动因素呈现新旧趋势动态变化,主要取决于政治和市场的变化。[2] 美国威尔逊国际学者中心的《重视森林和树木:巴西亚马逊的气候野心与发展》一文认为,占亚马逊热带雨林 60% 的巴西,要从根本上遏制森林砍伐,就必须对科学和技术进行投资,提高集约放牧的效率、通过农林业服务促进农业发展以及全面的森林管理。[3] 2021 年,达沃斯论坛发布的《人类治理密西西比河洪水的努力有利于应对气候变化》一文中提到,密西西比河流域的防洪措施减少了有机碳损耗。[4] 另一份报告《气候变化或将对湖泊生态系统造成"不可逆转的影响"》显示,气候变暖或将延长湖泊"分层期",增加湖泊的甲烷排放量,未来

---

[1] Busch J., Ferretti-Gallon K., What Drivers Deforestation and What Stops It? A Meta-analysis. *Review of Environmental Economics and Policy*, 2017,11(1):3 – 23.
[2] 世界自然基金会:《全球森林生命力展望:保护现状与对策(2021)》,2021。
[3] 详见链接:https://www.wilsoncenter.org/event/seeing-forest-and-trees-climate-ambition-and-development-brazilian-amazon。
[4] 详见链接:https://www.weforum.org/agenda/2021/04/mississippi-river-carbon-benefits-climate-change/。

应当进一步了解湖水分层的机制,深入研究气候变化对其有何影响。①

第四节　城市可持续发展与韧性安全

近几年来,在气候变化和自然生态系统退化的双重作用下,全球爆发一系列大事件,展现了人类社会所面临的危机。尤其是进入城镇化中后期的国家或地区,随着人口、资源等生产要素的聚集效应逐步放大,城市群和超大城市在整个国家发展中的权重日益增强,城市风险增加。国际经验表明,与高速城市化进程相伴生的城乡分割、公共卫生、环境污染、交通拥堵、生物与生态安全等问题日益凸显,由此滋生的"城市病"已成为制约城市进一步发展的"瓶颈"。我国在"十四五"及未来15年处在从传统转向现代化的关键期,需要从城市观察中国未来,把握新趋势与格局,应对新挑战与威胁,迎接新的现代化城市治理。

全球范围的环境智库纷纷就城市碳减排、可再生能源发展、建筑可持续发展、绿色城市交通、生态保护与韧性城市等领域开展研究,探索各领域发展愿景和实施策略。在气候变化的背景下,城市发展的碳约束逐渐显现。世界自然基金会发布的报告《超越2℃国际城市应对气候变化中长期减排行动》显示,城市的能源消耗主要来自工业、建筑、交通以及废弃物等领域,生产和消费行为对排放的影响也不可忽视。诸多研究表明,城镇化扩张空间越来越临近生物多样性热点地区,城镇扩张驱动的自然生境转变也越来越多地出现在特别重要的生态系统服务区,但是生物多样性热点地区的城镇扩张并没有引起足够的重视。早在2000年,全球有3.2万平方千米的自然保护区内的土地已城镇化,相当于全球城镇化用地的5%;在中国大约有4500平方千米,分别占全国城镇化用地6%。② 到2030年,全球新的城镇扩

---

① 详见链接:https://www.weforum.org/agenda/2021/04/climate-change-could-cause-irreversible-impacts-to-lake-ecosystems/。
② Güneralp, B., Seto, K.C., Futures of Global Urban Expansion: Uncertainties and Implications for Biodiversity Conservation. *Environmental Research Letters*, 2013, 8(1):014025.

张将占所有生物多样性热点地区面积的1.8%，一些生物多样性热点地区如西非的几内亚森林、加勒比群岛、日本和菲律宾等区域的人口增长百分比和城镇化增长率可能会非常高。不论在发展中国家或发达国家，城镇扩张区域普遍存在于物种关键栖息地及其附近，几乎90%的可能受未来城镇化进程影响的自然保护区都位于快速发展的中低收入国家。自然保护区周边城镇化用地增长最快的地区将会在中国，在未来30年里，其城镇用地可能将增长3—7倍。城镇化和用地扩张如何影响生态系统，还取决于时间尺度和空间尺度。

从城市形成、发展到城市化后期，人与自然冲突的主要区域将逐步向城市这一单元转移。2020年，印度塔塔能源研究所城市规划与治理中心在《构建一个可持续发展的城市未来》一文中称，到2050年，快速城市化进程与全球人口的整体增长相结合，将使城市地区再增加25亿人口，其中近90%的增长将发生在亚洲和非洲地区。随着城市化不断发展，可持续发展将继续越来越依赖于对城市增长和自然资源的成功管理——尤其是在发展中国家中。国家之间的合作和知识交流对于实现可持续的城市发展也至关重要。[1] 德国全球和区域研究院亚洲研究所的报告《从全球视角看密度、城市与空气污染》发现，在国家和城市层面，城市区域的密度越高，人均二氧化碳和PM2.5排放量越低，着眼于世界各地的国家和城市，从全球角度看待空气污染，需重新审视人口密度与空气污染的关系。[2] 美国亚洲社会政策研究所研究人员在《中日韩如何实现其碳中和目标》一文中提到，继中国之后，日本和韩国也在近期相继做出到2050年实现温室气体零排放目标的承诺，并认为逐步收紧排放上限的排放交易体系可以帮助中日韩实现碳中和目标。[3] 目前，全球已有110多个国家相继提出了21世纪中叶的"碳中和"目标承诺。

---

[1] 详见链接：https://www.teriin.org/policy-brief/fostering-sustainable-urban-future。
[2] 详见链接：https://www.giga-hamburg.de/en/event/density-cities-and-air-pollution-a-global-view。
[3] 详见链接：https://asiasociety.org/policy-institute/how-china-japan-and-south-korea-can-make-their-carbon-neutral-goals-reality。

全球碳排放近70%来自城市,可以说,"碳中和"之战胜负,关键在城市。

2020年,美国国际战略研究中心的《迈向城市空间:以埃塞俄比亚交通和城市规划为例》指出,非洲城市空间发展由经济和政治利益共同驱动。考虑在未来30年内塑造非洲的城市化进程时,应确保政客和城市规划者都做出具有社会包容性、环境可持续性和政策支持的决策。[1] 印度能源与资源研究所研究人员在《建设可持续发展的城市》一文中提到,除了市政废物管理以外,印度甚至还没有开始追踪联合国可持续发展目标11的具体目标项。《2020柳叶刀倒计时健康和气候变化报告:应对趋同危机》将印度确定为受气候变化引发热浪影响最严重的国家之一。[2] 2021年,达沃斯论坛《生态观察》发布的《八个城市对其城市空间进行"再野化"》一文中指出,全球各地的城市都在通过"再野化"的手段来重塑其社区环境。[3] 所谓"再野化",指的是将区域恢复到原始、未开垦的状态,同时将建筑或景观设计的新元素融入其中,恢复生态系统中的生物多样性,帮助恢复对周围生态系统至关重要的原生栖息地,还为城市提供休闲场所。

2020年12月,美国亚洲社会政策研究所组织撰写的《疫情新常态:建设有能力防范大流行病的城市》一文中指出,疫情蔓延期间,封城无疑是一种阻断病毒传播极为有效的方式。城市是各国经济增长的核心,因此,未来各国需对城市进行"防疫",以便在下一次新型传染病来袭时建立复原力和做好充分的准备。[4] 可见,由新冠疫情带来的前所未有的挑战和影响正在重塑人类社会,城市首当其冲。2016年,全球100万人口以上的城市有512个,到2030年预计会有662个。多元的城市环境污染,成为城镇化后期城市治理的难题;如何有效地恢复城市自然生态系统,构建科学合理的城市生

---

[1] 详见链接:https://www.csis.org/analysis/toward-urban-spaces-learning-ethiopias-recent-transport-and-city-beautification-initiatives。
[2] 详见链接:https://www.teriin.org/opinion/making-our-cities-sustainable。
[3] 详见链接:https://cn.weforum.org/agenda/2021/06/8-zheng-zai-huang-ye-cheng-shi-hua-de-cheng-shi/。
[4] Jose Ma., Luis P., Montesclaros & Mely C.A., The COVID New (Ab)Normal: Pandemic-Proofing Cities, https://asiasociety.org/policy-institute/covid-new-abnormal-pandemic-proofing-cities, 2020 - 12 - 8(2022 - 10 - 4)。

态安全格局,也成为城市治理的难点之一。当务之急在于加强城市在规划、生态环境治理、能源转型和绿色融资等方面的能力,并将地方气候行动计划和减灾风险战略进行整合,以保护生物多样性并实现城市弹性和可持续性。对于我国而言,城镇化后期的生态环境治理和可持续发展面临着新形势,促进城市可持续发展与韧性安全显得尤为紧迫。

第五节 生态文明建设的中国方案

一、生态文明与全球生态环境治理契合

生态文明建设是全球环境治理的重要领域。2012年,中国提出了生态文明建设的主要任务,包括优化国土空间开发格局、全面促进资源节约、加大自然生态系统和环境保护力度,以及加强生态文明制度建设。[1] 经过多年来理论探索与实践推广,我国生态文明建设正逐步向前推进并取得显著成效,不仅在国内深入人心,在国际上其理论与实践也被认为是人类文明发展史上的一个全新概念,给全球生态文明建设带来了希望[2]。

在理论探索方面,习近平生态文明思想不仅是中国生态文明建设实践的理论指南,还在生态价值追求上实现了国内与国际两个层面的逻辑统一。它既是对主要包括辩证与实践的自然观、唯物主义的生态自然观、人与自然统一和谐的新社会三个层面的人与自然关系重要思想的马克思主义生态观的继承和发展,也是对我国传统生态文化的传承和弘扬。[3] 它基于中国国情判断,树立和践行尊重、顺应与保护自然的科学理念,将生态文明纳入基本国策,形成一个系统完整、科学严密的逻辑体系。这一思想理论体系的本质

---

[1] 胡锦涛:《坚定不移沿着中国特色社会主义道路前进,为全面建成小康社会而奋斗——在中国共产党第十八次全国代表大会上的报告》,新华社,2012年11月17日。
[2] 王新萍、龚鸣、方莹馨:《共谋全球生态文明建设》,《人民日报》2020年12月26日第3版。
[3] 潘岳:《马克思主义生态观与生态文明》,《学习时报》2015年7月13日第A8版;方世南:《马克思主义生态观的时代发展》,《光明日报》2018年6月22日第11版。

要求在于构建人与自然和谐共生的关系。①

在实践方面,2013年以来,中国相继出台40多项涉及生态文明建设的方案,初步构建起生态文明建设的制度体系。从国家到地方层面推出众多举措,例如:创新战略环境评价制度,优化区域经济社会布局、结构与规模,统筹经济发展、环境保护与生态安全;划定生态保护红线,打赢蓝天保卫战,自然保护区"绿盾"监督检查专项行动;建立国家公园体制和以国家公园为主体的自然保护地体系,加强自然生态系统原真性和完整性保护,并使之成为生态文明建设新的里程碑。

从全球环境治理视角看,可持续发展、应对气候变化都与生物多样性保护密切相关,其共同目标是人与自然和谐共生。一方面,联合国可持续发展目标呼吁全球共同采取行动,保护地球、为人类谋福祉,这充分反映了生物多样性保护的需求。联合国可持续发展17项目标中,目标14和15分别直接涉及水体和陆地生物多样性保护。② 此外,许多其他可持续发展目标则直接或间接以生物多样性为基础。因此,生物多样性保护是实现可持续发展目标的关键因素,它们之间相辅相成,生物多样性的持续下降和由此导致的生态系统服务功能降低将危及可持续发展目标的实现。另一方面,气候变化与生物多样性丧失密切相关。③ 据预测,气候变化将成为越来越重要的生物多样性丧失的驱动因素。解决生物多样性受到的其他压力也有助于增加海洋和陆地生态系统捕获和储存碳的能力,从而缓解气候变化,并通过增强生态系统和农业生计的承受力,帮助全球适应不利的气候和极端天气的影响。IPBES和IPCC在2021年发布的报告表明,需要实现变革,以解决导致气候变化的根本性驱动因素,并着重指出后10年采取生物多样性保护行动的紧迫性。④

---

① 周宏春:《准确把握习近平生态文明思想的深刻内涵》,人民网,2018年5月22日。
② 联合国:《可持续发展目标:可持续发展议程》,www.un.org/sustainabledevelopment/zh/development-agenda/。
③ IPBES, Global Biodiversity Outlook (GBO), www.cbd.int/gbo.
④ IPBES, IPCC, (2021), Biodiversity and Climate Change, United Kingdom and Norway: IPBES and IPCC.

中国倡导和推进的生态文明建设与全球环境治理目标契合,都在寻求解决生态环境领域的治理赤字,促进人与自然和谐共生。1992年以来,中国在履行《生物多样性公约》过程中呈现出从被动的追随者、积极的参与者到主动的贡献者三种角色的转换。[①] 在角色转变的背后,是中国经济发展理念、生态环境利益认知、科技水平和全球环境治理态度的共同推进。不仅如此,《生物多样性公约》提出到2050年实现生物多样性可持续利用和惠益分享,以及实现"人与自然和谐共生"的美好愿景。在深度参与全球环境治理进程中,中国生态文明建设实践为全球应对气候变化、化解环境危机、保护生物多样性提供了范例。

二、生态文明的重要实践与国际影响力

(一)生物多样性保护成效是生态文明建设的重要体现

"人与自然和谐共生"不仅是生态文明的本质要求,也是生态文明建设的核心理念之一。基于此,生物多样性保护与生态文明建设具有不可分割的内在联系:生物多样性既是生态文明建设重要的物质基础和载体,也是衡量生态文明程度的重要标志,还是人与自然和谐共生的集中体现,[②]因而在生态文明建设中具有不可替代的地位和作用。生态文明建设在很大程度上需要通过生物多样性保护及其可持续利用来推进,而有效的生物多样性保护也需要在生态文明建设的理念和框架下进行。[③] 所以,正确认识并处理好生物多样性保护与生态文明建设的关系,是生态文明建设取得成功的前提。生物多样性保护成效作为我国生态文明建设的重要体现,主要基于三方面的实践。

其一,生物多样性保护的主流化。主流化在国际上已被认为是最有效的生物多样性保护与可持续利用措施之一。中国逐步将生物多样性保护纳

---

① 秦天宝:《中国履行〈生物多样性公约〉的过程及面临的挑战》,《武汉大学学报》2021年第1期。
② 任海、郭兆晖:《中国生物多样性保护的进展及展望》,《生态科学》2021年第3期。
③ 张风春:《国家治理体系和治理能力现代化总目标下的生物多样性保护对策》,《环境与可持续发展》2020年第2期。

入经济和社会发展规划并得以实施,①使生物多样性保护与经济发展同步进行。据统计,2018年及此前几年,中国每年投入在保护和可持续利用生物多样性的公共财政资金达2600亿元人民币(约占GDP的0.3%),是2008年投入的6倍。根据经济合作与发展组织的数据,2019年全球资金(包括公共和私人来源的资金)流向生物多样性约占全球名义GDP(即货币GDP)的0.1%。在作为生态文明建设领域重要制度创新之一的自然保护地体系下,我国大面积自然生态系统得到完整系统的保护,部分珍稀濒危物种野外种群正逐步恢复。

其二,通过划定生态保护红线保护最重要的生态空间。生态保护红线是指在生态空间范围内具有特殊重要生态功能、必须强制性严格保护的区域,是保障和维护国家生态安全的底线与生命线。它是结合中国生态文明建设实践,根据保护需要提出的创新性举措,也是中国生态文明建设领域特有的概念。截至2020年,中国初步划定的生态保护红线面积约占全国总面积的25%,覆盖了大量重点生态功能区、生态环境敏感区与脆弱区、生物多样性分布的关键区域;保护了全国近40%的水源涵养与洪水调蓄功能,约32%的防风固沙功能,以及约45%的固碳量。②

其三,通过生态修复提升了生态系统服务功能。中国对森林、草原、荒漠、河湖、湿地、海洋等生态系统开展了一系列重大生态修复工程,不仅有助于野生动植物的保护,而且极大地增加了生态系统的碳封存功能,提升了生态系统的服务功能和稳定性。以流域保护为例,2020年,长江流域重点水域开始实施"十年禁渔"制度,而且它作为修复长江水生生态系统的关键之举,已开始在长江水生生物资源恢复中发挥作用。2021年上半年,东北虎、亚洲象、豹、棕熊和貉等野生动物频频出现在人类聚居区,这一方面说明无论在荒野还是城市,部分野生动物的自然种群正在显著地恢复,另一方面说

---

① 魏辅文等:《中国生物多样性保护取得的主要成绩、面临的挑战与对策建议》,《中国科学院院刊》2021年第4期。
② 张蕾:《我国保护生物多样性行动成效显著》,《光明日报》2020年5月22日第13版。

明局部的人与野生动物冲突与共存将是未来需要解决的命题。

(二) 生态文明中国方案的国际影响力

中国通过政府主导顶层设计并推动生物多样性保护,创新保护方式,加大生态修复力度,协同推进减贫与可持续发展、公众参与等机制和具体实践,总结出大量成功经验。例如,浙江安吉"绿水青山就是金山银山"理念的实践,"地球卫士"河北塞罕坝的荒漠治理与绿色发展,新安江跨省流域治理与生态补偿机制创新,崇明东滩湿地生态修复与科技创新等诸多案例,生动反映了我国生态文明建设成效。这些实践经验为中国赢得了世界赞誉,提高了国际影响力。

联合国环境规划署理事会会议在2013年通过了推广中国生态文明理念的决定草案,并在2016年发布《绿水青山就是金山银山:中国生态文明战略与行动》报告,标志着中国生态文明理念走向世界,"绿色发展""生态文明"等词汇已被纳入联合国文件,这是中国智慧对全球环境治理的贡献。2017年,联合国环境规划署发布《中国库布其生态财富评估报告》,为全球防治荒漠化提供了中国方案。2020年9月,中国在联合国生物多样性峰会前发布了《共建地球生命共同体:中国在行动》,系统阐述中国生物多样性保护的经验和立场主张,为其他国家和地区应对保护与发展的挑战提供了思考方向,并为共谋全球生态文明之路、共建地球生命共同体贡献了中国智慧。

在生态环境治理、生物多样性保护等生态文明建设的国际传播方面,有很多值得讲述的中国故事,需要进一步探索生态文明国际传播路径。由于当前生态危机所引发的全球"共情"在一定程度超越意识形态偏见,保护环境已成为全球共识,这是一个比较好的视角和切入点。2021年4—8月中国云南西双版纳15头野生亚洲象北移近500千米并南归的事件,客观、鲜活、生动地反映了中国多年以来对生物多样性保护的成就。中国政府为野象保驾护航的处置措施,地方企业在野象经过时关灯停产,以及民众对野象的反应,不仅确保了野象的平安回归,还得到国际社会的普遍称赞。[①] 在整个进程中,全社会体现出对生命与自然的尊重,进而上升到生态文明的高度,而国内外媒体的报道基于上述共识,也达到"共情传播"的效果。这种讲"中国故事"的方式不仅能在西方社会得到高度认可,在其他国家和地区也逐渐被主流舆论所接受。

中国应立足生物多样性保护,借助国内外主流媒体、重要国际活动等平台和渠道,以国际视野来讲述生态文明建设成就,用典型实践说话,传播中国生态文明建设声音,以此让世界更好地了解中国,共同探索人与自然和谐共生之路。

[①] 新华社:《大象奇游记——云南亚洲象群北移南归纪实》,http://www.xinhuanet.com/politics/2021-08/11/c_1127749498.htm。

第四章 伦理风险:全球人工智能治理存在主体盲区

从历史上看,同时代的新兴科技总是会与经济伴随在一起成为一个国家发展的动力源泉之一,"科学技术就是第一生产力"恰恰说明了科技本身的重要作用。21世纪以来,人类进入了数智时代,这一动力因素给国家发展与竞争带来了极大机遇,但同时也带来了诸多社会伦理风险。因此,人工智能治理也成为全球最为关切的事情,为了人类当下的美好生活以及未来发展,提出人工智能治理的全球方案与区域方案变得极为重要。本文并不是一种经验方案的讨论,从根本上来说,是从哲学层面对当前人工智能治理的特征及其问题进行分析,指出当前人工智能治理中表现出强烈的客观主义、经验主义的特征,而忽略了主体的维度,如人类偏见、情感想象和信任,可以说在一定程度上形成了治理盲区。这一维度所包含的因素,会极其深远地影响和制约人工智能的健康发展,需要对其进行深入分析才能够确保人工智能在未来的健康发展。

第一节 作为国家发展动力的人工智能及其伦理审查

随着人类社会深度智能化的推进,AI本身与应用的安全与伦理问题日益突出,奇点逼近、碳基生命与硅基生命的融合、人与机器的融合、AI的黑箱、算法偏见、智能决策和超级智能危机不断刺激着社会各个构成神经元,而针对AI研究和应用的伦理审查和规范却显得异常薄弱。相比之下,针对生命医学的伦理审查体系非常系统和完备,在这样的情况下,确立人工智能伦理审查的标准和原则显得异常迫切和必要。在本文中,我们采用将 AI 的伦理审查原则区分为技术本身和应用技术的活动,伦理审查也是在这样一个框架内展开分析,对这些原则使用的边界作出描述。

一、AI 伦理与审查现状

世界各国已经出台了 22 份主要的伦理原则和政策法规框架(Thilo Hagendorff, 2020),撰写了 80 多份主要文件,这些原则都会成为 AI 伦理审查原则的主要来源。美国的 AI 伦理审查委员会主要职责是审查 AI 科学和产业研究是否会导致参与者的安全、隐私、偏见、公平等问题,其依据的伦理原则主要是来自公认的 AI 伦理原则和政策法规框架。

目前西方国家 AI 伦理主要聚集九大原则:(1)正义(justice)、公平(fairness)与平等(equity);(2)责任(responsibility)与可解释性(accountability);(3)自由(freedom)与独立(autonomy);(4)信任(trust);(5)可持续(sustainability);(6)尊严(dignity);(7)团结(solidarity);(8)不伤害(non-maleficence);(9)透明性(transparency)。在目前存在的 84 份文件中,透明性、公平与正义、不伤害、责任等分别出现了 73、68、60 和 60 次[①]。从原则内容来看,可以区分为两类:人类权利中心的原则和技术中心的原则。人类中心的原则比如(1)、(3)、(4)、(6)是伦理原则中的基石;基础原则的提出目的是为了捍卫人类中心的立场,确保人类的利益不受侵犯;技术中心的原则如(5)、(7)、(8)强调技术设计要考虑到人类的价值;人类价值观念是一个范围,技术设计需要在这样一个原则框架内进行。这些原则一旦被破坏或者被突破就会产生比较严重的后果及问题。

[①] Jobin, A., et al., (2019), The Global landscape of AI Ethics Guidelines, Nat Mach Intell 1, 389-399. https://doi.org/10.1038/s42256-019-0088-2.

二、AI 伦理与审查问题的若干表现

（一）根据人类与智能决策系统何者占据主导地位，相关审查机构判定 AI 系统的研发是否侵犯了人类的独立和尊严

斯坦福大学人工智能研究中心的李飞飞教授始终强调一个观点，AI 是人类发展的辅助工具。这一观点确定了人与 AI 何者占据主体地位。在这一理解中，人类的独立和尊严这两个伦理原则得到强调，所以在 AI 研发上要防止出现设计和制造具有强自主意识的 AI 智能体。最为有名的智能决策系统事故可以说是波音 737MAX 系列飞机事故。2018 年 10 月和 2019 年 3 月，隶属新加坡狮航和埃塞俄比亚航空公司的两架波音 737MAX 飞机先后失事，共造成 346 人遇难，737MAX 系列客机随后全球停飞。事故大体过程是：空客与波音是两个竞争对手。空客上马新型飞机 A320，安置 200 个座位，配备最先进的发动机，比以往机型省油 15%。作为空客的竞争者，波音公司为了节省成本就没有重新设计，而只是升级了 737MAX。由于技术问题，飞机在飞行的途中会出现"死亡仰头"的隐患，而波音公司为了解决这一隐患，专门增加了一个帮助飞机避免失速坠毁的机动特性增强系统（MCAS）。这是一种智能决策系统，当飞机的速度过慢或者飞行角度过高时，机翼上的气流就会停止流动，飞机就会失去升力开始下坠；如果增强系统认为飞机要失速坠毁，它就会自动压低机头。增强系统是如何判断飞机要失速坠毁的呢？它使用了迎角传感器（AOA）读取数据。波音 737MAX 客机头上安装了两个传感器，通过测量气压来确定飞机的飞行状态，如果其中一个传感器显示飞机即将失速，增强系统就会做出反应，随后压低机头；但是如果其中一个迎角传感器出现错误，增强系统也会压低机头，进入死亡俯冲状态。这个机动特性增强系统的操作指令在飞行员的权限之上，不受飞行员的控制。当它出现误判时，飞机必然进入死亡俯冲状态，飞行员无法重新掌控操控它，只能眼睁睁地看着飞机坠毁。该事件是非常有名的智能系统决策导致的事故。所以伦理审查机构要格外关注相关科研项目是否放弃了人类对于智能系统的控制权。

（二）根据算法是否可透明化，审查机构判定和审查 AI 算法原理是否符合透明性原则

当 AI 发展进入 2.0 阶段，深度学习、增强学习等算法变得异常重要，甚至被过度强调。暂且不论这种评价的问题，在 AI 发展过程中普遍暴露出的技术黑箱与不可解释性成为一个关键问题。这个阶段的不可解释性主要是指伴随深度学习产生的不可解释性。深度学习（20 世纪 80 年代仅 3—4 层，2014 年已达到 22 层）中的不可解释性是阻碍其发展的障碍，特别是在图像（GAN）和文本处理上，很难解释模型到底学习到了什么。生成对抗网络（GAN）的图像生成中深度神经网络构成了"黑盒系统"，实际解释起来也非常难。"例如医疗等一些领域需要高的可解释性和透明性，意味着我们需要能够解释机器决策和预测，证实它们的可靠性。这需要更高的可解释性，并意味着我们需要理解算法的机制。不幸的是，深度学习的黑箱本质始终没有被解决，许多机器学习很少被理解。"[1]所以在这一阶段，要做到设计上做出充分的技术说明，确保算法符合透明性这一伦理原则，以便更好让人类信任技术。

（三）通过设计合适场景原则，AI 审查机构审查 AI 重要行动（行动者的感知、思考、决策和行动环节）的不可解释性问题

"解释对于关乎 AI 系统行动、行为和决策透明与否是重要的，尤其是在人类需要基于 AI 系统结果进行决策的场景情境中更加重要。一种合适的解释能够提升人类对于系统的信任，在交互关系中能够允许更好地合作"。[2] 针对上述三个方面的问题，人工智能学者提出可解释的人工智能（explainable AI，XAI），来破解不可解释性问题，比如利用孪生系统路径

---

[1] Erico Tjoa, et al., A Survey on Explainable Artificial Intelligence (XAI): Towards Medical XAI, https://arxiv.org/ftp/arxiv/papers/1907/1907.07374.pdf, 2019 – 07 – 17(2019 – 07 – 24).

[2] Prashan Madumal, Towards a Grounded Dialog Model for Explainable Artificial Intelligence, https://arxiv.org/pdf/1806.08055.pdf, 2018 – 06 – 21(2019 – 07 – 24).

(twin-system approach)。"提出孪生系统来解决 XAI 问题,不可解释的黑箱系统被匹配到更易解释的白盒双胞胎。"[1]还有学者提出"掌握能力测试"[2]来把握哪个解释可以更好地解释算法?并将其作为一个可实现的目标。在中国计算机学会召开的"可解释的 AI"工作坊,围绕几个方面的论题展开了研讨:针对可解释 AI 的算法、工具和框架、修正的具有可解释特性的深度学习模式、可解释的结构、因果模式、从作为黑箱的任一模式中推演出可解释的模式、评价可解释性、特征与度量、可解释 AI 的商业应用、AI 中的公平、可解释性与透明、伦理方面和法律、法律问题和社会责任等。

(四)通过调研判定情感是否受到伤害,AI 审查机构审查 AI 项目是否会产生偏见歧视问题

偏见问题是公平与正义原则被破坏的表现,被看成是西方国家人工智能领域中"关键的伦理问题"或者"关键性道德问题"。2020 年,深度学习先驱 Yann LeCun 宣布退出 Twitter,主要原因是他解释了 PULSE 算法中偏见的技术原因——"数据集的偏差",结果遭到重大反弹,指责"他用陈旧的理由掩盖问题的本质"。MIT 永久移除存在种族歧视和性别偏见内容的 Tiny Images 数据集。通过对 AI 项目进行受众调研,判断大众是否有受到情感伤害的情况,通过此来判定某一研究是否会产生偏见问题。

(五)通过判定人类是否居于主导地位,AI 审查机构判断通用人工智能项目的边界限度

这一审查与(一)相关,在(一)中已经指出,人工智能始终是辅助地位。

---

[1] Mark T. Keane, et al., The Twin-System Approach as One Generic Solution for XAI: An Overview of ANN - CBR Twins for Explaining Deep Learning, https://arxiv.org/ftp/arxiv/papers/1905/1905.08069.pdf, 2019 - 05 - 20(2019 - 07 - 24).

[2] Tae Wan Kim, Explainable Artificial Intelligence (XAI), the Goodness Criteria and the Graspability Test, p1. https://arxiv.org/pdf/1810.09598.pdf, 2018 - 10 - 22(2019 - 07 - 24).

那么这需要避免人沦落为机器的附属地位。人沦落为机器附属地位的情况有两种：一是机器自主意识的觉醒；二是人过度依赖机器的意识产生。针对第一种情况，在算力设计上需要设定限度，使其停留在激发超智能机器发生的限度；当然，除了算力因素之外，机器自主意识的产生还需要其他条件，如机器恐惧，而这也就和人有密切关系了。针对第二种情况，由于AI设计越来越人性化、人机交互越来越友好、人对机器信任度迅速提升，人类自身很容易产生依赖性。这种依赖性导致了人类不自觉但自愿地沦落到机器的附属地位。因此，"要善待机器""警惕主动性沦落"是AI伦理审查中人自身需要注意的地方。

三、基于人工智能应用场景的伦理审查

人工智能的应用存在两种情况，也是两种困境。一种是应用过程中应该遵循透明性原则和情景性原则；另一种是防止和杜绝完全的滥用。所以AI伦理审查也主要通过这两个方面表现出来。

（一）通过判定AI设计是否把用户安全放在首要地位来审查该项目是否符合了安全原则

大多数AI伦理的原则可以划分为两个来源：强调如自由、公正、安全的人本主义原则以及强调如可持续、负责任的、可信的、可靠的、可治理的技术主义原则。AI技术应用不能对使用者造成伤害，要符合安全原则，这是最基本的要求。比如自动驾驶汽车不能够伤害行人，但是现在GAN干扰很容易让自动驾驶汽车产生误判。当然单纯地强调安全原则是不够的。当自动驾驶汽车产生误判之后在保护行人和乘客的安全优先性的选择上如何做出选择，这类电车难题也会成为AI面临的难题。所以在设计审查阶段要审查设计者是否将用户第一放在了安全优先地位。

（二）通过判定 AI 数据采集是否遵循了必要的生命医学伦理原则，如知情同意、遵循数据安全法等必要的法律法规，来审查 AI 应用是否尊重用户的隐私原则

对于特定的智能机器，比如人脸扫描装置、测量体温装置，需要对数据进行采集和加密处理，并且在设计过程中，对采集数据的类别做出更为细致的划分和限定，只有这样才能够做到尊重用户的隐私。所以这一块内容审查要审查该项目是否在数据收集阶段遵循了知情同意和必要的法律法规。

（三）在进行 AI 伦理审查的时候，审查机构不能完全忽视文化语境特征，简单借鉴西方 AI 伦理的话语概念

某些技术方法的原则没有区域差异，如透明性、鲁棒性，但是在涉及文化语境的原则上，则容易忽略语境差异而照搬相应概念，算法偏见与数据偏见就是一个非常明显的表现。西方重公平美德的传统与种族文明冲突的认知框架使得黑—白冲突变成了 AI 伦理上的一个关键问题。但是，由于种族问题不是中国社会的主要矛盾，所以，基于黑—白的种族偏见问题对于中国来说，并不能作为人工智能伦理发展的重点。这一问题的爆发点主要是阶层偏见和地域偏见以及性别偏见。中国 AI 伦理偏见并不是可能会表现为阶层歧视和地域偏见，因为中国社会目前划分了很多阶层，所以在人工智能设计中，偏见的源头更多是源自阶层的。公平也需要从阶层讨论。在各类算法设计中，算法偏见要避免的是阶层偏见，比如推向白领的产品并不是同等地推向其他人群。至于地域偏见，在中国文化中也是一个很普遍的现象，比如山东人的热情好客、四川人的悠闲、上海人的海派精致等。在人工智能的一些项目设计上，这些偏见不可避免地表现出来。此外，还有性别偏见，在中国传统文化中重男轻女的情况是一种文化偏见，深深影响到了中国乃至东亚社会的文化发展。这一点在人工智能的发展中常常见到，比如万科2021年首位最佳新人是"崔筱盼"，这不是一个自然人的名字，而是一个数字虚拟人的代称，从外形看，这是一个符合东方审美标准的美女。还有全球第一位具有法律身份的机器人"索菲亚"也是一位女性。所以这里就产生了一个问题：为什么是女性而不是男性会首先成为虚拟人的形象？这问题背后更多地是与性别偏见有极大的关系。

审查机构要对 AI 应用的场景必要性进行审查，避免 AI 的滥用。以人脸识别为例，在特定的公共场合（如机场、火车站、公共汽车站）设立人脸识别装置是有国家公共安全考虑的，但是在其他场合（如商场、社区、学校）等地的 AI 项目应用就要慎重。① 不加调研、以安全的名义会导致对 AI 的滥用或者过度使用。比如对用户数据信息的多次采集、肆意调取和使用，甚至人工智能工作人员利用职权进行数据泄露，这些都是 AI 滥用过程中常见的现象，这就需要对 AI 使用者的行为做出限定。

事实上，在人工智能偏见的分析上，很多学者忽略了具体的文化语境，比如上文所说的西方表现为黑白种族偏见，而东亚社会很有可能表现出一种重男轻女的性别偏见。这种忽略使得即便在一些非西方国家，在讨论人工智能偏见的时候也严重受制于黑白偏见的影响，导致对问题的分析失去了针对性。

第二节　想象与信任：人工智能治理的主体维度

合理的技术想象有助于技术的健康发展，而过度的技术想象有害于技术发展。就 AI 来说，已经出现了一种过度想象化的现象。AI 过度想象化的科学基础是 AI 科学研究出现的一些突破进展，理性基础可以追溯到卡西尔和韦伯的神话思维与祛魅思维。人工智能要健康顺利发展，必须要消除 AI 的过度想象，即对 AI 有着清晰的理性意识。人工智能的去想象化需要确立一种理性的观念，对科学所提出的一些研究给予哲学的分析。

---

① 2021 年 7 月 28 日，最高人民法院发布司法解释，规范了人脸识别的问题，比如宾馆、商场、银行等经验场所滥用人脸识别属于侵权。

一、技术主体想象的两种形式

对想象与技术关系的探讨既有助于理解技术的发展，又有助于理解技术文化。一方面，人类的想象与幻想是技术发生和发展的推动力。传统观点将需求看作是技术的主要动力，而多少忽略其他非需求因素，也有学者将技术专家或者工程师的想象力看的无比重要，认为正是这些人的奇思妙想才有了各种各样的技术专利和技术器物。另一方面，人类不恰当的想象又阻碍了技术的发展。比如对人工智能的合理想象导致了未来美好生活的样式，然而这种想象过度化却会导致反面的东西，比如被机器人超越并取代人类。本文要划分两种技术想象形式：合理的想象与过度的想象。

合理的技术想象是指以狂迷形式表现出来的技术之爱符合必要的技术逻辑。必要的技术逻辑是指与技术的现状、发展以及应用有关的特定规律。Nicholas Negroponte 的技术想象就属于这一类。20 世纪 90 年代他本人是 MIT 媒体实验室的负责人，他对处于实验室阶段的互联网技术做出了畅想，并且勾勒出一幅"数字化生存"的未来图景。所以，他的技术想象是建立在尚处于不成熟阶段的技术发明之上的。技术发展及应用遵循着特定的社会规律，社会大众对不成熟的技术抱有适当的预期也属于此类。比如借助人脸识别技术有可能有效地避免犯罪现象即属于上述预期，这种是建立在合理的技术理解基础之上，对其应用抱有了一定的预期和憧憬。但如果说总体上受制于理性认识，比如警惕科学主义或者技术专治（technocracy），或者对人类价值、自由和尊严进行守护，那么这依然属于合理的想象。合理的技术想象有助于技术的发展，有时候会成为技术发展的想象动力。

过度的技术想象是指基于人类自身的想象行为对于特定技术和文化对象的"胡思乱想"，而这种想象产生了一种超出理性的结果，比如神话化某物。过度的技术想象既可以使用于不成熟的技术，也可以用于完全成熟的技术。对于不成熟的技术而言，大众会产生一种奇特的社会心理，就是从完善的未来技术形式出发来进行想象。尽管技术是欠缺的，但是这种想象依然有效。当前的人工智能想象就是这样一种情况，突出了对人的自主性、尊严等的侵犯和威胁。尽管目前的人工智能只是处于弱人工智能阶段，但是相关的想象性观点已经非常多了。在很多非人工智能专家群体中，出现了乌托邦式和敌托邦式的观点，如超级智能爆炸、超级人工智能体出现等。对于成熟的技术而言，过度想象会伴随着某种社会价值观表达出来。比如20世纪初西方电报传入中国后，当时中国科技落后，人们对于超前的科技产品缺乏足够的认识，所以电报会带来不好的结果。此外与成熟的技术相关的，就是技术产品的繁多化。

二、人工智能主体过度想象的理性根据

如果说过度的技术想象的结果是将某物神话化，那么讨论人工智能的想象化与去想象化不能不关联到20世纪初的马克斯·韦伯和恩斯特·卡西尔。前者抓住了科学理性祛魅宗教价值的社会现象，而后者则阐述了文化理性扬弃神话思维的本质。

韦伯讨论了宗教价值观念在理性化的名义下被世俗化之物取代的问题；尤其指出，现代科学在宗教非理性化过程中起到了重要的作用。这个现象在"附魅与祛魅"的辩证范畴中加以探讨，他强调"现代科学，起初是被作为一个有序的价值创造替代系统所欢迎，因为韦伯在培根的'科学作为通达真实自然之路'和笛卡尔的'科学作为通达真实上帝之路'信念中发现了这些，但现代科学同样要为后一个阶段的发展负责。"[1]韦伯因此也将现代科学看作是虚无主义的一个代表。从韦伯的观念中我们看到的是科学对于世界观和宇宙秩序产生的祛魅化结果，这种祛魅的实质是对宗教价值理念及价值秩序的摒弃。这种强调后果分析的祛魅分析呈现了科学如何神话化自身的一个问题。究其实质而言，从技术想象的角度来说，科学构成了过度的技术想象的理性根据。然而，这还不足以深入到理性层面。

卡西尔深入到神话思维的本质，他的工作贡献是三方面的。第一，分析

---

[1] Sung Ho Kim, Max Weber, https://plato.stanford.edu/entries/weber/#ReeViaDis, 2017-11-27(2021-02-08).

了神话思维的本质。他对神话思维本质的界定主要体现在形式论观点,即神话作为思维形式、直观形式和生活形式。第二,揭示出文化世界源出神话世界的逻辑过程。神话对于卡西尔来说,是文化的源头,这是从先天意义上表现出来的。他向我们揭示了概念思维的本质——符号与内容、意义与内容的分离——如何从神话思维中发展起来。因此,卡西尔的贡献是发生学意义上的,即从文化逻辑发生的角度揭示了文化世界的发生必须建立在对神话世界的扬弃这样一个基础上。"人类文化世界或许可以用这种巴比伦传奇的话来描述:直到战胜和征服神话的黑暗,人类文化世界才能够产生;但神话的魔怪尚未被完全清楚,它们被用来造成新的宇宙,而且它们在这个新宇宙里存活了下来,神话的力量被优秀的力量挫败和征服了;只要这种优秀的、理智的、伦理的和艺术的力量足以强壮,那么神话就会被控制和征服,但如果它一旦失去其力量,那么混乱就又来临,神秘的思想又开始重新高涨,弥漫于整个人类的文化生活和社会生活。"[①]第三,分析了神话在现代性中的复活,也就是现代政治神话的现象。他在《国家的神话》中首先分析了卡莱尔和黑格尔在现代政治神话起源中的作用;之后确立了对现代政治神话的批判。"我们应该仔细地研究政治神话的来源、结构、方法和技巧。为了认识对手、战胜对手,我们必须面对面地观察对手。"卡西尔最大的贡献在于开启了对政治神话的批判,之所以如此,也是可以理解的,卡西尔经历了两次世界大战,他彻底体会到了现代性神话(如国家神话、战争神话等)的表现。而技术对于他来说,反而不是其关注的主题,但他对于我们理解技术神话化来说的重要贡献在于重新让技术魔魅化。

可以看出,韦伯、卡西尔两位学者从"祛魅""扬弃"角度阐述了科学与宗教神话的关系,最终使现代性神话(科学神话、政治神话等)得以确立。但是要得出"他们开始了对技术神话的剖析"的观点还尚早。韦伯最多谈到了"铁笼"比喻,而卡西尔并不关心技术。从逻辑上看,技术神话的批判必然会在政治神话之后开启。从20世纪的一段历史可以看出,技术继战争之后成

[①] [德]恩斯特·卡西尔:《国家的神话》,范进等译,华夏出版社1999年版,第360页。

为人类命运的主导。在揭示这一点上，媒介学者走在了前面。文森特·莫斯可的《数字化崇拜》对数字神话现象进行了理论上的反思，他指出数字技术带来了包括历史终结、地理终结和政治终结的三种神话。"的确，赛博空间在我们时代的三种神话发展中是一个核心动力，这些神话都与终结的景象有关：即历史的终结、地理的终结以及政治的终结。本书的目的就是要理解这些，以增进对电脑传播的权利和局限的认识。"①作者指出，神话是一种有待揭露的对现实的歪曲，对那些完全无法驾驭的问题予以解答，并在想象或梦境中创造出在实践中无法成为现实的事物，从而赋予生活意义。

在上述分析中我们将对象神话化的方式归纳为三种不同的类型：与价值祛魅有关的神秘化、被扬弃的神话思维和神化的崇拜行为。在人工智能神话化问题上，一些学者指出，这是对人工智能赋予了想象性内涵，将人工智能的功能特征看作是人之属性的复制。"但在对人工智能的反思和批判中，我们似乎过多地为这一技术赋予了想象性内涵，将这一技术进步所完成的'深度学习'当作对人之独特属性的复制。"②除了上述维度，我们还可以挖掘出更多维度。

一是 AI 终结人类。这种终结具有三种意义：其一，进化意义上的终结。人类进化已经表现为技术的进化，而机器进化成为这种进化的关键形式，机器进化使得人类自身变得退化；其二，取代意义上的终结。在很多情况中，机器取代人类已经变成了普遍，自动货车、无人飞机等都是如此；其三，超越意义上的终结。当奇点与图灵测试被突破，就会实现这个意义上的终结。目前人工智能通过图灵测试从视觉上已经变为现实，其他感知的突破会相继实现。

二是 AI 史源论的构建。所谓史源论的构建是指对人工智能史的神话构建。"史源论的一个特征是，把神话材料吸收到以历史之物作为媒介的思辨中去。神话中的各种故事首次被转化为历史中的各种事实，诸神首次被

---

① [加]文森特·莫斯可：《数字化崇拜：迷思、权力与赛博空间》，黄典林译，北京大学出版社 2010 年版，第 12 页。
② 夏莹：《神话语言建构的人工智能》，《光明日报》2021 年 1 月 21 日。

转化为历史人物,就是通过史源论。"①现在人工智能的研究已经出现了一种迹象,Adrienne Mayor 指出,第一个行走的机器人是被称为 Talos 的青铜人。这部作品从神话中挖掘着人工智能机器的起源。②

三是这种人工智能神话化还表现为祛魅意义上的神话,也就是祛除了人类中心主义伦理学的魔魅,正在催生"物的伦理学",这种伦理学完全是对传统伦理学的冲击。在这一框架下,"机器人的偏见""机器人的权利"等都成为一个个新的概念,很显然将人类中心主义的伦理学之权威性给予了颠覆;此外,对人工智能的崇拜已然产生,超级智能体似乎具有维持正义、绝对公平的能力。其中,对于人工智能的恐惧在现实中却表现较少,更多是某些强调敌托邦效应的科幻电影和小说中呈现出来的。

四是人工智能作为掌控、筹划人类社会未来的可能性。超级人工智能具有一种这样的趋向,随着智能科学自身取得的诸多突破,超级智能体的发生不再是完全的空想,而是具有了一定的科学基础。如此,这种结果既可以导致对人工智能的崇拜,也可以导致恐惧。甚至出现了一种情况,其结果就是"人工智能作为现代人某种神话体系的再造,正在借用人们对它的过多想象重新诠释着一个无法被人工智能所替代的人之本质的规定"。③

三、加剧的疏离感:想象化的限度

在前文已经指出,对 AI 的过度想象会造成 AI 的神话化结果,而要抑制这种结果就必须克服 AI 的过度想象,建立与 AI 的亲密关系,形成一种人与世界的非对象性关系。一些哲学家指出,认识、熟悉感与回忆构成了生命充盈的力量。我们在罗素哲学中找到了类似的描述,"我们时常感到可感的环境中的某种事物是熟悉的……在我们以前时常去过的地方,比如家里或熟悉的街道,我们通常拥有这种感受。""绝大多数的人和动物都发现,在周围

---

① [美]沃格林:《记忆:历史与政治理论》,朱成明译,华东师范大学出版社 2017 年版,第 138 页。
② Adrienne Mayor, *Gods and Robots: Myths, Machines and Ancient Dreams of Technology*, Princeton University Press, 2018.
③ 夏莹:《神话语言建构的人工智能》,《光明日报》2021 年 1 月 21 日。

熟悉的环境中度过大量的时间对于他们的快乐来说是必要的,并且当可能发生任何危险时,这种环境尤其令人感到安慰。"[1]还有伽达默尔提出,"生命有记忆,通过体验,生命变得更加丰富,穿行于生命的循环过程使它增长了自身……生命的原则以及其他思维和回忆的原则,某种方式上是不可分离的。"[2]这意味着他们同时也构成了生命体与其所处的环境的特定关联形式。

然而,熟悉感这一生命充盈的力量却变得枯竭起来。尽管我们生活在一个充满人工智能体的世界,如产业领域的机器人、商业领域的算法技术、消费领域的智能摄像头以及生活领域的各类可穿戴智能手表、健康监测等,但这一切并没有形成海德格尔所说的"人在对象之中"的生存论关系,反而是技术促逼本性的显现。数字对象、算法对象以及智能对象的陌生本质依然存在着,人类与 AI 之间不断强化的疏离感正在削弱人类与智能环境的熟悉和亲密关系。这一点一时难以被接受,因为我们已经生活在上述技术物品的包围之中,甚至从哲学的角度来说,我们已然生活在技术时代,然而并没有形成与技术的亲密关系,反而一种疏离感显现了出来。

(一)由于技术缺陷使得 AI 疏离感得以产生

由于智能机器外形缺陷而产生的陌生—疏离感是技术缺陷导致的 AI 疏离感。我们都知道人工智能体的多重存在形态,这些智能体可以是纯软件,如语音助手、图像分析软件、搜索引擎、语音和人脸识别系统等,也可以是各种嵌入硬件设备,如先进机器人、自动驾驶汽车、无人机或物联网应用等。如果仅仅从功能实现的角度考虑,这些智能体完全不需要具备人类一样的外形,通过类人方式来获得对 AI 的亲近感。它应该通过实质性的方式实现类人,比如像人一样理解和表达情感、像人一样思考和行动。

---

[1] [英]罗素:《心的分析》,贾可春译,商务印书馆 2010 年,第 145 页。
[2] Hans-Georg Gadamer, *Beginning of Knowledge*, Continuum, 2001, 80.

（二）由于科学理性要求对人工智能从计算理性加以规定，直接导致了人类情感上的疏离

目前随着 AI 深度学习层级的增加，深度学习算法变得不可解释已经成为公认的事实，不可解释的 AI，深度学习、强化学习、生产性对抗网络（GAN）、AI 虚拟人脸合成系统，这些不可解释的算法应用让我们产生了疏离和担忧。我们看着逐步变换的脸庞，却无从把握住"它是谁"这样的问题。某一时刻，GAN 生成了与"我"类似的脸庞，通过了人脸识别装置，机器将其判定是"我"在操作。这种结果直接导致了人类情感上的疏离，技术是一种无从琢磨的东西。

（三）充满反面技术形象的技术文化使得人类产生了恐惧和畏惧的社会心灵

技术文化源自与科幻小说和电影有关的文化形式。我们知道，科幻电影塑造了大量的邪性机器人形象，让人们对其产生了恐惧和疏离认知，如《终结者》中 T-800、《超能陆战队》里面的磁力机器人。这些科幻电影多少源自技术想象，通过媒介制造了一种关于人与机器对抗的敌托邦场景。准确地说，他们塑造了反面的技术形象，这也使得人与机器之间的疏离感产生变得必然。

如果说，人工智能与人类的疏离感不断加剧，那么这必然会导致一种对象化的产生，也必然会导致一种人工智能神话的出现。尤其是当人类的自由想象与智能科学的突破偶然地吻合在一起，后者对前者提供了足够坚实的质料，那么这种神话化的发生就变得不可避免。

四、寻找熟悉感：去想象化的哲学之路

建立 AI 与人类熟悉感的外在路径还是可以找寻到的：让人更加相像的完备技术、可解释的算法以及正面的技术文化的建立。那么内在路径的情况如何呢？共情可以成为一条可选择的道路。随着人工共情研究的深入以

及神经科学研究的突破,这一路径获得了更为扎实的基础。然而,这一条路却存在着三个制约:

一是作为哲学问题,共情很晚才进入到哲学的视野中,成为哲学研究对象。在哲学史上,这一概念与同情(sympathy)具有同源词根,其内在关联也是一个有待于澄清的难题;胡塞尔的学生 Edith Stein 是第一个专门研究这一问题的现象学家。总体来看,这一问题的哲学分析还远远不够,尚不成熟。

二是作为科学问题,共情的神经机制突破是针对疼痛和恐惧的传递。可以说,从恐惧入手抓住了问题的关键。在黑格尔那里,恐惧是自我意识诞生的源头,而机器恐惧是机器自我意识发生的关键所在。除了算法限制让我们无法察觉机器自我意识的发生,还有我们无法洞察到机器恐惧的内核,这更加使得我们无法触摸到机器自我意识诞生的关键所在。相比之下,疼痛却并不重要,这毕竟属于肉体层面的现象了。

三是作为技术问题,人工共情的实现基础将是实体论的。在共情的技术实现上,通常的做法是让与共情有关的神经回路通过深度学习算法加以实现。这与情感算法的实现有着一致之处。这样做存在的一个最大问题是忽视了情感与共情的根本差异。对于情感来说,看作是某一特定实体的属性具有哲学上的根据,而共情很显然并非这样的东西,它是不同主体之间的一种关联。要技术实现这一点首先面临着一个不可回避的悖论,所以这一条通路有着明显的局限。

要构建亲密智能体还需要依托人工智能的定义。"人工智能通常指的是能够感知周围环境并采取行动以实现最优可能结果的智能体。"[1]这个定义中呈现出一个关联性概念,也就是说人与情景环境之间的一种关系确立,但是从现象学上来说,这种关系是抽象的,需要加以充实。充实可以通过两种方式来实现,一种是经验学习的关系,也就是感知维度的挖掘。智能体能

---

[1] Russell, S. & Norving, P., *Artificial Intelligence: A Modern Approach.* Pearson Education Limited, 3rd edition. 2016, 14.

够"从经验中学习",数据式经验的获得成为熟悉感和认识的来源。这种机器学习获得的经验是一种新的经验形式,从理解的角度看,需要纳入到人类新经验形式之中。① 另一种是回忆关系的确立。智能体具有回忆行为而不是信息存储的机械保持变得更为重要。李德毅院士提出"记忆优于知识"等观点都可以概括为给 AI 增加点记忆。这并不意味着在功能-属性角度增加一点不同于认知、情感等元素,而是对于生命本身进行思考的结果。增加点记忆,意味着对智能体的理解展现了与生命相关的亲密维度,"记忆优于知识"强调了生命中记忆高于理性的维度。而这一维度的丰富将有助于我们更好地理解自身生命及其亲密智能体的本质和意义。

AI 要健康发展,必须防止对 AI 的过度想象,也就是防止神话 AI 的出现。然而,在当前已经出现了 AI 神话的迹象。如果我们接受这一观点,那么为这种想象划定界限在逻辑上就是必要的。所以,去想象化是应对 AI 过度想象的一个必然方式,在展开上存在着多种方式,正如上文分析到的,特定价值观念的引导和改变、AI 神话化的实质认识等,都需要去实现,只有这样 AI 的健康发展才能够实现。

五、人工智能治理的信任缺陷

在人工智能与大数据领域中,存在着一些共同的伦理问题,比如自主性、隐私和信任。Anna Jobin 等对 AI 伦理原则和规范进行了分类研究,并指出其中的关键伦理原则。在她看来,隐私、透明性、自由、公平、信任、责任等都是上述领域发展需要遵循的必要伦理原则。② 这意味着数据信任已经成为数据伦理不可忽视的问题。目前,对于数据信任的认识上还缺乏系统性,这一工作需要逐步展开,以下试图对信任及数据信任这一问题进行

---

① 杨庆峰:《作为人类新经验形式的数据—经验》,《南京大学学报》2020 年第 1 期。专门论述了这一观点:机器经验是一种全新的经验形式,需要纳入到人类经验家族形式中加以考虑。不过也有学者提出,机器经验是一种异质于人类的经验形式。
② Jobin, A., Ienca, M. & Vayena, E.(2019). The Global Landscape of AI Ethics Guidelines. Nat Mach Intell 1, 389–399. https://doi.org/10.1038/s42256-019-0088-2.

分析。

(一) 信任行为与数据信任

讨论数据信任的问题,通常更多的学者偏重与大数据、算法甚至 AI 有关的技术方面进行讨论。比如数据、算法以及 AI 系统稳定性决定了这种信任程度;数据本身真实性决定了数据是否可信;算法的可靠性与透明性决定着该算法是否可信;还有算法与 AI 本身的可解释性也影响到了算法与 AI 的可信性问题。"提升可信的自信心与知觉对于云计算的接受至关重要,这已经成为近十年来欧盟战略的一个中心原则。"[1]在构建可信的算法或者可信 AI 系统时,科学家或者工程师更加强调要做到系统的透明性、可解释性和稳定性。这种观点从技术本身来说明数据信任和可信数据的问题。可信问题直接与技术本身相关,但是,技术哲学理论早已揭示出技术并非孤立存在的对象,而是与社会整合在一起的系统,整个社会也逐渐体现为社会-技术系统的融合体。这样一来,我们会发现数据信任并非仅仅与数据本身有关,还和文化、价值、机制和机构等社会因素密切相关。这无疑都指向与人有关的方向。所以数据信任表面上看涉及的是人与数据的信任关系,但是根本上来说还是涉及人与人的信任关系。

这样一来,我们面临的一个基本问题是什么是人与人的信任?要对这一问题做出准确解答并不容易,我们将信任行为划分为三类:[2]

一是因真而信:这种信任是基于感知和认知的信任。"眼见为实"这一观念说明人们很容易相信和接受自己亲眼看见的东西。认知既包括科学意义上的认知,也包括技术意义的认知。如果人们对一个事物有着准确认知,那么就会产生一定的信任;反之,因为无知会导致恐惧、畏惧。

---

[1] Theo Lynn, et al., *Data Privacy And Trust In Cloud Computing: Building Trust In The Cloud Through Assurance And Accountability*. Palgrave Macmillan. 2021, 130.
[2] 信任的结构不同于信任的类型,包括信任者、被信任者和信任关系。如果从信任行为的构成角度来说,还包括信任行为、信任对象。但是本文并不打算讨论信任的结构,而是重点讨论信任行为如何通过知、情、意等意识的三个维度构建起来。

二是因情而信：这种信任是基于情感的信任。信任有着强烈的情感属性。比如父母与孩子之间因为有着明确的情感关联，所以这种信任很容易建立起来；此外，我们对熟悉的环境也容易产生信任。这些都属于这种信任。

三是因意而信：这种信任是基于意愿的信任。这种信任主要是基于某种特定的意愿，其表达出来是"我更愿意相信某物或某人"。和上面的两类相比，这种信任更加任意。在这种情况下，有可能会出现有人愿意相信一个坏人，因而恶人会表现出格外的关心和关注。

综上可以看出，信任是意识行为，与知、情、意都相关。当理解了信任行为的类别之后，再来看信任关系就更加明确了。

首先，信任关系主要是适用于人与人之间的范畴，是人类社会独特的价值体现。这可以从三个方面表现出来：①信任是陌生个体之间建立稳定关联的前提。个体之间的交往需要建立在一定的信任基础上，这种信任往往是由共同的熟悉感给予的。比如听到母语或家乡话，会感到格外亲切，很快熟悉起来。或者找到共同的爱好，很快建立了信任。②信任也是家庭稳定的基础。夫妻之间、父子之间、母子之间、兄弟之间的信任是由血缘关系给予的，这是一种基于亲情的信任。③信任是一个社会健康发展的保证。从人类社会稳定来看，信任至关重要。一个家庭如果没有了基本信任就会破裂；朋友关系如果没有了信任，友谊关系就不再延续；在一个没有信任的社会中，人与人之间的关联就会丧失，变成纯粹的原子个人。信任是人与人之间关系稳定的前提。

其次，信任关系可以被扩展到人与技术之间。上述分析的信任主要是人类社会的价值基础，也是伦理学中的普遍认识。人对人的信任本质上属于时间性问题，"日久见人心"。此外，人与人的信任也会存在时效性问题，因为在特定的境遇中上述的信任关系会断裂。但是随着科技伦理学的发展，这一关系逐步被用于人与技术之上，其核心问题是，人如何信任技术系统？这种信任往往是建立在被信任者即技术的可靠性和可解释性之上，可以看出缺乏时间性这一维度。这是由技术本身的规定性导致，技术是功能性产物。时效性对于技术信任而言是存在的维度,因为技术或技术体系损坏、算法黑箱等,都会导致数据信任的时效性问题产生。"技术拒绝"就是一个明显的系统信任出现的问题。① 比如在人脸识别的场景中,经常会出现无法识别的情况。另外,除了信任本身的类型和关系表达之外,还有信任表现出来的对立关系。比如信任与不信任、信任及其可信等,这些都是信任有关的重要问题。

对比人类信任与数据信任,也会发现类似的规定性。比如数据信任也有上述三种行为的特征。如因真而信,大数据也会提供知识,与大数据知识有关的信任就是与真有关的信任;此外,区块链数据的真实性是其关键,而密码学保证了数据的真实性,所以区块链的信任之源是密码学,让数据"不可伪造、不可篡改"。② 因情而信,大数据往往会给人冰冷、理性的感觉,这种感觉往往会减少人们对于大数据的信任感,如此,需要有意识地提出人性化数据、无偏见的数据、带有温度的数据,这些使得人们与数据环境之间建立起稳定的感情关联。因意而信,这一点在很多领域中表现出来,相比人言与描述,人们更愿意相信和接受数据表征出来的东西。但是,这种类似性还是有限度的,因为数据及其对象并不是人,人与数据之间的关系很大程度上不同于人与人之间的信任关系。至少在交互性上两者就存在着极大差异。人与人之间因为日久交流而生出信任;但是人与技术、人与数据之间的信任却仅仅是建立在功能的可靠性基础上。

(二) 智能与数据信任的技术特征

上述分析已经表明:信任关系可以从人与人的关系扩展为人与技术之间,这一关系建立的基础是技术的可信性,而技术的可信性的基础是技术的可靠性和可解释性。对这两点需要给予足够的重视。

---

① 在笔者最近的新作第一章"技术拒绝"中对这一问题有专门的论述,参见杨庆峰等:《技术有病,我没药》,上海三联书店,2021年。
② 伍前红:《密码学是区块链的信任之源》,http://www.cac.gov.cn/2018-11/12/c_1123700995.htm,2018-11-12(2021-07-06)。

以大数据的可解释性为例,大数据知识工程的可解释性是一个难题。"现有大数据知识工程往往关注模型性能的提升,较少关注可解释性问题……未来需要进一步实现认知智能的落地,实现基于知识图谱的可解释人工智能。"[1]这影响了大数据知识的可信性问题。技术的可靠性是指结构与功能上的可靠性。在技术哲学的分析框架中,结构与功能是分析技术物最为典型的概念框架。结构可靠性与设计有关,三条腿的桌子结构设计明显比一条腿的结构更加稳定,表现出来的稳定性就有不同的差异。功能是结构的外在表达,从稳定功能的实现来说,就与支撑点和桌腿的数量有直接的关系。从数据来看,数据的可靠性则是与数据的搜集、提取有关系。技术可解释性是指与技术机制和原理有直接的关系,如果一个技术系统的运行原理是清楚的,也就是白盒状态,那么就是可解释的。这两点最为直接影响到技术的可信性。

在大数据时代,数据的可信性还与其他诸多因素有关,比如数据的时效性和偏见性。数据是有时效的,这一点通常被数据的精准性所遮蔽。在这个时代,科学家着力于数据挖掘技术的发展及其通过建模实现相关关系的呈现。由于功能性需求的存在使得这一点朝着极其成功的方向进展。但是,所有数据活动的基础实际上是两个:表征主义和时间性。数据原子主义意味着被采集对象与采集数据之间的对应关系。比如一个人的身高1.8米,这个1.8米和实际身高之间存在着表征对应关系。这一点往往被关注到。在实际的数据活动中,越来越多的数据被采集被挖掘出来,越来越多的数据本体被构建出来。另外,时效性往往容易被忽略,这一特性主要是体现了被采集对象数据的时效性。

数据偏见是一个普遍现象,其本意是指数据是有偏见的。笔者曾经撰文指出,作为错误的歧视行为,数据偏见是可以消除的;作为在先的行动或者理解的前提,数据偏见是无法消除的,甚至是会成为智能体行动和决策的先决条件。嵌入智能系统中的道德观念是一种独特的偏见,无法消除,而且

---

[1] 吴信东等:《大数据知识工程研究进展与发展趋势》,《中国计算机学会通讯》2021年第6期。

它们构成了智能体伦理行动的前提。① 在大多数情况下，数据偏见来自历史数据，过去的数据不符合现实的情况从而导致偏见；除此之外，就是采集对象的偏见所致，采集某种特定偏好的数据，比如 vip 数据。从数据偏见产生的可能性来说，首先，来自数据与对象的事实不符。在西方讨论数据偏见的时候更多表现为种族偏见或者黑白偏见。一份名为《用科技做出好的选择：解决科技和数据领域过去和现今的种族主义问题》的报告指出，数据和科技界存在的种族偏见问题可以表现在若干方面。单纯就技术而言，一种技术可能由于其设计和测试环境过于单一而产生种族歧视问题，有时候，技术和数据科学也会强化某种种族偏见。就科技公司而言，其职工可能会因为所属种族而受到区别对待。而且，由于结构性的种族主义因素，科技公司也会开发出带有种族偏见的技术。数据和科技界应当避免制造出带有种族问题的技术，并且意识到行业中存在种族方面的问题并去解决它。解决的方法包括为技术研发人员提供更好的培训、让团队更多样化、更好地接收受众反馈。② 其次，是由于某种特性被放大的结果。比如在黑—白偏见中，可能有些黑人会表现出一定的犯罪率；但是这一特性被放大，给人造成了认知上的困扰，这就使得新的偏见得以产生。再次，来自某种选择性行为的结果，这可以被称之为蒙太奇式的数据偏见。数据被剪接，相关性关系被建立起来，并且被强化，这就导致了这类偏见的产生。数据偏见使得有偏见的数据成为可能，增强了数据的不可靠性，从而最终导致了不可信任的数据的产生。

（三）数据信任的社会特征

在数据的讨论中，有一个基本问题：数据已经成为整个社会的技术框架，换句话说数据已经成为整个社会运行的框架基础，如果说传统社会中，基本的伦理制度、法律规范是社会运行的框架基础，那么在今天，数据已然

---

① 杨庆峰：《数据偏见是否可以消除？》，《自然辩证法研究》2019 年第 8 期。
② Sara-Jayne Terp, Good Tech Choices: Addressing Past and Current Racism in Tech and Data, https://www.atlanticcouncil.org/blogs/geotech-cues/goodtechchoices-address-racism-tech-and-data, 2020-09-20(2021-07-03).

成为这一框架基础中的不可缺少的部分。比如数据信任可以帮助社会解决公共事业与隐私的难题,这一情况也说明社会运行的数据特征与数据信任的社会特征。

一是在社会经济领域数据不信任感变得越来越明显。在经济领域如在线和数字交易中不信任感经常会存在,数字体验已经影响到了在线交易的信任感。在传统的交易形式下,一手交钱,一手交货是主要的形式,这种面对面的交易方式的信任是建立在即时的交易,人与物品的在场情形下。然而在线交易形式中,我看到的是图片,真实物品的形态和品质都是无法了解的,物品并非真实的物品而是加入了诱导性因素。比如饿了么平台上的食物等照片拍的非常专业,具有质感,让人有了购买的欲望,但是实际送来的食物却并非所见那样的诱人。如此,信任感却是会降低。那么如何才能找到更好的方法减少数字不信任感的产生?也许需要划分出不同的商品类型,比如熟食这样的东西并不适合网店销售,因为食物的口感与味感受到多方面的影响。此外,数据的透明性与可信任度也成为数据治理的一个重要难题。一份加拿大国际治理创新中心《帮助组织掌握数据治理》的报告指出,许多组织都在试图将大数据分析整合到日常运营中,但遇到了不少挑战,包括数据的透明度、可信任度以及人工智能的伦理问题等。这些挑战可以通过遵循数据治理标准来解决,但目前还没有明确的标准来为企业部署数据分析项目提供指导。一个好的数据治理标准应该是便于执行而且成本较低的。报告对此提出了一系列建议,认为标准应该首先确定其设立目标和涵盖范围,并在数据的可靠性、使用权、可信度等方面作出相关规定。[1]

二是对于政府来说,准确的数据有助于政府决策,这种可信数据加强了决策的可信度。亚洲发展博客(Asian Development Blog)首席经济学家 Yasuyuki Sawada 和首席经济学家和总干事办公室顾问 Elaine S. Tan 在《用可信的数据应对发展挑战》一文中指出,准确的数据对于政府的决策是

---

[1] Michel Girard, Helping Organizations Master Data Governance, CIGI Policy Brief No. 163. https://www.cigionline.org/publications/helping-organizations-master-data-governance, 2020 - 08 - 07(2021 - 07 - 03).

必不可少的,可靠、高质量和及时的数据可以帮助政府设计和实施相应的治理项目。例如,政府可以通过数据确定哪些家庭和企业需要帮助,以及他们需要怎样的帮助并可以通过何种渠道提供帮助,确保在经济发展中不会有任何人掉队。① 这的确是一个问题,对于中国而言,如何甄别出真实有效的贫困家庭数据曾经是一个问题。

三是可信数据对于数字化转型、数字身份的构建也非常重要。目前数字亚洲、数字中国、数字长三角、城市数字化转型等概念蜂拥而出,这些概念通过数字实践加以实现,所以如何获得可信数据就成为一个关键问题。一份关于加拿大数据再使用的报告指出,加拿大现有的做法和工具不利于数据共享,他们正在通过制定国家项目和新的数字身份框架等措施保护消费者的数据安全,需要构建一个数据重用的国家框架来管理数据共享风险。该框架应包括基于行业的数据战略、跨数据价值链的新数据专业人员类别认证、通用互操作性和治理标准,以及安全可靠的数据传输基础设施。联邦政府应该考虑设立一个独立的机构,利用数据重用进行数字化转型。同时,政府也需要设立新的立法、法规、资金和项目管理以及推进跨联邦部门与机构和省、地区、土著政府以及关键经济部门之间的协调。此外,政府应考虑将数据共享资源委托给加拿大统计局,以启动加拿大数据再利用框架的创建。② 可以看出该框架还是具有比较强的目的性。在数据安全这一问题上,加拿大刚刚通过的《数据安全法》为保护数据活动提供了明确的法律依据。

(四) 构建人工智能信任的若干对策

上述分析表明:信任是意识行为,与知、情、意都相关,其理性成分与非理性成分都起作用;从对象而论,与对象的可靠性、透明性或可解释性有关。

---

① Yasuyuki Sawada, Elaine S. Tan, Meeting Development Challenges with Trusted Data. https://blogs.adb.org/blog/meeting-development-challenges-trusted-data, 2020-10-20(2021-07-04).
② Michel Girard, A Canadian Framework for Data Reuse, CIGI Paper No. 251. https://www.cigionline.org/publications/canadian-framework-data-reuse, 2021-04-06(2021-07-03).

而不信任是信任的反面表达，其理性明显会少于信任判断，但更多与怀疑、恐惧的个体集体意识有关。不信任与主体情感、意愿有关系，比如风险担忧、恐惧及其黑箱等都是导致不信任的根源。针对几类数据不信任的现象，本文提出了如下对策：

1. 通过实现系统和算法的可解释性建立系统信任

智能计算系统的透明性、可解释性程度决定了人们对系统的信任程度。"解释对于关乎它们的行动、行为和决策透明与否的 AI 系统来说是重要的，尤其是在人类需要基于 AI 系统结果决策的场景情境中更加重要。一种合适的解释能够提升人类对于系统的信任，在交互关系中能够允许更好的合作"。① 所以，破解与技术系统有关的不信任主要是构建透明的、可解释的系统，从而让技术人员系统产生信任。

2. 通过增加数据活动的透明性建立数据信任

数据活动及其机构信息是否透明决定了人们对数据机构的信任。所以，从数据活动的角度看，由于涉及多个环节，那么必须要使得各个环节实现透明化，而且是不同环节机构的信息透明化，只有这样才能够获得数据信任。

3. 弱化技术实体化理解来建立对人工智能的信任

AI 的实体性理解指将 AI 看作是一种独立进化的实体，比如基于数据偏见进化而来的恐惧、怨恨、仇视等负面情感的超级智能，它会强化对技术的无知和恐惧。这种恐惧降低人们对于 AI 系统的信任。对于 AI 的实体性需要加以辩证认识，一方面将它看作是神秘的技术物的看法是技术过度想象化的结果，其最终会导致将 AI 看作神，所以这种态度不足取；但是另一方面，科学自身的发展的确显示了某种独立进化 AI 的可能性，比如悄然生成的智能体已成为可能。2021 年一篇由 Manuel Alfonseca 等人发表的论文指出了这一点。文章指出，由于计算本身固有的限制，人类可能无法制止超

---

① Prashan Madumal,（2018）, Towards a Grounded Dialog Model for Explainable Artificial Intelligence.

级人工智能。这一文章指出超级人工智能的生成可能不为人们所察觉,此外,当它生成之后,就无法制止其发展和形成了。[1]

4. 通过消除技术恐惧来建立对人工智能的信任

在敌托邦式的技术文化中,大量邪性机器人形象、破坏性较强的奇异战士给人留下了深刻印象,让人们对其产生了恐惧和疏离认知,如T-800、磁力机器人。这些负面技术文化塑造了对技术不信任的集体意识,而要消除这一点需要重新构建更好的技术文化。

第三节 基于中国实践的人工智能治理方案

对人工智能治理的四种路径已经基本显现出来:技术治理路径、管理治理路径、法律治理路径和伦理治理路径。后三者都属于非技术路径,目前一些中国学者已经注意到非技术因素。"中国想要摆脱美国的科技封锁,赢得AI技术竞争,要从技术与权力两个维度展开战略谋略,即从技术战略和权力竞争两个方面展开布局。"[2]如作者所分析,这是将技术与政治的关系给予考察的结果。从理论上看,技术治理也会遭遇上下两个边界,下边界即技术治理,这属于一种硬件式的治理;上边界即政治治理,这属于软件式的治理。这方面研究的成果并不多见,更多的还是基于技术及其政策的治理。

事实上,上述四种路径还是客观主义的治理方式,其客观特征明显。目前在人工智能发展上,世界范围内出台了非常多的治理文件与制度研究报告。上海市科学学研究所连续两年发布了《2019年全球人工智能治理年度观察》《2020年全球人工智能治理年度观察》研究报告。这是国内首次由全球业内专家撰写的AI治理报告,2019年有50位,2020年有52位。这些著作甚至展现了非洲人工智能的治理情况。该报告也提出了一些令人深思的

---

[1] Manuel Alfonseca, et al., Superintelligence Cannot be Contained: Lessons from Computability Theory, *Journal of Artificial Intelligence Research*, 2021, 70:65-76.
[2] 赵程程:《美国人工智能国家战略"技术—政治"内在逻辑解读》,《爱科创》2022年1月7日。

观点，比如人工智能绿色发展①、结构化透明度的隐私解决方案、数字主体的主权及其制度边界治理、人工智能治理全球合作②等，可以说体现了技术产业界、法律政策界、国际组织以及不同国家和地区的多元声音，尤其展现了中国声音。然而这些治理举措也存在非常明显的缺陷，即存在着一种客观主义的缺陷，这种缺陷使得人工智能治理中"人以及文化"因素过于淡化，一切都是与客观对象相关的举措。

一旦提出人工智能治理中要克服客体主义的缺陷时，主体主义的立场就会凸显出来。这一立场要求在人工智能治理中注重人的认知、文化的因素，一些非理性的因素如技术情感需要尤其被关注到。今年异常重要的人工智能信任问题的讨论就是如此。这一问题当然与伦理有关，但是更与技术情感因素相关。比如因为恐惧而产生的不信任、因为无知而产生的不信任等技术均如此，而这种技术情感因素往往是一些流行文化影响的结果。比如大量的敌托邦科幻影片让我们对邪恶机器人印象深刻，对战争机器人的破坏感到震惊，对按照自己逻辑规则行为而伤害人类的机器人产生恐惧。这些影响最终会导致恐惧的产生，而这些恐惧也会塑造青少年的人工智能的认知，从而不利于对人工智能的信任。还有技术想象因素，对人工智能的过度想象最终会导致神话人工智能的结果，这种结果使得全社会对人工智能形成了狂热情绪。

因此，基于以上分析我们需要提出一种主体主义的人工智能治理原则。这种方案是反思式的，而不是具体的举措。它是一种偏重文化的方案，而不是经验的、琐碎方案。

第一，需要对人工智能本身以及其社会风险后果给予充分的研究，在此基础上形成 AI 治理的有效原则。笔者曾经提出要在人工智能难题基础上对人工智能伦理展开探讨，并且提出相应的治理原则。③ 人工智能难题并非

---

① 由世界工程组织联合会（WFEO）提出的概念。
② 该观点由温德尔·瓦拉赫（Wendell Wallach）在《2020 年度人工智能全球治理》报告中提到。
③ 杨庆峰：《从人工智能难题看 AI 伦理原则》，《哲学分析》2020 年第 4 期。

是技术难题,同时也包括社会难题和哲学难题。此外对社会风险要有足够的认识,这涉及人工智能应用过程中存在问题的认识。这一点是非常必要的。回顾历史,原子弹原理被提出来的时候,爱因斯坦提醒美国总统要注意这种风险和危害。那么今天对于人工智能的认识也是同样的,需要更多的学人共同发出提醒的声音。

第二,人工智能的治理基础在于伦理问题的深入分析,而落地需要法律制度的配合。人工智能的社会风险将成为重要的社会伦理问题来源,比如无人机、智能武器系统等。对这些技术的治理绝不仅仅是伦理学能够承担的事情,而是需要法律制度的配合。当学者们提及技术与权力的时候就已经关注到这个因素,两者的结合才能够使得问题得到全面的把握。

第三,人工智能治理需要客观主义与主体主义原则的双重配合,这两个原则可以作为人工智能治理的双柱。客观主义指出了技术、管理、政治和法律因素的显性作用;而主体主义则指出了类似于文化、理性、情感和想象等因素的隐性作用。往往这些隐性作用的影响是深远的。一旦形成某种特定的文化传统和行为模式,再想去消除就变得非常困难。比如人工智能的过度想象、对人工智能的恐惧,这种独特的技术文化因素需要格外引起关注,这也是我们强调人工智能治理中主体因素的意义所在。

第五章 规制范式:全球跨境数据流动治理探索有效路径

社交网络和云服务等信息和通信技术(ICT)服务依赖于跨境数据流动,而工程、软件、设计和金融等基于信息通信技术完成的服务与产品也离不开跨境数据流动。数字技术从根本上改变了消费者的行为,智能手机、平板电脑和笔记本电脑等联网设备的使用越来越普遍,便有赖于数字技术的发展。全球科技公司开发了数字营销技术,提高了消费者可获得的产品信息的透明度,而数据分析和机器学习的发展已被证明具有革命性潜能。这场革命给商业与生活形态带来的第一个根本性变化是服务的个性化,反过来又提高了交易效率和消费者福利,并导致了在线业务的急速扩张。德勤在2015年的一项调查中发现,超过50%的消费者表示有兴趣购买定制产品或服务,与此同时1/4的消费者愿意为获得个性化产品或服务支付更多费用,而22%的消费者乐于分享一些数据以换取更加个性化的产品或服务。

第一节 跨境数据流动催生国家发展新动力与新挑战

国家发展在数字产业领域的新动力近年来被跨境数据流动催生,数字经济的命脉是数据,所有形式的数字交互都涉及数据的创建和传输,而数据在流动过程中才可以真正体现出价值。当今全球经济中的数据量令人难以置信,并且呈指数级增长。统计表明,人类历史上超过90%的数据是在过去10年中产生的,而其中占比越来越多的数据正在跨越国界进行流动。新冠疫情全球大流行对全球各国经济产生了许多影响,但最重要的影响之一是加速了数字化趋势。从企业到政府,从白领、学生到普通消费者,越来越多的人比以往任何时候都依赖技术和互联网。将个人数据从一个地区转移至另一个地区,可以为全球数字经济与跨境数字贸易关系带来好处,但流动和规制之间需要寻求平衡。数字经济提供了巨大的优势,包括更快的通信、创新的产品和服务,以及健康和安全程度的提升。

这一趋势既带来了新的机遇,也带来了新的风险和新的漏洞,包括网络攻击和未经授权使用个人信息。尽管这些趋势的规模和速度给每个经济体都带来了风险,但迄今依然几乎没有关于数据控制、存储和传输的商定规则或标准。今天的全球数据治理是单边、双边和多边框架、贸易规则、原则和规范的拼凑,没有被普遍接受或应用。随着主要经济集团建立自己的制度,数据分裂的风险也越来越大,数据被困在监管孤岛中。这种碎片化将破坏经济、健康和安全,容易使人忽视更一致的全球制度下更自由的数据流动所带来的其他好处。

数据的自由流动可以助推全球贸易和国家发展,前提是现有的在线生态系统是值得信赖的,并且消费者不会面临他们无法预知的数据风险,即他们的数据不会被用于他们不知道和无法控制的场景。"信任"是数据跨境流动和在线贸易增长成功的基本因素。在欧盟,商业环境中的个人数据流动受《通用数据保护条例》(GDPR)的约束。该条例提供了实现数据自由流动的框架,要求在交易中仅使用绝对必要的数据,亦即数据最小化。[1]

虽然数据在数字贸易中具有巨大价值,但它也可能通过数据驱动的范围经济和强大的网络效应对市场集中度产生影响,并导致中小型企业进入门槛过高,使这些企业无法获得足够数量和种类的数据来提高其产品和服务的效

---

[1] Dennis Görlich, Michèle Finck, Georgios Petropoulos, Niclas Poitiers and André Sapir, Data Flows, Artificial Intelligence and International Trade: Impacts and Prospects for the Value Chains of the Future, https://www.bruegel.org/2020/11/data-flows-artificial-intelligence-and-international-trade-impacts-and-prospects-for-the-value-chains-of-the-future/, 2020 - 11 - 26(2022 - 10 - 4).

率。这一过程中,不同地区的法律规制还可能会使数据传输成本高昂。中小型企业受此类限制的影响更大,因为它们大多没有足够的能力承担这些成本。根据英国数字竞争专家小组 2019 年的报告,集中度问题在以下数字市场中尤为突出:一是在线搜索,由谷歌主导,微软 Bing 存在一定竞争;二是社交媒体,由 Facebook 及其拥有的服务主导,Twitter 和 Snapchat 存在一些竞争;三是数字广告,由谷歌和 Facebook 主导(当然,在苹果公司的全新广告追踪设定规则下,凸显苹果在全球数字广告领域的隐性霸主地位);四是移动应用下载,苹果和谷歌双头垄断;五是通过在线市场开展商业活动,亚马逊是全球范围内多数国家的主导平台。企业的首要任务是保持数据流动,任何中断数据流动的事情都会中断业务运营并增加成本。每个企业在开展数据跨境流动时所需要支付的成本都不相同,他们需要跨司法管辖区的法律知识和相关的机制配套,但是小企业总体而言更难承担这部分支出。

因此,跨境数据流动不仅会对全球治理与国家发展提供契机,同时也需要在治理过程中考虑多层次的平衡。数据安全、数据隐私保护与国家、企业、社会、经济发展之间需要平衡,既不能一味强调科技与经济发展而忽略数据保护隐患,也需要平衡中小型企业为实现数据流动畅通所要付出的成本。

第二节 代表性国家、地区及国际组织跨境数据流动治理模式

在比利时布鲁塞尔欧洲国际政治经济中心的研究视角中,全球范围内个人数据存在三种不同的监管模式:美国采用的模式,基于在本地传输数据和处理数据的开放方法;欧盟采用的模式,可称作有条件转移和处理的模式;中国提出的模式,更倾向于平衡国家安全与经济发展之间的关系。

这三个框架反映了监管个人数据的不同模式,并且它们之间存在显著差异。每个数据模型的特点是不同的条件,这些条件规定了哪些数据可以在国家之间流动,以及在国内应该以何种方式处理数据。

事实上，不同的模式在全球范围内已经形成了一些国家追随者。选用欧盟模式的国家占据的全球 GDP 份额最大，但其在人口和数字服务贸易中的全球份额比例正在减少，这与欧盟模式难以直接鼓励科技创新直接相关。由于印度、俄罗斯和土耳其等国倾向于中国模式，使得中国模式占据世界一半以上的人口，并在数字服务贸易中获得了一定的覆盖率。传统上印度的第二大数字服务贸易伙伴是欧盟，但印度最近出台了更严格的数据处理规则，使该国更接近中国模式。在过去几年间，中国一直在尝试定义自己的数据战略和治理制度。2019 年和 2020 年，欧盟、英国和美国均发布了数据治理战略文件，承认数据对其经济发展和国家安全的重要性。四个相互竞争的目标以不同的重点主导着这些数据战略：创新（利用数据创造新的商业模式并促进经济增长）；安全性（确保敏感数据不被敌对的外国势力使用）；隐私（保护公民免受滥用个人数据的危害）和监察（使用数据来开展监察行为）。在兼顾与西方同行相同的四个相互竞争的目标的同时，中国正在采取创新的方法。不同模式的选择反映了不同制度结构和经济发展状况，数据和其他新技术监管方法的差异可以追溯到不同的经济和政治范式，以及它们如何定义经济的长中短期发展效果，重要的是要承认不同的监管结构会产生不同的经济结果。监管方法的差异反映了不同的经济现实与所处发展阶段，重要的是要更好地了解各国如何以及为何采用这种方式进行监管——尤其是在欧盟和美国。全球跨境数据流动的制度体系近年来总体呈现出有利于欧盟模式的倾斜，GDPR 成为全球各国无法忽视的重要制度框架。尽管这种模式迄今为止覆盖了世界上最大的 GDP 份额，但不同模式间的大量互动代表着全球范围内的跨境数据流动潜力仍尚未开发。据统计，世界上超过 2/3 的双边贸易关系是由拥有不同数据模型的国家执行的；大约 1/4 的贸易发生在欧盟和美国之间。

一、欧盟与美国的跨境数据流动治理模式及评价

（一）欧盟模式

欧盟由较小的经济体组成，这些经济体传统上对跨境与区域一体化的

重视程度要比其他地区高得多,因为它们需要扩大市场以获得关键的进口和技术。欧盟成员国单独的经济规模不足以独立成为创新强国,因此欧盟统合性的模式是许多国家的首选监管模式。由于经济发展需要,欧洲许多国家与外部世界建立了密集的贸易网络,引进新的创新思想和技术。因此,他们倾向于遵循斯密的监管方法:避免减少贸易的壁垒,并在监管模式之间架起桥梁。对于欧盟而言,监管的规模和负担需要让位于其监管方法国际化的雄心。因此,欧洲对数据的处理方式也应该受到访问基于数据的技术和服务的需求以及这些进口产品如何进入欧盟市场的驱动。欧盟的监管方法在贸易伙伴中寻找模式追随者,并为遵循不同模式的国家提供"充分性"认定。许多国家采用类似的模式,它们共同覆盖了全球数据依赖服务贸易的很大一部分。

欧盟对于跨境数据流动的治理过程附加了诸多条件,其中同时包含了事前与事后的处理要求。这些条件非常多样化,包括数据主体的同意、使用特定法律机制、运用具有约束力的公司规则(BCR)、遵守特定行为准则以及要求目的地国家/地区拥有数据保护水平被认为是"充分的"。对于数据处理,这种模式的特点是存在全面的个人数据保护制度,其中包括数据收集的同意,以及广泛的数据主体权利,例如访问、修改和删除数据的权利。

欧盟的做法伴随着在国内如何处理数据的条件,这可能会产生信任,从而激励各国促进它们之间的贸易。其监管结构不会产生"熊彼特式"的、将重点放在新技术和商业模式的创造和试验上的增长,而主要通过贸易获取采用和支持新技术可扩展性的效率收益。欧盟模式不太专注于为新技术创新创造空间,而是专注于使用新技术的商品和服务的传播,这也有助于其实现不同监管模式之间的兼容以降低边际成本。在亚当·斯密之后的这种"史密斯式方法"中,其雄心是尽可能多地将制度体系传播到尽可能多的国家。① 迄今为止,欧盟的跨境数据流动监管框架在各种模式中占全球比例最

---

① Erik van der Marel, Regulating the Globalisation of Data: Which Model Works Best? https://www.wilsoncenter.org/article/regulating-globalisation-data-which-model-works-best, 2021－05－17(2022－10－4)。

大,欧盟的跨境数据流动治理路径也初步达到了其预设的目的。欧盟的尝试获得了一定成功,但也出现了一些问题,欧盟各界越来越希望在科技创新发展上获得突破。由于欧洲公司不在全球平台经济的顶端,欧洲在数据和数字经济相关问题上的政策制定存在明显的防御性。与美国有关的数据保护"充分性"认证问题就是一例。欧洲珍视其模式的利益与价值,但现在也希望成为新技术创造和商业实验发生的地方,这可能需要对其跨境数据流动监管方案进行调整。

此外欧盟模式还需要应对其他方面的批评。

一方面欧盟模式不仅要求转出个人数据的公司要绘制出最初的传输路线,还要明确该数据完整的后续流动路线。这种要求对公司参与复杂威胁建模,以及国家情报机构保护数据的能力做出了某种程度上不切实际的假设。完成数据映射后,公司被要求"调查您每次传输的特征,并确定数据传输(或继续传输)到的国家/地区现行的国内法律秩序和/或惯例是否会影响您的传输。"美国和英国的一项称为 Muscular 的联合计划多年来一直从谷歌和微软等科技巨头的英国数据中心获取数据,小公司更是无力阻止美国国家安全局获取其数据,毕竟小公司的目标是让业务继续下去。[1]

另一方面,有批评认为欧洲国家的监视做法并不比美国更克制,某些时候甚至是美国监视的热切受益者,并参与日常情报共享。例如,此前作为欧盟成员的英国,不仅有政府通信总部(GCHQ)的秘密计算机大规模监控系统"Tempora",还有《调查权力条例》,该法案赋予的权力与《外国情报监视法案》(FISA)中的任何内容一样广泛。然而,欧盟成员国有权自行决定安全和隐私之间的适当平衡,且欧洲机构往往倾向于遵从他们的判断,即哪些监控机构对其国家安全需求是"必要且相称的",即使这些机构的许可不亚于 FISA 第 702 条所规定的内容。

---

[1] Julian Sanchez, TikTok, Schrems II, and Cross-Border Data Flows, https://www.cato.org/blog/tiktok-schrems-ii-cross-border-data-flows, 2021－07－06(2022－10－4).

(二) 美国模式

相比之下,美国模式的追随者较少,在全球数据服务贸易中所占的份额要小得多,这与美国在全球范围内占据头部地位的众多跨国科技巨头有关。美国拥有庞大的动态市场,通过数据在创业增长和创新创造中发挥了更大的作用。然而,有观点认为它相较于欧盟允许公司进行更多的试验,从而导致更多的数字创新和新公司的更快增长,对生产力产生强大的促进作用。美国模式旨在从基于数据的创新中获取繁荣带来的好处。

美国开放数据模式的特点是对跨境数据流动几乎没有限制,尤其是在自己的跨国科技巨头能量可以辐射到的优势领域。美国模式对跨境数据流动的开放态度降低了贸易成本,从而刺激了数字服务贸易。这种模式通常依赖于一套基本的隐私原则,并让公司可以灵活地在自愿的基础上进行自我监管。公司通常对个人数据的处理方式负责,在将其传输给第三国的接收者时也是如此。相应的,这样的模式缺乏关于个人数据治理的综合框架。因此,在如何处理他们的数据方面,数据主体只有有限的权利。一般来说,遵循这种模式的国家认为数据保护是一项消费者权利。

美国模式可能产生大量创新驱动的增长,但不一定会产生大量创新驱动的数字贸易。以美国为代表的跨境数据流动监管模式,从正面讲可能允许新技术有更多试验空间,或许对市场竞争具有开放和创新的前景,因为通常由强大的公司在商业互动中推动。

对美国模式的批评近年来更是不断增多。负面来看,放任式的监管会带来秩序混乱,在面对竞争威胁时祭出国家安全大旗并将其扩大化,反而会损伤自身的制度信誉。从特朗普政府开始,泛化国家安全概念打压 Tiktok 等公司的行为,使美国传统意义上的跨境数据流动开放形态被打上了实用主义和利己主义的双重标准标签。美国曾经长期收集外国用户数据,但当其角色成为潜在的被收集方时,便认为这是无法容忍的。来自全球的数字流量大多流经美国的管道、进入美国占主导地位的科技公司服务器。而美国也确实利用这一优势不断更新监视法,反对将其他国家的数据本地化要求,将他国的国家安全关切视作保护主义的"幌子"。但是,当美国发现自己处于劣势一方时,双重标准便会开始起作用。

因此,越来越多人不再低估美国模式的问题。与欧洲全面的数据保护方法相比,美国近年来对特定外资公司数据风险捕风捉影的关注与此前大相径庭。美国的现实情况是,日常使用的应用程序和平台数据通常会流向应用程序开发人员以外的公司,这也是大广告商和平台金主最感兴趣的部分。牛津大学研究人员2018年的一项研究发现,Google Play商店中的绝大多数应用程序都会向第三方跟踪器发送一定量的数据,而且绝大多数发送给美国公司。[1]

二、其他国家和区域组织的实践与探索

不同的跨境数据流动治理与监管模式所产生的不同结果,并不意味着采取不同模式的国家无法克服监管差异并进行数字服务贸易,各国也可以采取行动弥合不同的模式。一个典型的例子是欧盟的"充分性"规则。为了克服监管差异,欧盟制定了一个充分性系统,这一系统与从1995年的《欧盟数据保护指令》到GDPR的欧盟委员会一脉相承。在该系统中,欧盟需要确定域外的国家是否能够提供足够水平的数据保护,而获得"充分性"认证意味着相关国家或地区的个人数据可以自由地与欧盟及其他欧洲经济区(EEA)成员进行跨境数据流动,且无需任何进一步的保护措施。通过这一前置性认定条件,被认定的国家或地区便需要履行职责,以相应的标准保护欧盟公民的数据权利。[2] 从本质上讲,"充分性"是数据传出方和接收方之间的保证,以实现共同认可水平下的数据保护。监管机构之间的合作是该保证的关键,因为接收方有法律义务保护来自传出方数据主体的隐私。然而与充分性相关的必要条件可能会给接收方带来额外的监管合规成本,如果要求设置得太高可能会抑制数字经济贸易。数据保护在多大程度上是数字

---

[1] Julian Sanchez, TikTok, Schrems II, and Cross-Border Data Flows, https://www.cato.org/blog/tiktok-schrems-ii-cross-border-data-flows, 2021 – 07 – 06(2022 – 10 – 4).

[2] Mattoo, A., Meltzer, J., International Data Flows and Privacy: The Conflict and Its Resolution, *Journal of International Economic Law*, 2018, Vol. 21, Issue 4, 769 – 789.

服务贸易的重大成本负担,取决于这些监管条件的严格程度。尽管各国的监管方法可能不同,但监管机构之间以双边协议形式开展的国际合作可以促进数字服务贸易。①

另一个典型的例子是,欧盟和中国虽然遵从不同的跨境数据流动治理模式,但在跨境数据流动领域的合作潜力却很大,欧盟各国政府可以通过双边和多边贸易谈判与中国的数据立法形成互动,影响彼此的规则体系变化。与此同时,海南自由贸易区在简化海外个人信息传输流程方面所做的努力也证明了中国地方政府也可以成为欧洲政府和企业的合作伙伴。

(一) G7框架内的跨境数据流动合作

日本提出的"可信的数据自由流动"(DFFT)是近年来值得关注且有一定接受度的概念。尽管许多国家都认可实现更大的跨境数据流动的潜在经济和社会效益,但要引入共同的法律框架来确保"可信的数据自由流动"(DFFT)并不容易。由于各国对于数据保护、隐私或数据安全的概念并不相同,各国在跨境数据流动政策制定和具体实践中通常有不同的国内和地区法律框架。"七国集团"(G7)将数字政策置于其2021年议程的中心位置,讨论了从5G等物理基础设施、未来通信技术和技术标准到软基础设施的广泛数字和技术转变,例如跨境数据流动规则制定和互联网安全原则。一个显著的成果是G7在2021年4月的G7数字和技术部长会议上强调的,G7内部需要以彼此信任的方式开展数据自由流动合作,而这一点也得到了G7的两个观察员韩国和澳大利亚的支持。

英国在"脱欧"后需要重新梳理各方面的规则框架,在G7范畴内也是如此。G7及其合作方对如何更好地处理跨境数据流动规制差异有不同的想法,其中英国的位置相对更加特殊。英国此前在欧盟框架内,直接适用于欧

---

① Ferracane, M. F., E. van der Marel, (2021), Regulating Personal Data: Data Models and Digital Services Trade, World Bank Policy Research Working Paper No. 9596, World Development Report 2021 Background Paper, Washington DC, World Bank.

盟的 GDPR 整体方案。但"脱欧"使英国必须更新其跨境数据流动规则体系。英国试图通过建立监管影响力来利用其"软实力",并将跨境数据流动纳入贸易协议当中,与被认为具有"适当性"数据保护措施和能力的国家优先开展合作。《英日全面经济伙伴关系协议》(CEPA)是英国"脱欧"后的第一个贸易协议,其中就包括禁止出于商业目的不合理地限制跨境电子信息传输以及不合理地要求在开展业务的国家使用或定位计算设施,实质上明确拒绝数据本地化。

日本成为英国在跨境数据流动领域的强化合作对象,其重要原因在于,G7 成员国中除欧洲国家外,美国并未获得欧盟"适当性"认定,加拿大的"适当性"认定有附加条件,只有日本是完全获得欧盟"适当性认定"的国家。日本还通过贸易协定扩大了其跨境数据自由流动的领域,在日美数字贸易协定和《跨太平洋伙伴关系全面进步协定》(CPTPP)中纳入了与英日 CEPA 类似的条款。更广泛地说,关于数据保护的国际标准和原则的实际构成通常也存在歧义。对于日本而言,能够以一定的灵活性设置通用框架,有助于其在跨境数据自由流动过程中与包括中国在内的各方进行更广泛接触。除贸易协议外,日本还参与了亚太经济合作组织(APEC)跨境隐私规则(CBPR)。这是一项由政府支持的数据隐私认证,公司可以加入该认证以证明其遵守国际公认的数据隐私保护措施。[①]

(二)亚太范围内的跨境数据流动合作

全球除欧盟外最具影响力的区域性协作机制分布在亚太地区。亚太地区的数据治理工作正沿着两个大方向进行:贸易协定谈判和非约束性原则的制定。自 2004 年《美国-新加坡自由贸易协定》以来,跨境数字商务规则已被载入区域贸易协定,但随着 12 国《跨太平洋伙伴关系协定》(TPP)的签署,数字贸易规则制定取得了巨大飞跃。正如美国贸易代表办公室当时记

---

① Hiroki Sekine, Collective Action Can Spark Innovation for Data Flows, https://www.chathamhouse. org/2021/06/collective-action-can-spark-innovation-data-flows, 2021 - 06 - 28 (2022 - 10 - 4)。

录的那样,"TPP包含至少两打关于数字贸易的承诺"。[①] 所有这些承诺都保留至2017年初美国特朗普政府宣布退出TPP。于2020年7月生效的《美国—墨西哥—加拿大协议》(USMCA)纳入了TPP中关于数字贸易的大部分规则,但以多种方式建立在这些规则之上,其中包括定义中介服务提供商的责任,保护非公开软件源代码和相关算法,确保非敏感政府数据公开。该协议还承认亚太经济合作组织(APEC)论坛制定的跨境隐私规则(CBPR)是一种有效的数据传输机制。

亚太地区数字贸易规则制定后,2020年年底15个亚太经济体,包括10个东南亚国家以及中国、日本、韩国、澳大利亚和新西兰,签署了《区域全面经济伙伴关系协议》(RCEP)。该协议的成员范围具有开创性,因为成员国GDP占全球GDP的30%。与《跨太平洋伙伴关系全面进步协议》(CPTPP)一样,RCEP包括一个广泛的数字贸易章节。与亚太地区其他协议不同,RCEP还允许各个国家决定在何时需要进行数据本地化要求。

贸易协定作为推进数据治理的工具,一个主要好处是它们具有法律约束力和可执行性。但另一方面,贸易协定需要数年时间和大量政治资本来谈判,其中嵌入的规则很难改变,这对于不断发展的数字经济来说是一个明显的缺点。此外,贸易不是全部。数据治理还有许多其他方面,从数字包容性到围绕人工智能的道德规范,将所有这些都纳入贸易协议可能是不可行或不可取的。

最现实的全球数据治理系统不是一种通用方法,而是既能最大限度地发挥数据跨境流动的好处,又能确保安全和隐私,是涉及各种动态操作机制的系统。这反过来需要就政府、企业和其他数据用户的数据访问、控制和共享原则达成国际协议或最低限度的认同。

跨境数据流动容易引发一系列国内外法律、监管和政策问题,这些问题

[①] Matthew P. Goodman, Governing Data in the Asia-Pacific, https://www.csis.org/analysis/governing-data-asia-pacific, 2021-04-21(2022-10-4).

可能不适用于具有约束力的贸易协议。这也就是非约束性数据治理原则的国际工作可以发挥重要作用的地方。

新加坡已成为亚太地区数据治理工作的积极领导者之一。除了作为世界贸易组织电子商务谈判的共同召集人外,新加坡还通过数字经济协议建立国际标准和互操作性(DEA)。2020年6月,新加坡与新西兰和智利共同启动了《数字经济伙伴关系协议》(DEPA),这是一项旨在深化包括数据治理在内的数字经济领域合作的非约束性承诺。该协议不具约束力,可以进行试验,并允许合作伙伴快速解决新问题,而不会陷入繁琐的贸易谈判。新加坡也是推动非约束性数据治理原则的区域组织的重要成员。2018年,APEC成立了数字经济指导小组(DESG),从贸易以外的广泛经济角度审视数字和数据治理方面的挑战。该小组正在就一系列问题开展重要工作,从数字基础设施到宽带接入和基于研究的数据共享。

另一个重要的区域组织东盟(ASEAN)于2021年年初提出了一个跨境数据传输机制,使用标准合同条款在东盟国家之外合法传输数据。如果实施,这将提供一种经济高效且灵活的数据传输机制,实现跨不同国家隐私框架的互操作性。

此外,值得重点关注的亚太地区国家是韩国。韩国是欧盟最新认定的符合"适当性"数据保护标准的国家。韩国的公共部门和私人部门在跨境数据流动治理过程中都承担了一定的职责。韩国的《个人信息保护法案》(The Personal Information Protection Act, PIPA)[①]在2011年3月正式施行,作为个人信息领域的一般性法律规定来完善对个人信息的有效保护,也是对公共部门与私人部门同时进行规制的框架性法案。事实上在《个人信息保护法案》正式施行以前,在不同的特殊领域与案例当中已经有了相当一部分特殊规制的存在。比如为了有效地治理信息与通信服务的《促进信息与通信网络使用的信息保护法案》(The Act on Promotion of Information

---

[①] Personal Information Protection Act, Promulgated on March 29, 2011, http://koreanlii.or.kr/w/images/0/0e/KoreanDPAct2011.pdf.

and Communications Network Utilization Information Protection），[1]以及规范治理个人信用信息的《信用信息使用与保护法案》（The Act on the Use and Protection of Credit Information）[2]等，每一个相关的法案都经过了多次的更新与修订。在韩国国民议会于2015年7月6日通过的议案当中，继之前的3次修订之后对《个人信息保护法案》进行了第4次重要的修订，增强了《个人信息保护法案》在控制和协调功能上的总体性作用，确立了私人部门更多参与跨境数据流动治理的规制基础，加大对泄露数据行为的处罚，并收缴非法个人数据贸易中的犯罪获利。在最近一次即2017年4月18日的更新当中，个人信息控制方需要在获取数据主体同意的过程中明确表达收集并使用该个人信息的目的、种类、数量，使得数据主体可以轻易了解与自己紧密相关的数据将会得到什么样的处理。所有的更新与修订都紧扣时代的发展，手机移动网络、智能手机应用程序的开发与使用等内容都在成为全新的讨论焦点，并不断被加入法案当中。

尽管规制体系在不断翻新，大规模的个人数据泄露在包括巨型商业公司和银行在内的各个机构中依然不断出现并持续增长。一些案例来自外部的有意攻击，但另外一些则是源于内部职员自身的不当操作与无意疏忽。特别注意的是，个人信息的受托人是最常见的泄密来源。相关的案例有许多，例如韩国一家石油炼油企业将其客户服务中心的日常运作委托给了其子公司，而子公司的个别员工则企图大量销售属于企业充值卡会员的个人数据。

韩国《个人信息保护法案》为有效保护个人信息，专门在第29条规定："个人数据处理方（Processor）需建立内部管理计划以保持连续的记录，采取必要的技术、行政和物理措施以确保个人数据的安全……使得个人数据免遭损失、盗窃、泄露、改变或损坏。"第73条额外地对未履行第29条规定的

---

[1] The Act on Promotion of Information and Communications Network Utilization Information Protection, Amended by Act No.12681, May 28, 2014, http://koreanlii.or.kr/w/images/d/df/DPAct2014_ext.pdf.

[2] The Act on the Use and Protection of Credit Information, Established Act No.4866, Jan. 5, 1995, http://onepark.khu.ac.kr/Engl/Act_Credit_Inf_Use.pdf.

公司实施刑事制裁,以期有效阻止个人数据的泄露。在最近的数据泄露事件后,韩国的大型企业纷纷开始建立内部的相关规制,例如限制员工携带便携式 IT 设备进出公司、限制其访问硬件及软件的核心区域、限制个人在办公室的电子邮件在其他网络使用,以及定期和抽查相结合的监测措施。随着科技的进步和全球化商业活动的拓展,许多包含了个人数据或敏感数据的经济活动会时常跨越多个不同的管辖地。基于对个人数据在管辖权之外流动的限制需求,越来越多的数据保护规制开始不断出现。从《个人信息保护法案》的角度出发,数据在离开韩国并准备要跨境流动至它国之前,必须得到数据主体的额外认可(additional consent)。尽管韩国金融监察委员会负责对金融机构的个人数据对外转移进行监管,但迄今为止也还没有任何值得特别关注的庭审决定。随着全球范围内数据本地化的持续升温,给予这些问题的发展以特别关注和持续监察也是不无道理的。

韩国政府行政与内政部(Ministry of Government Administration and Home Affairs)对于行政主体的隐私保护有着全面的监督责任,而主要的执行机构则是国家信息与传播部(Ministry of Information and Communication)和韩国信息安全局(Korea Internet & Security Agency, KISA)。国家信息与传播部的权限主要包括但也并不全部限定于保护电子通信过程中的隐私安全;而韩国信息安全局是韩国政府为发展下一代互联网而授权成立的权威性机构,负责运营国家级网络信息中心,业务涉及互联网域名、IP 地址的管理,互联网新技术研发等。[1] 其职能不完全来源于现有的规制,经常会在应用于保护个人数据时有所延伸。韩国信息安全局并没有权限直接联络到国外的相关机构,但是可以在韩国国内数据主体的隐私被外国数据控制方所侵害时提供这些具体案例的信息,并选择在韩国信息安全局之内建立"个人信息争端调解委员会"(Personal Information Dispute Mediation Committee)以帮助解决隐私与个人数据保护相关的纠纷。与此同时,《个人信息保护法案》是"个人

---

[1] "CNNIC 宣布与韩国互联网络振兴院达成合作",http://www.techweb.com.cn/internet/2013-06-04/1300945.shtml, 2013-06-04(2022-10-4).

信息保护委员会"(Personal Information Protection Commission, PIPC)这一总统办公室直属的独立数据保护机构得以成立的先决条件,不同的机构在面对不同的案例时需要承担不同的职责。

第三节　不同规制范式间的冲突:美欧间跨大西洋跨境数据流动

美国与欧盟之间的跨大西洋数据传输是世界上最具经济价值,同时也最早进入程序化、体系化规制的框架,经济风险很高。跨大西洋是世界上最大的数字贸易区域,尽管数字服务贸易体量难以准确衡量,但根据跨大西洋贸易研究,2017年,数字服务占美国服务出口的55%,占美国全球服务贸易顺差的68%,而美国对欧洲的数字服务出口额为2042亿美元,顺差超过800亿美元。① 强劲的数据传输是跨大西洋经济的核心,但长期以来,它们一直受到欧洲对美国隐私保护的怀疑的困扰。这一框架并不绝对稳固,甚至几经更迭。

因此并不是所有盟友国家间都会天然地在跨境数据流动过程中建立亲密关系。欧盟-美国间的数据流动共享协议在近年间反复更迭,背后原因源于欧盟认定美国没有达到其数据保护"充分性"的标准。印度是美欧企业在日常繁重的数据处理关系中重要的外包合作伙伴,而印度的相关法案虽然形似GDPR,但欧盟依然无法认定印度的"充分性"标准。使欧盟—美国跨境数据流动能够顺利开展的"安全港"和后续"隐私盾"失效的核心人物Max Schrems就展示了一个激进的民间社会参与者可能造成的结果。② 类似的

---

① Daniel S. Hamilton, Joseph P. Quinlan, (2019), The Transatlantic Economy 2019: Annual Survey of Jobs, Trade and Investment between the United States and Europe, The Johns Hopkins University.
② Shane Tews, Do Data Protection Laws Really Improve Cybersecurity? Highlights from my Conversation with Emily Taylor, https://www.aei.org/technology-and-innovation/do-data-protection-laws-really-improve-cybersecurity-highlights-from-my-conversation-with-emily-taylor/, 2021-02-23(2022-10-4).

事件不仅给欧美国家,更是给全球所有国家的数据保护都提出了更高要求。

一、美欧"破裂":从"安全港"到"隐私盾"

在2020年7月,欧洲法院下达的裁决导致维持美国与欧盟之间跨境数据流动的"隐私盾"(Privacy Shield)框架失效,影响了美国与欧盟之间价值7.1万亿美元的数据传输关系。包括科技巨头谷歌、Facebook、亚马逊和Twitter在内的5 300多家公司受到影响,因为这些公司需要依赖于"隐私盾"进行跨大西洋数据传输。"隐私盾"的前身"安全港"(Safe Harbor)协议也在2015年以类似的理由被宣布无效——欧洲法院认可施雷姆斯提出的观点,即美国当局对企业与个人数据的监视将欧洲公民的隐私权置于危险之中。欧盟公民的隐私权与美国国家安全政策之间的持续斗争揭示了两个经济体之间的根本分歧。

在2015年欧洲法院认定"隐私盾"的前身"安全港"协议无效后,美国和欧盟就"隐私盾"进行了谈判。美国和欧盟于2016年共同建立了"隐私盾"保护框架,该框架使超过5 000家公司能够在欧洲和美国之间传输欧盟公民的个人数据,前提是这些公司自我证明它们符合欧盟制定的原则。"隐私盾"本身不是双边协议,而是美国商务部发布的关于处理欧盟公民个人数据的原则清单,欧盟委员会认为这些原则为相关个人数据提供了"充分的"保护,以使美国公司能够使用"隐私盾"作为数据跨大西洋流动的总体框架。

欧洲法院认定,由于美国的国家安全、公共利益和执法实践,安全港无法确保欧盟个人数据得到充分保护。欧洲法院确认,按照彼时《欧盟数据保护指令》的要求,在国外处理欧盟公民的数据时,必须为欧盟公民的个人数据提供"充分保护"。该标准要求外国对欧盟内外的欧盟公民个人数据提供同等水平的保护。换句话说,欧盟公民的隐私权在全球范围内遵循统一的标准。与《欧盟数据保护指令》一脉相承的是,GDPR规定了同样的充分性要求。对美国在处理个人数据时的不信任与斯诺登事件紧密相关。欧盟担心个人信息将被美国情报机构访问,并被美国公司以侵犯个人隐私权的方式使用。爱德华·斯诺登引发的"棱镜门",对美国庞大的监视系统进行了揭露,导致"安全港"协议受到挑战,并最终被欧洲法院宣告无效。随后的诉讼加剧了欧盟公民隐私价值与美国国家安全在数据传输方面的紧张关系,引起了更多关注。

"隐私盾"创建后,只要美国公司自我证明符合框架原则,就允许各公司无论规模大小,在欧盟和美国之间自由移动个人数据。"隐私盾"相较于"安全港"需要为欧盟公民提供额外的隐私保护,新的保障措施允许欧盟公民控制其个人信息,有权就数据滥用诉诸美国法院,并要求美国政府在没有合理理由的情况下不得收集数据。但"隐私盾"留下了一个严重隐患,即美国没有被要求改变其监视法。隐私保护主义者在"隐私盾"成型后立即开始抗议。

数据传输是跨大西洋经贸往来的核心,但长期以来欧洲方面缺乏对美国数据隐私保护的信任,2015年提起安全港诉讼案的奥地利活动家施雷姆斯持续挑战公司用于处理欧盟公民个人数据的标准合同条款(SCC)。在施雷姆斯诉讼Facebook的过程中,Facebook认为以标准合同条款为代表的跨大西洋数据流动替代工具可用于合法地传输他的数据,但施雷姆斯认为这侵犯了隐私。这起名为"Schrems II"的案件与"隐私盾"反对派联系在一起,最终到达了欧洲法院,并于2020年7月16日发布了支持施雷姆斯的裁决。

二、"隐私盾"被判失效的原因

在欧盟层面,由欧盟成员国数据保护机构组成的欧洲数据保护委员会(EDPB)发布过一份建议草案,对欧洲继续使用美国企业的云服务表示怀疑。欧洲数据保护监管机构同样发布了指南,"强烈鼓励"欧盟机构考虑与服务提供商签订新合同,"以避免涉及将个人数据转移到美国的处理活动"。跨大西洋数据传输的危机正在上演。爱尔兰数据保护委员会作为欧盟隐私监管机构,在欧洲法院裁决后已向Facebook发出初步命令,要求其暂停将欧盟用户数据传输到对用户数据的监管不那么严格的美国,否则Facebook将被处以4%的年收入罚款,金额可能高达数十亿美元。这一案例不是孤案,Facebook不是唯一一家收到此类命令的公司,而爱尔兰数据保护委员会也不会是唯一一个发布此类命令的隐私监管机构。

欧洲法院宣布"隐私盾"无效的核心原因是美国国家安全监察执法机制与欧盟数据保护要求相冲突。通过"棱镜门"及后续的众多案例,欧洲法院发现美国的数据监视能力几乎没有限制。最重要的是,针对美国政府违反"隐私盾"的行为,其实没有任何补救措施。一般来说,只要遵守必要性和相称性原则,一国的监控法不一定必然违反欧盟隐私要求。然而,欧洲法院认定美国的国内监控法不满足其个人数据保护要求。冲突源于美国《外国情报监视法》(FISA)第702条,它允许的数据监视和聚合机制与GDPR以及《欧盟基本权利宪章》和《欧洲人权公约》授予的欧盟公民的隐私权相抵触。[①] 欧洲法院的裁决强化了GDPR的权威性,强调了欧盟公民的个人信息不能转移到诸如美国这样数据保护程度低于欧盟的国家。欧洲法院的裁决还表明,欧盟未来将对个人数据传输采取更严格的立场。

欧洲法院认为,另一个困难在于美国政府进行数据监视的保密性。如果外国人只能怀疑有关他们的信息已被收集,他们几乎没有希望将"事实上的伤害"作为在美国法院提起诉讼的前提条件。"隐私盾"方面的谈判代表试图绕过这一困境,允许怀疑受到监视的欧洲人直接向美国国务院指定的高级官员投诉,后者会将此事提交美国情报机构进行调查。然而,欧洲法院认为这种机制不够充分,因为它既缺乏独立于美国行政部门的独立性,也缺乏做出约束情报界的纠正决定的权力。此外,欧洲法院声称,美国的监控法也缺乏"相称性原则",以确保政府仅在满足合法利益"必要"时才收集和使用数据。它特别指出了NSA批量数据收集计划。缺乏个人补救和相称性等缺陷使得"隐私盾"不足以作为在向美国传输商业数据时保护欧洲公民的隐私手段。

标准合同条款这一"隐私盾"之外的数据跨境流动通道则有专门的回

[①] Richard J. Cordes, Transfer of EU User Data to the United States Halted, https://www.atlanticcouncil.org/blogs/geotech-cues/transfer-of-eu-user-data-to-the-united-states-halted/, 2020-09-25(2022-10-4).

应。欧洲法院认定"隐私盾"无效的同时并裁定,GDPR 关于个人数据传输的相关规定当中,标准合同条款被认为是有效的,因为它们通常已经包含了欧盟风格的要求。事实上,标准合同条款本质上将受制于保护水平的"充分性"认定,需要让数据控制者负有更多责任,以了解第三国的法律是否符合欧盟要求的保护水平。如果不遵守条款,或者由于外国法律无法提供足够的保护,则必须停止数据转移和流动。换言之,欧洲法院建议的一项潜在保护措施是,如果美国国家安全局对其提出数据要求,数据出口商可以暂停或终止向美国的数据传输。

三、"隐私盾"破裂的机制性影响

欧美双方的官员均声称,欧洲法院裁决的潜在影响将会非常小,因为事实上有预防商业中断的计划。依赖标准合同条款的公司最初认为他们躲过了一劫,因为这一变故在初始阶段为各国与企业的法务部门制造更多麻烦,但对数据的正常流动没有产生重大影响。一家欧洲律师事务所进行的一项调查显示,只有12%的公司打算减少对美国的数据出口,而且几乎没有完全停止出口的计划。[1]

然而这样的观点总体而言缺乏远见,美国将必须考虑长期影响——机制性的跨境数据流动框架一旦消失,本来应该由机制化解决方案承担的数据合规成本将分摊到企业身上。[2] 欧盟和美国之间的数据传输价值约为7.1万亿美元,而随着"隐私盾"被认定为无效,向美国传输个人数据的标准合同条款在单独审查时也可能被认定无效。同时,这些高隐私标准可能导致更多公司将数据存储在欧盟,这将为跨国企业尤其是中小型企业带来新的成本。

---

[1] Phillip Lee, When Law Diverges from Reality: How are Organizations Responding to "Schrems Ⅱ" in Practice? https://ia org/news/a/when-law-diverges-from-reality-how-are-organizations-responding-to-schrems-ii-in-practice, 2020 - 09 - 10(2022 - 10 - 4).

[2] William Alan Reinsch, Transatlantic Data Flows: Permanently Broken or Temporarily Fractured? https://www.csis.org/analysis/transatlantic-data-flows-permanently-broken-or-temporarily-fractured, 2020 - 08 - 31(2022 - 10 - 4).

由于标准合同条款并非总体性的机制化安排,未来充满不确定,美国跨国公司考虑一系列选择以安抚欧盟监管机构。在内部,他们会评估其数据传输在多大程度上是美国国家安全局在过去所要求的主题,或是在将来可能会出现的议题。在年度公司透明度报告中公开披露政府数据要求的公司数量可能会增加。此外,许多公司可能会采用某种形式的假名化或加密方式进行数据传输,这在某些情况下可能会使美国情报部门受挫。另一种选择是数据本地化,或者只是将数据保存在欧洲并在那里处理,完全避免转移到美国。[①]

华盛顿没有接受国内鹰派关于反击欧洲监管的建议。据称美国贸易代表办公室(USTR)研究了 Schrems II 判决对美国主要科技公司"不成比例的挑战是否构成了一个明显的贸易歧视案例",但目前寻求重建合作依然是主要方向。美国政府在裁决后表示正在寻求"持久的政治解决方案"。

美欧之间的跨境数据流动治理冲突无论是短期还是长期来看都很难偃旗息鼓。首先,美国和欧盟之间的法律冲突并不新鲜,而且在隐私盾裁决之后可能还没有结束。自 2013 年以来,施雷姆斯一直在法庭上与跨大西洋的个人数据流动作斗争,"安全港"与"隐私盾"都成为其成功的注脚。而且施雷姆斯并不是一个人在战斗,与其类似的观点充斥整个欧洲范围内。当然了,美国也可以采取一些补救措施,而不是直接改变其与监视有关的法律。例如,监察员可以转移到一个独立的行政机构,而不是从属于国务院的一部分,以反驳欧洲法院对缺乏独立性和监察员无法约束情报机构采取补救措施的批评。但即使是这样,也将需要旷日持久的法律更改,短期内难以见效。其次,标准合同条款作为替代品,从机制化转向碎片化,跨大西洋数据传输的未来充满疑问。它将通过一系列行政和司法程序在整个欧盟以分散的方式逐步确定跨境数据流动的具体操作。顶层设计、机制化安排与法律的统一是欧盟追求的目标,但在这种情况下碎片化导致的更多是离散与

---

① Kenneth Propp, Transatlantic Data Transfers, https://www.cfr.org/report/transatlantic-data-transfers, 2021-01-13(2022-10-4).

分裂。

美欧之间在跨境数据流动治理领域最大的冲突在于底层逻辑的不同。从美国的视角来看，即使是欧盟认为天经地义的要求也不能用来支配美国的国内和外交政策。同时，欧盟更不可能牺牲其《基本权利宪章》所载的隐私权和其他相关基本权利。这种根本性的分歧可能会使双方建立稳固的、长期的全新个人数据传输框架困难重重。

一些智库观点认为美国需要尽快解决与欧盟的隐私和监控困境。

一是需要根据美国监控法扩大个人补救的可能性，另外还需要通过长期讨论的综合性国内隐私法。国会可以调整国家安全界负责隐私保护的官员和机构的角色，例如隐私和公民自由监督委员会和外国情报监视法院，以满足欧洲法院制定的标准。行政部门可以在没有法定变更的情况下下令进行类似的变更。这项任务在法律上既复杂又充满政治色彩：一项补救措施应克服过去阻碍诉讼当事人的长期障碍，同时又不至于用无聊的假设性主张淹没美国法院。通过全面的美国隐私法改进也可以回应施雷姆斯案引发的批评，这样的法律将为个人建立使用和处理其个人数据的基本权利，通常与欧盟 GDPR 中包含的权利平行，并同样授权独立的监管机构执行这些权利。更广泛地说，美国政府将发出一个信号，表明它终于进入了全球隐私法主流。因此，它将为其未来与欧盟的隐私法合作获得亟需的信誉。

二是通过与欧盟谈判数字贸易协议，为不受限制的跨大西洋数据流动创造更坚实的法律基础。近年来，美国贸易代表办公室成功地将不受限制的数据流动和数据保护纳入了一系列双边和多边贸易协定，包括美-墨-加自由贸易协定和美日数字贸易协定。所有这些数字贸易协议中的核心条款都将通过引入世界贸易组织法律中防止保护主义和歧视的条例来确保出于商业目的的电子数据的跨境流动顺畅进行。政府将被允许根据其隐私法施加转移限制，但仅限于它们不是任意或变相的贸易限制。正式的争端解决系统将解决涉嫌违反规则的行为。虽然欧盟在跨大西洋贸易和投资伙伴关系谈判失败期间坚决拒绝考虑美国提出的此类提议，但美英自由贸易协定谈判提供了一个与欧洲伙伴重新讨论该话题的机会。脱欧后的英国已将其隐私法与欧盟的隐私法紧密结合起来,如果英国能够从中调和并与美国就数据传输条款达成一致,那么这个先例最终可能有助于解决美欧争执。

所有这些举措都需要时间。与此同时,欧洲与美国的数据传输继续在法律不确定的气氛中进行,不可避免地会受到欧洲监管和司法行动的进一步冲击。大西洋两岸需要采取大胆而果断的政治和法律行动来结束这场漫长的危机。

第四节 中国在全球跨境数据流动治理模式变革中的应对与探索

全球范围内需要有新的跨境数据流动规制方案,新的时代环境变化对于数据保护、数据治理也提出全新的要求。对各国政府而言,监管新事物永远是一项挑战,新技术新业态的出现永远先于对其进行规制,这也适用于定义新的全球化的跨境数据流动。由于这些流动是新颖的并且通常是新技术的结果,因此它们需要新的监管与治理方法。跨境数据流动一定是需要治理的,即使是采取不同的模式与路径,但最终其治理强度都在不断提高。规制的出现一般情况下都会迟滞于现实的发展,某项创新的科技落地后可能引起的巨大轰动往往会让人始料未及,而社会生活方式和思维观念的转变更是在现在的网络时代以意想不到的速度不断变化。数据追求自由流动是天然的本能,而全新的规制也只会随着社会的急速发展而不断增加,并对自由流动的天然本能产生某种程度上的压制。在规制保护不断"追逐"自由流动的过程中,两者虽然都在极速前进,但前进速度会彼此影响。在你来我往的互动当中,自由流动与规制保护之间的张力便始终存在。

与许多国家一样,中国数据治理政策也在迅速发展。中国在过去5年中建立了全面的数据隐私保护制度,并制定了创建鼓励创新和数字经济增长的数据市场的战略。中国长期以来一直秉持以安全为中心的数据处理方法。保护国家的网络基础设施、防止网络攻击和数据泄露已成为中国数据治理体系的重点目标,2017年《网络安全法》和2021年《数据安全法》出台更是使数据治理的顶层设计架构更加完整。个人数据与信息保护的进程近年来也不断加快,不断回应民众关切,建立了系统的数据隐私保护法律框架。经过《个人信息安全规范》(修订版)以及随之而来的一系列个人信息保护法规的讨论与修改,最终于2021年颁布了《个人信息保护法》。与跨境数据流动紧密相关的数字经济发展也在国家层面持续获得进展,推动数字经济发展不断融入中国的数据治理框架。2015年,国务院印发了《推进大数据发展行动纲要》;2016年发布的"十三五"规划,将国家大数据发展战略用一整章进行强调。鼓励数字经济发展对中国而言有必要性,一是因为中国在智能制造和工业数字化方面依然落后于西方国家,而数据被视为创新和产业升级的关键;二是中国快速增长的电子商务市场异常强劲,约占该行业全球交易的45%。为了释放数据资源的潜力,2019年10月,党的十九届四中全会将数据定义为"生产要素",将通过降低交易成本和更顺畅的数据流通来促进数字经济。在2020年,国务院进一步强调包括数据在内的生产要素配置应该更加市场化。中国在控制新冠疫情感染方面的良好表现被认为与收集和处理个人数据有关,或许会进一步影响其他国家效仿。而在2020年9月,中国公布了《全球数据安全倡议》,展现了制定全球数据治理规则的期许。①

  虽然具体的数据治理框架仍在学者、政策制定者、行业游说者和国家机构之间进行辩论,但一些地方关于数据的试点法规已经进行了一定的探索。从地方角度来看,包括上海、深圳等多个地方已经出台数据治理条例,引起了广泛关注。于2020年发布、2021年6月修订的《深圳经济特区数据条例》作为国家数据权定义的试点和潜在蓝图,对个人、企业和政府的数据权做出了规定。其中,个人数据权是《民法典》所界定的公民权利,企业可以通过合法建立的数据交易平台买卖合法获得的数据,而被定义为"新型国有资产"的"公共数据"则需由政府机关和卫生、金融、电信、交通等部门的公关机构

---

① Camille Boullenois, China's Data Strategy: Creating a State-led Market, https://www.iss.europa.eu/content/chinas-data-strategy, 2021 – 10 – 06(2022 – 10 – 4).

持有和收集。深圳条例还概述了国际跨境传输和战略数据资源保护的规则,允许个人数据跨境流动的国家、地区和国际组织的白名单将在未来公布。

  而最重要的一点是,我们不仅应该频繁回顾跨境数据流动治理在全球范围内的发展历程并吸取经验教训,也不能仅就已有的情况进行前瞻,而需要基于现实不断作出新判断。在跨境数据流动治理的过程中,应该面对规制始终落后于现实这一无法更改的情况,作出正面的回应:给予现实中的跨境数据流动治理问题以空间去碰撞,只有在不断的碰撞当中才有可能发现更深层次的问题,并借以找到解决之道。"自由流动—规制保护"之间的张力只有通过不断碰撞,才能最终得到平衡,这样一个始终存在的动态博弈的过程才是跨境数据流动的本质。当我们认识到跨境数据流动的这一本质,也就可以更好地理解跨境数据流动治理过程中不断出现的"螺旋上升"。[1]

---

[1] 姚旭:《欧盟跨境数据流动治理:平衡自由流动与规制保护》,上海人民出版社,2019年。

第六章　共同发展：全球教育治理构建人类利益共同体

传统上，教育被认为是民族国家主权范围的事务。① 这是因为教育不仅在塑造公民的身份、文化和价值观认同方面具有关键作用，同时对国家的政治、经济发展也具有无可替代的重要作用。安迪·格林（Andy Green）在研究美利坚民族时指出，"对一个由讲不同语言、有着不同文化背景的移民组成的国家，教育对于建立这个国家的民族感来说尤为重要"。② 克拉克·克尔（Clark Kerr）在讨论大学之用时也表示，"教育比任何时候都无可避免地关系到一个国家的质量"。③ 但随着经济全球化的深入发展，各国跨境教育事务日益增多，教育作为全球公共产品的属性不断增强，国与国之间在教育领域的交流与合作更加频繁，加之国际组织在教育事务领域的介入和作用发挥，教育开始突破国家边界，全球化特征逐渐显现。20 世纪 90 年代以来，国际组织在教育政策制定上发挥的作用越来越显著，教育政策的国际化趋势也越来越明显，④全球教育治理有了现实需求和动力，也有了制度性基

---

① Dale R., Robertson S., New Arenas of Education Governance: Reflections and Directions, in Martens K., Rusconi A., Leuze K., *New Arenas of Education Governance — The Impact of International Organizations and Markets on Educational Policy Making*. New York: Palgrave Macmillan. 2007, 217.
② ［英］安迪·格林：《教育与国家形成：英、法、美教育体系起源之比较》，王春华等译，教育科学出版社 2004 年版，第 188 页。
③ ［美］克拉克·克尔：《大学之用》，高铦等译，北京大学出版社 2008 年版，第 66 页。
④ Kathrin Leuze et al., New Arenas of Education Governance — The Impact of International Organizations and Markets on Education Policy Making, in Kerstin Marterns et al. ed., *New Arenas of Education Governance: The Impact of International Organisations and Markets on Education Policy Making*, Basingstoke: Palgrave Macmillan, 2007, 5.

础,成为全球治理的一个重要子领域。

全球和地区组织的行动者在教育决策方面影响力的明显提高,使得教育政策的制定与实施逐渐超越主权国家范畴,进而影响主权国家的教育政策。国际组织通过倡导教育理念、制定标准规则、确立发展目标、评估教育成果、促进交流合作、提供资金支持等途径和方式,使相关教育政策的影响力在全球范围内传播,成为促进教育事业发展的一股重要力量。联合国教科文组织等认为,受教育权和教育是公共物品,教育和知识应被视为全球共同利益,并以此为原则促进全球在教育、文化、科学和传播领域的合作,以提高人类面对变革压力时的应对能力和充分利用变革所提供的机会的能力。[1] 当下,人类社会正处于百年不遇的大变革时刻,全球化既面临持续发展的动力,又面临疫情等因素带来的阻力,但无论往哪个方向发展,大概率全球性问题都会逐渐增多,而全球治理是解决这些全球性问题的关键途径。教育具有塑造个体和构造社会的重要功能,不仅是一个民族、一个国家,更是整个世界的共同事业和共同利益,也正因此,联合国大会第七十届会议通过的《2030年可持续发展议程》将"确保全纳、公平和有质量的教育,增进全民终身学习机会"确定为第四项可持续发展目标,鼓励世界各国开展全球性集体行动,就教育的普及和教育质量的提升向国际社会做出承诺。

第一节 全球教育治理的行动者

治理通常被定义为"多个行动主体通过合作互动,共同参与公共政策讨论、制定和实施的活动";[2]全球治理委员会认为,治理的主体既包括可以强迫他方服从的正式机构和机制,也包括得到民众和机构认可或符合其利益的非正式安排,这意味着治理不仅涉及政府间关系,还涉及非政府组织、跨

---

[1] UNESCO, *Rethinking Education: Towards A Global Common Good?* Paris: UNESCO, 2015, 77-84.
[2] Bevir M., *A Theory of Governance*. University of California Press, 2013, 1-3.

国公司、大众传媒等主体。① 而从全球治理的角度看,詹姆斯·罗西瑙提出的"没有政府的治理"则更好地体现全球治理不依靠国家强制力量来实现目标的特征。② 就全球教育治理而言,受教育多边主义影响,国际的、地区的和跨国的行为主体对教育政策过程的影响力正在增加,教育政策越来越融入国际政治的舞台。③ 全球教育治理的主要行动者除主权国家外,还包括各类政府间国际组织、国际非政府组织和其他积极参与全球教育事务的组织和机构。

一、政府间国际组织是全球教育治理的关键引领主体

政府间国际组织是全球治理实践的支柱性主体,也是全球教育治理领域的关键主体,政府间国际组织越是具有广泛代表性和权威性,其在全球教育治理体系中的作用越是不可替代。联合国教科文组织、经济合作与发展组织和世界银行是目前最具代表性也最受关注的全球教育治理行动主体。此类政府间国际组织具有较强的稳定性、权威性、专业性和一定的自主性,往往根据自身的特点和优势,在全球教育事务中寻找契合点,以某一特定的教育议题或问题为治理对象,开展具有针对性的教育治理活动。④

(一) 联合国教科文组织

联合国教科文组织(简称教科文组织)作为联合国参与全球教育治理的专门机构,是全球教育治理领域中最具影响力的政府间国际组织,作为全球教育领域中的"枢纽",教科文组织自成立之初就成为负责全球教育事务的

---

① The Commission on Global Governance, in *Our Global Neighbourhood: the Report of the Commission on Global Governance*, Oxford University Press, 1995.
② N. Rosenau J., Ernst-Otto Czempiel, *Governance Without Government: Order and Change in World Politics*, Cambridge University Press, 1992, 3-4.
③ 卡伦·芒迪:《全球治理与教育变革:跨国与国际教育政策过程研究的重要性》,《北京大学教育评论》2011年第1期。
④ 袁利平,杨文杰:《全球教育治理的范式转换与中国应对》,《湖南师范大学教育科学学报》2021年第6期。

权威组织。教科文组织通过各种国际机制、国际承诺、联合声明等方式,促进全球发展目标。博科娃总干事曾经精辟地指出,教科文组织具有产生思想、解决问题、设定议程、消除疑虑、制定行动准则的能力,正是这股力量把所有人聚集在一起,为实现共同目标而努力。① 在参与全球教育治理方面,教科文组织通过主张新的教育观念、发布国际教育标准、制订教育行动计划、发表教育研究报告、举办国际学术研讨会等方式发挥作用,促进思想的自由流动和知识共享,从而在世界范围内的教育事业发展中起到引领作用。② 更为重要的是,教科文组织是联合国系统中享有独立合法地位的专门机构,能够独立制定具有法律效力的决议,例如《反对教育歧视公约》《教师地位公约》。上述独特功能的发挥使得教科文组织在教育管理方面的全球领导地位得到不断彰显、确认和巩固。

当前全球教育正处于不断发展变革的阶段,各国都需要以全新方式去思考学习发展带来的变化,以及学生、教师、知识和世界之间的关系,从而建立适应时代要求的、新的教育社会契约。联合国教科文组织在2021年发布了《共同重新构想我们的未来:一种新的教育社会契约报告》,明确提出缔结新的教育社会契约必须遵循的基本原则:确保人们终身接受优质教育的权利,以及强化教育作为公共事业和共同利益的作用,在此基础上通过教育将世界彼此联系,为全球带来新的可能性,增强全球各国对话和行动的能力,塑造真正和平、公正和可持续的未来,进一步完善全球教育治理体系。③ 同时,面对未来全球教育的挑战,联合国教科文组织在2021年发布的《全球教育监测报告》中强调要切实落实可持续发展目标框架下的各项任务,倡导实施切实有效的教育政策和行动,并向国际社会持续提供2030年实现各项教育具体目标和优先事项的相关信息。④

---

① 熊建辉,张金晓:《谱写世界语言、教育和文化发展的新篇章——访联合国教科文组织总干事伊琳娜·博科娃》,《世界教育信息》2014年第27期。
② 杜越:《联合国教科文组织与全球教育治理》,《全球教育展望》2011年第5期。
③ 联合国教科文组织:《共同重新构想我们的未来:一种新的教育社会契约》,2021,https://unesdoc.unesco.org/ark:/48223/pf0000379707.locale=en。
④ 联合国教科文组织:《全球教育监测报告》,2021,https://zh.unesco.org/gem-report/node/2。

(二) 经济合作与发展组织

经济合作与发展组织(简称经合组织)拥有全球最大、最可靠的经济与社会数据的来源,其中包含了大量与教育发展相关的数据。经合组织在制定教育体系水平监测指标方面,已成为全球教育中重要的"数字治理"积极参与者和行动者。经合组织拥有实力雄厚的专家团队,通过收集各国教育体系中与学校、学生和教师等相关的资料,开展大规模的跨国对比试验,形成如"世界教育指数"(World Education Indicator Project)和"国际学生成就评价计划"(Program for International Student Assessment, PISA),并与联合国教科文组织的统计机构紧密协作,共同实施全球教育质量评价研究。

PISA在全球教育治理中发挥着重要作用,该计划具有较科学的评价理念、较完善的测试框架和较成熟的评估技术,在世界范围内引起了广泛重视。PISA促进全球教育治理的途径主要包括三个方面:一是增大评价内容的范围,从更广泛的角度衡量评价对象的技术和能力;二是持续扩充评价对象的范围,使之涵盖更多的国家和学校;三是不断提高评价结果的解释力,为各国政策制定者提供更有说服力的证据。PISA对各国教育发展产生了重要影响,一方面在全球范围内建立了更具公平性、高质量且普遍适用的评价基准,另一方面促进了各国政策制定者进一步关注教育政策对教学成果的影响,通过调整和修改课程标准来提升教育质量。经合组织通过PISA对各国政府的教育政策产生重要影响,一定程度起到了"软政府"的作用。[1]

经合组织还通过构建教育理念、研发教育指标和评价教育政策等多种方式参与全球教育治理。例如《2021年教育报告》指出,实现基础教育和教育成果公平仍然是一项挑战;移民背景会影响学生的学习轨迹,在外国出生的成年人的就业前景在各国之间有很大差异;各国财政支持可以促进非义务教育普及;近几十年教育水平的提高并没有让男性像女性那样受益;男性不太可能进入并继续从事教师职业等,这些重要发现对推动各国政府完善

---

[1] 邵江波:《PISA与全球教育治理:路径、影响和问题》,《全球教育展望》2016年第8期。

教育政策、提升教育治理水平均有积极作用。①

(三) 世界银行

世界银行通常被认为是向世界各国尤其是发展中国家提供贷款和技术支持的国际经济组织,但事实上作为较早将"治理"概念运用于全球事务的国际组织,世界银行一直积极活跃于全球教育治理的舞台。在参与全球教育治理的过程中,世界银行一方面积极发挥传统"金融银行"的作用,通过发放教育贷款等形式,致力于在全球范围推动实现教育"减贫",促进全球教育"繁荣"发展,尤其是在改善教育基础设施及教育环境方面发挥作用;另一方面,世界银行也通过扮演新兴"知识银行"的角色,通过发行出版物、召开国际研讨会、搭建网上学习平台等方式,成为教育知识的生产者、管理者和传播者。②

值得一提的是,世界银行为全球教育普及做出了巨大贡献,如在1999年度、2005年度和2010年度的教育战略报告中,持续阐述其战略重心,提倡为培养国际化的人才提供技术和思想上的培训和教育,采用多样策略执行手段,将"经济银行"转向"知识银行",在促进各国教育发展中起到了重要的作用。③ 基于新冠疫情带来的挑战,世界银行提出了未来学习的愿景:人人皆学、处处能学,学习是快乐的、有目的的和认真的。2020年,世界银行发布了《实现学习的未来:从学习贫困到人人皆学处处能学》(Realizing the Future of Learning: From Learning Poverty to Learning for Everyone, Everywhere)④和《重新构想人际联系:世界银行的教育技术与创新》(Reimagining Human Connections: Technology and Innovation in Education at the

---

① OECD, Education at a Glance 2021, https://www.oecd.org/education/education-at-a-glance/.
② 马文婷:《世界银行全球教育治理角色研究》,硕士学位论文,上海师范大学,2019年,第44页。
③ 阚阅,陶阳:《向知识银行转型——从教育战略看世界银行的全球教育治理》,《比较教育研究》2013年第4卷。
④ The World Bank, Realizing the Future of Learning: From Learning Poverty to Learning for Everyone, Everywhere, https://www.worldbank.org/en/topic/education/publication/realizing-future-of-learning-from-learning-poverty-to-learning-for-everyone-everywhere.

World Bank)①报告,概述了未来世界的新的学习愿景,以及各国为实现这一愿景目前可以实施的投资和政策。

二、主权国家是全球教育治理的核心实践主体

主权国家既是全球教育治理的参与者和实施者,又是全球教育治理的重要主体,全球教育治理措施能否得到有效落实很大程度上依赖于主权国家的支持与配合力度。② 以美国为例,积极参与并引领全球教育治理一直是美国两党重要的政治议题。2016年,美国参众两院通过《全民教育法案》(Education for All Act),该法案修订了1961年的《对外援助法》,指出美国应加强与伙伴国家以及国际和民间社会组织的合作,协助提升发展中国家提高公民的识字、识数和其他基本技能,促进实现全球可持续的优质基础教育。该法案在美国国际开发署内设立了美国国际基础教育援助高级协调员,主要负责监督和协调与促进国际基础教育计划和活动有关的美国资源和活动。③ 这一法案在2017年实施之后,美国国际开发署不断更新调整美国的全球教育战略,为美国政府的全球教育政策奠定了基础。

瑞贝卡·温斯罗普(Rebecca Winthrop)在《美国在全球教育中的领导地位:就是现在》报告中指出,美国在诸多全球教育议题中积极发挥了引领作用:例如在落实可持续发展目标方面,美国政府制定了可持续发展目标以及实施路线图,将改善学习成果和技能列入全球教育治理议程,支持在全球范围提升更多儿童和青年的技能和能力;在评价与测量教育质量方面,美国政府倡议开发衡量学习质量和成果的共享评价工具,共同推动提升教育质量评价;在构建多边机制的全球教育伙伴关系方面,美国政府自2011年重

---

① The World Bank, Reimagining Human Connections: Technology and Innovation in Education at the World Bank, https://www.worldbank.org/en/topic/edutech/publication/reimagining-human-connections-technology-and-innovation-in-education-at-world-bank.
② 孙进,燕环:《全球教育治理:概念·主体·机制》,《比较教育研究》2020年第2期。
③ 详见链接:https://www.congress.gov/bill/114th-congress/house-bill/4481。

启全民教育快速通道倡议以来,在全球教育系统的新型治理机制中积极扮演协调者的角色,与多方利益主体建立合作伙伴关系和融资平台;在建立教育治理专项基金方面,美国发起"教育不能等待基金"(the Education Cannot Wait Fund),以期到2030年为超过1300万身处紧急情况和长期危机中的儿童和青年提供教育。①

美国政府在全球教育领域提出的各类议题和举措,一方面体现了美国对全球教育的影响力,另一方面也促进了本国教育的发展及其在全球地位的提升,当然对其他教育发展相对落后的国家和地区而言,美国在全球教育治理中的作用发挥也推动了这些国家的教育发展,并进而促进了全球教育水平的提升。正如哈佛大学教授马丁·韦斯特(Martin R. West)所认为的那样,提高全球教育质量将提高全球生产力并降低进口成本,增加技术创新以造福美国工业,并改善全球稳定性。②

三、智库等其他组织是全球教育治理的重要推动主体

与政府间组织一样,智库组织、跨国公司和全球大学组织等也在全球教育领域开展了广泛的交流和合作,通过宣传、游说、咨询等多种方式,积极参加全球教育领域的重大会议、活动和工作,逐步在推动全球教育发展和参与全球教育治理过程中形成一个超越政府和市场体制的大型社会组织系统。

(一) 智库组织

智库也被称为"思想库",具有"咨政启民"功能。作为专门的咨询研究机构,智库不仅是特殊的知识和思想生产者,同时还是推动知识和思想向政

---

① Rebecca Winthrop, US Leadership in Global Education: The Time is Now, https://www.brookings.edu/research/us-leadership-in-global-education-the-time-is-now/, 2016 - 10 - 17(2022 - 10 - 4).
② Martin R. West, Global Lessons for Improving U.S., *Education, Science and Technology*, Vol. 28, No.3, 2012, 37 - 44.

策转化的重要主体,在影响政府教育政策制定、塑造引导社会舆论和传播公共知识等方面有重要作用。通过"旋转门"机制,智库可以灵活引入知名学者、政界和业界重要人物担任研究人员或管理人员,从而将智库的思想和观点推广至学术界和实践领域。

以美国知名智库布鲁金斯学会(The Brookings Institution)为例,作为美国第一个现代意义上的智库,除聚焦经济、外交等领域的政策研究外,教育也是布鲁金斯学会治理研究的重点领域。布鲁金斯学会曾于2016年发布《百万人的学习:在发展中国家大规模提升教育质量》(Millions Learning: Scaling Up Quality Education In Developing Countries)报告,深度探讨如何在扩大教育规模的同时确保教育质量提升,呼吁各国政府鼓励教育创新,提升教育生态系统的包容性和适应性,为每个儿童切实提供高质量的教育。[1] 面对因新冠疫情导致学生居家学习而给家庭教育带来的挑战,布鲁金斯学会的高级研究员瑞贝卡·温斯罗普(Rebecca Winthrop)认为,家长的教育参与度对孩子独立学习能力的培养非常重要。尽管学校等组织一直致力于通过创新教学方法和学习方法来培养学生的独立学习能力,但效果并不理想。疫情迫使家长越来越多地介入到学生的教育中,这成为推动家庭参与培养学生独立学习能力的一个契机。通过增进家庭和学校之间的信任和沟通,促进家长在学生学习过程中的有效参与,有助于为学生在学校取得成就奠定基础。[2] 伴随元宇宙走入人类生活,这一新生事物会对教育带来怎样的变化也是布鲁金斯学会研究者们关注的话题。在《全新的世界:当教育邂逅元宇宙》(A Whole New World: Education Meets The Metaverse)报告中,凯西·赫斯帕塞克(Kathy Hirsh-Pasek)等指出教育元宇宙将在未来5—10年间走进人们的生活,人类将进入全新的沉浸式想象世界,教育需要

---

[1] Jenny Perlman Robinson, Rebecca Winthrop, ect., Millions Learning: Scaling Up Quality Education in Developing Countries, https://www.brookings.edu/research/millions-learning-scaling-up-quality-education-in-developing-countries/.

[2] 详见链接:https://www.brookings.edu/blog/education-plus-development/2020/10/21/can-new-forms-of-parent-engagement-be-an-education-game-changer-post-covid-19/。

做好充分准备迎接元宇宙,避免因教育发展落后于技术发展而使技术凌驾于教育之上,导致偏离教育的目的,而应当在教育实践中积极引入元宇宙,在"趣味学习"中融合"积极、参与、有意义、社交互动、迭代和快乐"。[1]

(二) 跨国公司

跨国公司基于企业自身战略发展的需要,一方面通过影响主权国家的教育政策制定和提升教育技术水平等方式为企业发展营造有利外部环境,另一方面也通过积极参与全球教育治理事务来履行企业社会责任。

以微软公司为例,由于受新冠疫情影响,全球 190 多个国家的学校关闭,超过 15.7 亿名学生被迫离开教室,为了尽量降低新冠疫情给世界各地儿童的学习带来的影响,微软公司与联合国儿童基金会和剑桥大学等合作推广"学习护照"项目,通过建设数字远程学习平台的方式,为无法到校上课的儿童提供接受教育的机会。"学习护照"不仅为儿童和青年开设了国家级课程,同时也为学校教师和教育工作者提供了疫情下保障教育活动开展的关键资源,成为疫情环境下解决儿童在家上学问题的有效方案。[2] 全球知名信息分析公司爱思唯尔公司则与泰晤士高等教育、Vertigo Ventures 基于大学、社会影响与可持续发展进行合作,围绕联合国 17 项可持续发展目标制定了相应的评价指标,针对大学的影响力开展研究,首次发布了世界大学影响力排名,从可持续发展目标的达成角度记录大学对国家和社会发展产生的影响。[3] 此外,爱立信、华为等公司也基于自身的科学技术和合作平台优势,关注全球市场需求和经济发展对人力资本的需求,深度参与全球教育和人才培养。

---

[1] Kathy Hirsh-Pasek, Jennifer M. Zosh, etc., A Whole New World: Education Meets the Metaverse, https://www.brookings.edu/research/a-whole-new-world-education-meets-the-metaverse/.
[2] 联合国:《儿基会联手微软推出"学习护照"帮助解决新冠大流行带来的教育危机》,https://news.un.org/zh/story/2020/04/1055502,2020-04-20(2022-10-4)。
[3] Elsevier, Universities, Societal Impact & Sustainable Development, https://www.elsevier.com/research-intelligence/societal-impact-and-sdg-guide, 2022-04-15(2022-10-4).

第二节　全球教育治理的形成与变革

在过去的30年间，全球教育治理格局逐步形成，确定了相对明确的目标、原则和模式，但同时也因许多驱动因素的变化而改变了全球教育治理的参与者、流程和结构，从而推动整个全球教育治理格局发生变革，朝向建立和完善新机制的方向发展。

一、全球教育治理旨在促进全球教育共同发展

全球教育治理是全球治理的重要组成部分，表现为国际社会利益相关主体之间通过协商、合作和博弈等方式，确立合理的全球教育秩序、参与全球教育事务管理和推动全球教育发展的活动。全球教育治理的产生与国际教育的发展变化和世界的全球化进程密切相关，与全球环境治理缘于环境问题的解决需要跨境合作一样，全球教育治理的产生首先也在于教育领域出现了需要主权国家共同合作参与的治理难题，例如跨境教育的质量保障、教师和学生跨国流动带来的学分转换及学位和职业资格互认等。尽管由于教育在国家形成、公民培育和价值观塑造等方面有其无可替代的特殊性，使得教育主权成为国家主权不可或缺的组成部分，但随着"全球公共利益""全球公共产品"等概念的提出，教育在世界范围内被普遍认为是事关所有国家和人民发展的公共事业，突破主权国家界限成为全球共同利益的重要组成部分。在教育上升成为全球共同利益的背景下，全球教育治理的目标也就指向了保障以及最大化全球在教育领域的共同利益。可以说，全球教育治理的目标是在全球范围内所要达到的理想目标，是一种超越国家、种族、宗教、意识形态、经济发展水平之上的全人类共同核心价值。[①]

为保障共同利益的实现，全球教育治理过程中具体目标的设定通常聚焦于教育发展中具有全球普遍性的一些议题，例如由于全球化发展而引发

[①] 张民选、夏人青：《全球教育治理与比较教育的新使命》，《教育发展研究》2017年第9期。

的地区间冲突、不同国家的文化冲突、国家现代化发展面临的困境等。在方式方法的选择方面,全球教育治理也更加注重发挥理念和思想的引领性作用,主张通过倡导和说服的方式,将相应的教育理念转化为各国教育政策制定过程中的具体行动,强调通过教育减少冲突和矛盾,促进全球教育的不断发展,尽力避免因为教育引发冲突和矛盾。例如,联合国教科文组织一直致力于推动全球公民教育(Global Citizenship Education)和可持续发展教育(Education for Sustainable Development),这两项议题无论从国家发展的视角还是全球发展的角度都至关重要,两者都优先考虑了教育和其他领域发展之间的相关性,确保通过促进教育的发展助力建立一个和平和可持续发展的世界;同时,两者都强调需要重视培养个体的知识、技能、价值观、态度和行为,使个人在地方、国家和全球层面都能够在需要的时候做出明智的选择并发挥积极的作用。[①]

全球教育发展过程中面临的问题在不断变化,因此全球教育治理的目标呈现出很强的可拓展性,随着全球教育的不断发展和所面临挑战的不断变化而更新。以公民教育为例,2013年联合国教科文组织发布《全球公民教育:一个新的视角》(Global Citizenship Education: An Emerging Perspective)报告,对"全球公民教育"的理念、内涵以及全球教育治理的目标进行了阐释。报告指出,全球公民教育理念的提出主要基于几个方面:一是全民教育思想,二是终身教育思想,三是让公民学会学习、学会做事、学会生存和学会共同生活。全球公民教育的理念又可具体阐释为跨文化教育以及可持续发展教育等,每项具体内容同时又具有自身的内涵与特点。联合国教科文组织在促进全球公民教育理念成为各国共识的同时,也进一步发展了全民教育、终身教育等代表性教育思想的内涵,从而有效巩固了教科文组织在全球教育发展中引领思想、促进理念转变的作用与

---

① 联合国教科文组织:全球公民教育资源,https://en.unesco.org/themes/gced/resources。

权威。① 基于可持续发展理念和应对人类未来社会挑战的准备,教科文组织整合和更新了全球教育治理的内涵,在 2016 年《教育促进环境可持续性和绿色增长》(Planet: education for environmental sustainability and green growth)报告中,全球公民教育理念和目标中新增了可持续发展理念,既是为了更好履行"在人类思想中构建保卫和平的屏障"的宗旨,同时也是为面向 2030 可持续发展、实现"学会共同生活"理念而实施的关键策略。②

在此基础上,教育的可持续发展成为全球教育治理的重要议题。联合国教科文组织 2020 年发布的《教育促进可持续发展:路线图》和 2021 年发布的《为我们的地球而学习:为可持续性而行动》都明确指出 2030 年可持续发展教育应加强在优先领域的行动,并强调可持续发展教育对成功实现联合国 17 个可持续发展目标所具有的关键作用,以及为实现可持续发展所面对的各种问题,以及个人和社会为之所需要做出的转型等内容。③ 教科文组织呼吁联合国各成员国、区域组织和相关利益方在五个优先行动领域开展活动:一是在推进可持续发展政策方面采取措施,强调在推动实现可持续发展过程中,需要在全球范围内开展大规模的转型,政策制定者对此负有特殊责任;二是在优化全球学习环境方面采取行动,强调要鼓励全球学习者成为具有知识、手段、意愿和勇气的教育变革者,为可持续发展采取变革性行动,同时学习机构本身也需要进行转变;三是在培养教育者能力方面采取行动,强调教育者仍然是促进学习者实现可持续生活方式转变的关键角色,教育者自身的角色正在发生巨大变化;四是在赋予青年权力和动员青年方面,强调通过《青年业务战略》(2014—2021 年),强化与全球青年组织和个体之间

---

① UNSCO, Outcome Document of the Technical Consultation on Global Citizenship Education: Global Citizenship Education: An Emerging Perspective, https://unesdoc.unesco.org/ark:/48223/pf0000224115.
② UNSCO, Planet: Education for Environmental Sustainability and Green Growth, https://unesdoc.unesco.org/ark:/48223/pf0000246429.
③ UNSCO, Education for Sustainable Development: A Roadmap, https://unesdoc.unesco.org/ark:/48223/pf0000374802.

的合作,并致力于陪伴他们共同推动社会创新和变革,充分参与社会发展,消除贫困和不平等,并促进和平文化的形成;五是在加快地方层面行动方面采取措施,强调有意义的转型和可持续发展的变革行动最有可能在社区发生,因此要促进学习机构和不同国家和地区之间的积极合作,以确保利用可持续发展的最新知识和实践来推动当地的行动议程建立。①

二、全球教育治理的机制及变革

(一) 全球教育治理的机制

教育的外部环境在不断发生变化,教育自身也在不断创新和发展,全球教育治理需要采取更多样的方法和灵活的运行机制去应对,因此从全球教育治理的机制来看,既包括正式的机制,也包括非正式的机制。日本学者黑田一雄(Kazuo Kuroda)曾将全球教育治理划分为四类,对应不同的治理机制:一是制定国际法律、公约和宪章确定原则;二是开发和提出新的具有国际影响力的观念;三是在国际会议上就国际政策达成共识以及制定合作框架;四是建立国际指标和标准并进行监测。② 这四种类型的划分基本阐明了全球教育治理中最重要的行动方式。

为更好地呈现在全球教育治理的变革过程中,教育治理机制是如何形成并影响全球教育领域运作的结构和动态,以下以联合国教科文组织在2020 年颁布的《2030 年教育的全球治理:在不断变化的环境中的挑战》为例,对全球教育治理的主要机制进行描述:③

一是创建多个论坛和组织结构。基于 2030 年全球教育治理,建立一个在各国之间共享的共同行动框架。这一框架是基于全球教育治理架构所进

---

① UNSCO, Berlin Declaration on Education for Sustainable Development: Learn for Our Planet: Act for Sustainability, https://unesdoc.unesco.org/ark:/48223/pf0000381228.

② Yonezawa, Akiyoshi, et al., The Emergence of International Dimensions in East Asian Higher Education: Pursuing Regional and Global Development, *Emerging international dimensions in East Asian higher education*. Dordrecht, 2014, 1-13.

③ UNSCO, The Global Governance of Education 2030: Challenges In A Changing Landscape, https://Unesdoc.Unesco.Org/Ark:/48223/Pf0000372895/PDF/372895eng.Pdf.Multi.

行的系列转变和变革,同时也是将教育作为共同利益进行管理的一种特别行动方式。该框架还创建了多个论坛和组织,如可持续发展目标—2030年教育指导委员会、非政府组织2030年教育集体磋商(CCNGO)和全球教育会议等。通过这些组织架构的搭建、政策讨论论坛的设立以及非国家行为者的积极参与,提出了变革和完善国家教育系统的建议。同时,将2030年全球教育治理与其他一系列全球目标进行有机结合,倡导共同建立一个多层次的治理结构,例如国家论坛、区域磋商和国际平台等。

二是形成特定的价值观、概念和原则。通过国际议程建立有影响力的网络和"营造政治氛围"来促进教育中的具体价值观、概念和原则的形成,从而影响教育政策的制定。[1] 这种价值设定机制创造了一个具有规范性特征的"行动体制框架"[2],为讨论教育的愿景和目标提供了基础和"新的教育投资理由",从而构成全球治理的一种机制。全球层面的教育议程所包含的特定的、有影响力的概念和框架,最终会对国家层面的政策和做法产生重要影响。例如,2030年全球教育治理的目标和指标的确立,有力地促进了终身学习、教育质量、包容性教育、可持续发展教育和全球公民教育等教育理念在各国教育改革中的落地,从而使国际教育议程成为影响国家教育体系的规范性框架。

三是实施推进优先事项的能力建设活动。全球教育治理的能力建设活动可以采取不同的形式,从分享最佳做法到制定具体的培训方案,都是可选方式,还可借助其他领域的能力建设活动,来推进教育领域优先事项的达成。例如,通过建立临时网络或政策对话来分享"最佳实践",进而促进具体政策问题的解决。最佳实践也被称为"行之有效的方法",[3]这种方式会产生

---

[1] Kuroda, K., (2014). Globalisation and Development of Global Governance in Education: Implications for Educational Development of Developing Countries and for Japan's International Cooperation. Japan Education Forum XI.

[2] Jallade, J., International Approaches to Education: A Review of Some Major Cooperative Programmes. *European Journal of Education.* 2011, 7-24.

[3] King, K. and Palmer, R., Post - 2015 and the Global Governance of Education and Training. Geneva, NORRAG, 2014, 25.

一种"社会压力",有助于成员共同遵循并采用共同的政策。此类能力建设活动是推进全球教育治理强有力的政策实施工具,不仅能够为实践指明方向,同时也能帮助政策制定者明确优先事项安排。[①]

四是制定教育评价的国际标准和教育政策执行模型。在全球层面制定统一的国际标准是推进全球教育治理一个重要的机制,在具体实践中往往通过制定规范性文书和建立基于指标、基准和排行榜的监测框架来得以实现。在"基于证据的决策"(evidence-based decision)愈发重要的当下,数据和监测指标不仅是测量和评价教育发展水平的重要支撑,同时更是各国决策者制定政策的关键参考,通过不同指标数据的横向和纵向比较,有助于向相关国家和组织施加社会和同伴压力,引导各方主体的行为朝向既定模型期望的方向发展。[②] 例如联合国教科文组织统计研究所教育专家组、2030年教育指标技术合作小组(TCG)在可持续发展目标的基础上,每年共同编撰和发布《全球教育监测报告》,对全球教育发展情况进行监测,并提出针对性的发展建议。

五是建立支持政策优先事项的财务机制。建立支持国际教育议程的财政安排是全球治理的重要机制和环节,也是支持教育政策优先事项的重要途径。在"确保包容和公平的优质教育、促进人人享有终身学习机会"的可持续发展目标背景下,全球教育机会融资国际委员会(International Commission on Financing Global Education Opportunity)倡导建立国家教育账户(National Education Account,NEA),明确各国教育资金的具体来源情况、教育资金的具体分配领域情况,使之成为各国收集、处理和分析数据的完整框架,更清晰地掌握国家教育开支的情况,从而也更好地支持各国优先发展的教育领域。教育是对未来最强有力的投资,作为促进个体、国家和世界发展的根本性驱动力量,各国都应将投资教育作为推动世界可持续发展的先决条件,使之成为发展过程中的优先事项。

---

① UNSCO, Approved Programme and Budget 2018 – 2019: First Biennium of the 2018 – 2021 Quadrennium, https://unesdoc.unesco.org/ark:/48223/pf0000261648.
② Grek, S. and Ozga, J., (2008), Governing by Numbers? Shaping Education through Data. Edinburgh, U. K., Centre for Educational Sociology, University of Edinburgh, No. 44.

(二) 全球教育治理变革的驱动力

联合国教科文组织在《2030年全球教育治理》报告中指出,全球化的发展进程导致了全球教育治理不断变化的背景,这意味着各国的领土边界、国家边界和等级制度失去相关性,教育治理中的国家主权也在不断削弱。从这点看,全球化动态无疑是宏观层面变革的主要驱动力之一。从历史发展进程来看也确实如此,自20世纪90年代以来,全球化一直被认为是国际教育治理格局变化的主要驱动力。[①] 在教育领域,伴随全球连为一体,围绕教育的价值观、思想、概念和原则也在全球流通,并在发展的过程中逐渐走向趋同,并最终导致了教育领域"全球政策言论"的出现。[②]

全球化相对而言是一个宏大的概念或背景。具体来看,全球教育治理格局的变革驱动因素具有多样性,其所造成的影响也是多方面的。联合国教科文组织在《2030年全球教育治理》报告中概括了六大因素:加强融入全球化经济、新自由主义和市场逻辑的传播、更大范围的互联互通、社会空间的日益去领土化、教育多边主义的出现和全球议程数量的不断增加,具体如表6.1所示。其中,一个更明显的影响是教育决策中行动者的扩大——营利和非营利的非国家行动者的参与越来越多,这些行动者不仅在传统行动领域中发挥作用,同时在新的领域和空间内运作,在这些领域和空间中,政策得到确定,话语得到传播。而且,随着教育权力位置的成倍增加和教育多边主义的出现,权力现在通过额外的正式和非正式主权结构行使,超越民族国家并与之并存。国际议程的日益增多,极具影响力的教育概念、论述和模式的传播,同时也在改变政策制定和确定优先事项的进程。[③]

[①] Carnoy, M., Globalisation, Educational Change and the Nation State. N.P. Stromquist and K. Monkman, op.cit., 2014, 21-38.

[②] Steiner-Khamsi, G., Understanding Policy Borrowing and Lending. Building Comparative Policy Studies, Steiner-Khamsi G. and F. Waldow (eds), World Yearbook of Education 2012, *Policy Borrowing and Lending*. New York, Routledge, 2012, 3-18.

[③] UNSCO, The Global Governance of Education 2030: Challenges In A Changing Landscape, https://unesdoc.unesco.org/ark:/48223/pf0000372895.

表 6.1　　　　　　　　全球教育治理格局变化

驱动因素	内涵及表现
加强融入全球化经济	缩小教育的感知目的和范围
新自由主义和市场逻辑的传播	非国家营利性行为者的参与和私有化的增加 教育系统管理的新逻辑的出现
更大范围的互联互通	领土边界的相关性丧失,去领土化性质的转变
社会空间的日益去领土化	全球教育概念和话语的创造、传播 趋同于"全球化的教育思想"
教育多边主义的出现	创造更多的正式和非正式的主权结构
全球议程数量不断增加	教育政策参与者的增加和新进程的出现以及优先级设定

总而言之,这些变化在教育治理的格局中融合成更高水平的复杂性。教育决策和政策在新的全球空间和网络中越来越多地得到促进,并可能产生跨国影响,涉及不同级别和多个环境中的多个机构。

第三节　新冠疫情时代全球教育治理面临的挑战

新冠疫情并不是一次性的事件,也不只是一场健康危机或一次重大突发公共卫生事件,它对全球治理造成的影响是史无前例的。就全球教育治理而言,疫情不仅导致常规教育交流活动和学术科研合作等受到严重影响,其更深层次的影响还在于全球教育格局因教育要素流动受阻而发生了重大改变,同时也促使人们再次审视教育的精神和文化根源。教育国际化是推进全球教育治理的重要前提,也是全球教育治理成效的重要体现,同时教育国际化水平还是影响全球教育治理的关键因素,因此本节将基于分析新冠疫情对教育国际化发展冲击的视角,呈现全球教育格局的转变和由此对全球教育治理提出的挑战。

一、高等教育格局不断改变

受疫情影响,全球范围内跨区域的教育国际合作、同区域内国家间的合作都在发生变化,学术流动的规律也呈现出和以往不同的特征。受各种"推拉"因素的影响,高等教育国际化秩序在变动中朝着新的方向在发展。波士顿学院国际高等教育中心菲利普·阿特巴赫(Philip G. Altbach)认为,新冠疫情促使世界范围内的高等教育走向多元化,与此同时西方世界的主导地位正在悄然发生变化,东亚国家正在兴起,并逐渐走向全球教育舞台的聚光灯下。尽管发展速度还比较慢,但日本、中国、印度、新加坡等国家对留学生有很大的吸引力。以日本为例,日本大学一直致力于提高世界排名,并以开放的心态推动与各国高校之间的沟通交流,在未来的国际合作中会有不少的发展机遇;中国近年来一直致力于推动高等教育国际化发展,同时也强调本土化,有能力探索出一条独特的发展之路;印度虽然当下在教育和科研上的进步相对缓慢,但从长期发展来看,依然有实力在全球高等教育国际化舞台上占有一席之地。[1]

在卡塞尔大学国际高等教育研究中心创始人乌尔里希·泰希勒(Ulrich Teichler)看来,疫情带给全球高等教育的影响除了布局的变动外,更重要的还有各国政策的调整。泰希勒指出,出于应对新冠疫情冲击的考虑,美国正在进行全球化策略的调整,各国都必须通过改革来保持对人才的持续吸引力。[2] 疫情带来挑战的同时,也蕴藏着促进全球高等教育发展的机遇,多伦多大学安大略教育研究院资深教授许美德(Ruth Hayhoe)认为,现存的以全球大学排名为核心的国际化发展模式是错误的,各国通过增加国际学生和国际教师的数量、与国外学者合作发表国际性文章等提升教育机构的全球排名的方式并不可取,[3] 疫情提供了一个契机,促使全球高等教育界对国际化的内涵进行更深入的思考,并致力于构建更加科学的国际化评价指标,探索更为合理的高等教育国际化途径。

---

[1] 菲利普·G. 阿特巴赫:《新冠疫情加剧高等教育国际化变革》,《高校教育管理》2022年第1期。
[2] 乌尔里希·泰希勒:《后疫情时代高等教育国际化流动模式与主体的转变》,《高校教育管理》2022年第1期。
[3] 许美德:《后疫情时代高等教育国际化发展应从经济驱动转向文化理解》,《高校教育管理》2022年第1期。

疫情既引发了全球层面高等教育格局的变化,也引发了一国范围内高等教育布局的变动。受新冠疫情持续扩大的影响,无论是国家的教育财政投入经费还是企业和基金会等组织的捐赠经费都明显在减少,由此导致很多大学的财务稳定性受到冲击。大学之间财务差异的扩大引发了学校间的收购和合并,进而影响到高等教育的布局。新冠疫情在全球范围刚开始蔓延时,美国高等教育分析家就担心会随之发生疫情之外的第二场灾难:美国大学普遍关闭。宾夕法尼亚大学的高等教育学教授罗伯特·泽姆斯基(Robert Zemsky)结合疫情前所做的调查预测,疫情将很可能使20%左右的美国高等教育机构面临潜在的生存风险。[1] 美国学生信息交流研究中心2021年秋季入学人数报告的调查结果与泽姆斯基的预测总体吻合:与2019年秋季相比,美国大学的招生人数减少了93.8万,引发多个高校面临运行经费短缺的问题。尽管上一学年的损失主要集中在营利性和公立两年制大学,但研究报告显示,疫情所带来的影响将是长期和深远的,2021年所有教育部门都会出现明显的预算收缩情况,并因此出现大规模的高校关闭情况。疫情带来的财政压力是普遍的,但因为高校之间的财政情况各不相同,部分高校相比而言具有更强的财政危机应对能力,因此疫情也成为这些高校实施收购和合并的机会窗口。诺克斯维尔田纳西大学高等教育学教授罗伯特·凯尔钦(Robert Kelchen)研究发现,受疫情所带来的学费收入和外部其他收入降低等因素的影响,规模较小、财务能力较弱的高校面临着极大的发展不确定性,疫情对这类学校的发展影响无疑是负面的,但对那些经费充足的大学而言,疫情却是学校扩张的有利机会。[2] 疫情期间,美国高校之间的合并不单纯只是校园的合并,还包括合并后的校园

---

[1] 媒体报道中提及了罗伯特·泽姆斯基,转引自:Nathan D. Grawe, The Chronicle of Higher Education: Higher Ed's Evolutionary—Not Revolutionary—Pandemic Response, https://www.chronicle.com/article/higher-eds-evolutionary-not-revolutionary-pandemic-response。

[2] 媒体报道中提及了罗伯特·凯尔钦,转引自:Mark Harris, The Chronicle of Higher Education: 4 Emerging Trends You Should Know About: Keep an Eye out for These Developments Percolating Across Higher Education, https://www.chronicle.com/article/4-emerging-trends-you-should-know-about。

文化整合,以及高校人力资源的重新配置和分工调整等。在这一过程中,部分高校从此消失在高等教育版图上,高等教育的格局也由此发生彻底的变化。

二、教育质量保障面临挑战

新冠疫情对全球教育最直接的影响是学校无法像往常一样开展正常的教学活动,不得不通过在线教育的方式让学生居家进行学习,从而尽可能降低疫情对教育教学活动的影响。美国授权互惠协议全国委员会(National Council for State Authorization Reciprocity Agreements, NC‐SARA)年度数据报告显示,2020年秋季,SARA的2 201个成员机构中,完全通过远程方式开展学习的新生数量增加了93%,人数规模增长到近600万,其中公共教育机构远程教育的招生人数也同比增长了近150%。近六成参与调查的教育机构表示,尽管远程教育是疫情期间不得不选择的应对方式,但从长远发展来看,考虑到疫情发展态势的不确定性和其他一些因素,未来仍将继续通过在线学习的方式为学习者提供部分或全部的远程服务。从NC‐SARA的这份报告中可以发现,在线教育不仅会在新冠疫情全球大流行期间得到快速发展,在未来也会是教育变革的重要组成部分,折射出学生和教育机构即将发生的巨大变化。这份报告还指出,尽管在线学习提升了学校、教师和学生选择的灵活性,并在一定程度上降低了学生和家庭的教育成本,但学生在学习过程中与教师和同伴面对面交流的经验学习机会大幅度降低,学生的学习体验和学习效果相比较线下教学而言依然存在较明显的不足,教育质量保障面临挑战。①

高质量的在线学习不仅需要调整和完善教学大纲设计,采用更为先进和科学的学习系统及虚拟课堂参与工具,更需要学校的领导者从更高的站位、更大的视野出发,在关键的战略决策方面围绕促进在线教育发展做出顶

---

① Doug Lederman, Evolving Conversation About Quality in Online Learning: Special Report. https://www.insidehighered.com/quicktakes/2022/03/31/evolving-conversation-about-quality-online-learning-special-report.

层设计,甚至于是对整个教育系统常规运行模式的彻底变革。学校需要对在线教育的认知需要从疫情阶段的"应急选择"调整为未来教育发展的"有机组成",并进一步明确在外部环境回归到相对稳定的状态后,线上教育和线下教育之间如何进行合理定位,在可预见的将来需要做哪些改革和调整,以更好地维护和保障高质量的教育教学。同时,学校也需要考虑如何更好地支持教师教学和学生学习,从而改善学生的价值观念、学习体验和学习效果。

在线上教育的具体开展过程中,网络教学软硬件的准备工作对教育教学质量有非常大的影响,例如从硬件层面来讲,网络设备设施是否充足、网络信号是否稳定、上网费用是否可承受等;从软件层面来讲,授课教师是否接受过充分的线上教学相关培训,学生是否能够适应新的教育教学环境等。尽管疫情期间很多国家在线上教学方面做了大量投入和建设工作,学校也采取了快速的紧急响应,但依然还有国家存在大部分老师缺乏在线教学经验和技能、缺少必要网上教学支撑的情况。波士顿学院国际高等教育中心的汉斯·德·维特(Hans de Wit)认为,鉴于在线教育质量的差异性,部分在线教育质量较低的国家或地区应不断提高软硬件条件,并对授课教师进行专业培训,尽最大可能地提高授课质量。[1]

乌尔里希·泰希勒认为,在疫情背景下,全球教育教学质量主要面临两方面的问题和挑战:一是教学内容和方式之间如何协调。知识具有普遍性,不同国家的学科术语尽管有差异但总体都是相似的,借助网络能够更好地达成知识共享,但在这一过程中由于各国的教学模式不尽相同,比如中国和德国的教学方式就大相径庭,可能成为知识在更大层面上共享的阻碍因素;二是经验传递型教学模式如何在线上教学中发挥作用。从在线教学的实践结果来看,师生通过网络的虚拟沟通并没有产生预期中的良好效果,现实世界中的线下交流和教育要素流动对于提升教育质量而言依然发挥着无可取

---

[1] 汉斯·德·维特,林松月:《后疫情时代应构建多元化、可持续的高等教育国际化发展新模式》,《高校教育管理》2022年第1期。

代的作用。①

三、教育机会与学术交流受阻

新冠疫情阻碍了教育要素的流动,促使学界更加关注新的教育流动方式,以及由此带来的教育招生和学术交流模式的转变。在墨尔本大学教授法扎勒·里兹维(Fazal Rizvi)看来,未来教育国际化议程的重点应当在于建立新的、可持续的国际化发展模式,通过教育的国际化发展带来更广泛的效益,形成一个更具包容性的国际化体系,让更多学生和教师参与到国际化活动中。② 疫情对教育机会和学术交流的阻碍主要体现在以下方面:

首先,疫情的持续流行及其造成的经济损失使许多学生的学业难以为继。美国国家学生信息研究中心(National Student Clearinghouse Research Center)2021年10月的统计数据显示,2020年秋季高校的入学人数出现普遍下降的态势,且入学人数在2021年秋季并未出现反弹,从而导致2020年美国高等教育的整体入学率比2019年下降了6.5%左右。处于弱势地位的学生和院校的处境更为艰难,2019年秋季至2021年秋季,社区大学的入学人数下降了14.1%。从这些数据可以看出,疫情持续对学生的学业发展造成了严重的影响,经济收入的下降也导致学生支付学费的能力大幅降低。③

其次,高校的招生工作因疫情受到严重影响。美国国家学生信息研究中心对全美高校首年入学率的深入调查显示,相比较学生的"学业持续率"而言,大学的"学生入学率"受疫情的冲击更大。统计数据表明,在过去两年间,美国高校的新生入学率普遍降低了10个百分点,其中入学竞争较大的大学和录取率超过50%的大学的一年级学生入学率分别下降了13.4%和

---

① 乌尔里希·泰希勒:《后疫情时代高等教育国际化流动模式与主体的转变》,《高校教育管理》2022年第1期。
② 法扎勒·里兹维:《后疫情时代应提高高等教育国际化的多样性》,《高校教育管理》2022年第1期。
③ Lindsay McKenzie, Inside Higher, Back on Track: Helping Students Recover From COVID-19 Learning Disruption, https://www.insidehighered.com/content/back-track-helping-students-recover-covid-19-learning-disruption, 2021-11-15(2022-10-4).

10.1%。从总体情况看,2021年秋季的新生入学情况没有明显变化,未呈现出反弹的趋势。但对顶尖院校而言,尽管疫情导致顶尖院校群体2020年的整体入学率都有所下降,但其中的佼佼者很快在2021年秋季的招生中打了翻身仗,不仅弥补了之前的生源损失,新生入学率还获得了2%的净增长。①

再次,疫情大幅度降低了国际学生的数量。对国际学生的主要输入国而言,疫情最直接的影响主要是国际学生学费收入的减少,英国财政研究所(Institute for Fiscal Studies)2020年7月的研究报告中指出,疫情给英国的高等教育行业带来了重大的财务风险,由于国际学生入学率的明显下降,由此可能导致英国大学面临30亿—190亿英镑的损失。而对国际学生的主要输出国而言,如何适时调整教育国际化策略同样面临挑战。在疫情之前,尽管在地国际化也是教育对外开放和高质量高等教育体系建设的重要内容之一,但所占份额不高,尚处于发展过程中。随着国际人员流动因疫情受阻,大多数学生失去了出国留学的机会,在地国际化的比例也将随之不断提升。汉斯·德·维特认为,建立全球分校是在地国际化最重要的方式,尽管面临一些阻碍因素,但目前来看建立全球分校的趋势并没有放缓,增长量依然非常可观,虽然未来增速可能会下降,但这一趋势不会消失。②

此外,疫情加速改变了国际学术交流的方式。疫情虽未完全阻断国际学术交流,但改变了交流的方式,网络成为疫情期间支持跨国学术交流的关键支撑。乌尔里希·泰希勒认为这一变化反映了信息技术在高等教育国际化中具有重要地位,同时他也强调线下国际学术研讨会是参与者之间知识碰撞的重要平台,网络交流对传统的学术社群线下社交活动会不同程度产

---

① Nathan D. Grawe, The Chronicle of Higher Education: Higher Ed's Evolutionary—Not Revolutionary—Pandemic Response, https://www.chronicle.com/article/higher-eds-evolutionary-not-revolutionary-pandemic-response,2022-01-20(2022-10-4).
② 汉斯·德·维特,林松月:《后疫情时代应构建多元化、可持续的高等教育国际化发展新模式》,《高校教育管理》2022年第1期。

生冲击,并进而对知识流通和传播产生影响。① 大学是高等教育国际化过程中的重要桥梁,牛津大学全球高等教育研究中心主任西蒙·马金森(Simon Marginson)指出,学者们跨越国界进行交流的过程中会与当地人形成跨文化接触或联系,尽管这种交流方式会使他们离开原有的"文化舒适区",但这种交流会带来多元文化的体验,并有助于展示和传播自己国家的文化。②

四、学生的心理健康问题显著增加

疫情对全球教育的影响目前仍在继续,尽管尚不能完全确定会在多大程度上改变全球教育的格局,但可以确定的是学生的心理健康状况都因此受到了显著影响。在疫情流行期间,无论学生是否真的患上了新冠肺炎,许多人都因此出现了不同程度的健康问题。美国远程医疗提供商 Timely MD 2020 年 6 月进行的一项调查显示,85% 的大学生表示由于疫情及后续教育的不确定性,他们的压力和焦虑增加了。来自学生健康中心的调查也发现,自 2019 年秋季以来学生对身体和心理保健的需求显著增加,已经出现了大量寻求解决压力、焦虑和抑郁方面问题的支持。其他多项调查也表明,在读大学生和新生都存在一定的心理健康担忧和苦恼。心理健康相关服务需求的急速上涨导致大学咨询办公室、教职员工的人手明显不足。③ 事实上,心理咨询师自己也面临着同样的倦怠和压力,以至于他们也难以及时回应学生的需求。

疫情给学生带来的巨大经济压力进一步加剧了学生心理健康面临的问题。以美国大学为例,在过去两年里,美国学生的经济压力有所增加。根据美国劳工统计局(U. S. Bureau of Labor Statistics)统计数据显示,2020 年 4 月美国失业率达到 14.7%,成为创纪录的高点。美国人口普查局(U.

---

① 乌尔里希·泰希勒:《后疫情时代高等教育国际化流动模式与主体的转变》,《高校教育管理》2022 年第 1 期。
② 西蒙·马金森:《后疫情时代呼唤高等教育国际化格局重构》,《高校教育管理》2022 年第 1 期。
③ Doug Lederman, Evolving Conversation About Quality in Online Learning: Special Report, https://www.insidehighered.com/quicktakes/2022/03/31/evolving-conversation-about-quality-online-learning-special-report, 2022 - 3 - 31(2022 - 10 - 4)。

S. Census Bureau)在新冠疫情大流行开始时收集到的实验数据发现,在校大学生比已经获得学士学位的学生更有可能因新冠疫情遭受收入损失。美国大学健康协会和健康心理网络进行的一项关于新冠疫情对大学生幸福感影响的调查也显示,在2020年3—5月,2/3的学生表示他们的财务状况已经恶化。该调查还表明,抑郁症在学生群体中的流行程度越来越高,越来越多的学生表示自己的心理健康对学习成绩产生了负面影响。[1]

全球公共卫生事件带来的不确定性加剧了经济下行状况下高等教育机构面临的风险,高校不得不认真思考如何应对线上教学引发的数字不平等和封闭在家导致的各类学生心理问题。[2] 美国进步研究中心在《保护大学生:疫情期间问责制的重要性》一文中指出,全球大学生正面临着学业上的全新挑战,他们在短时间内经历了从课堂学习到线上学习的转变,突发的制度规范变化让他们不得不一步步小心摸索,这一过程中学生们对自身的心理健康产生越来越多的担忧。[3] 就如何应对疫情对学生心理健康造成的问题方面,斯坦福大学提供了解决思路:一是重建非正式网络,鼓励学生在线互动,保持文化性和归属感;二是创设更多有利于学生健康发展的项目;三是创建反馈机制,使教师和管理人员能够更好地了解学生的学习体验和需求。[4]

第四节 中国参与全球教育治理的路径探索

主动融入全球教育体系、深度参与全球教育治理、大力提升对全球教育

---

[1] Lindsay McKenzie, Inside Higher, Back on Track: Helping Students Recover From COVID-19 Learning Disruption, https://www.insidehighered.com/content/back-track-helping-students-recover-covid-19-learning-disruption, 2021-11-15(2022-10-4).
[2] 美国城市研究所:《疫情时代的高等教育:确保所有学生的入学》,https://www.urban.org/events/higher-education-covid-19-era-ensuring-access-all-students。
[3] 美国进步研究中心:《保护大学生:疫情期间问责制的重要性》,https://www.americanprogress.org/events/2020/10/20/492064/protecting-higher-education-students/。
[4] Lindsay McKenzie, Inside Higher, Back on Track: Helping Students Recover From COVID-19 Learning Disruption, https://www.insidehighered.com/content/back-track-helping-students-recover-covid-19-learning-disruption, 2021-11-15(2022-10-4).

发展的贡献既是我国教育现代化的重要内容,也是我国作为一个负责任大国推动构建人类命运共同体的责任和担当。近年来我国政策层面出台了系列文件,积极推动参与全球教育治理,例如2016年《关于做好新时期教育对外开放工作的若干意见》中明确指出要通过加强与国际组织的合作、深化双边多边教育合作、选拔推荐优秀人才到国际组织任职等方式,提升中国在全球教育治理中的发言权和代表性,积极参与全球教育治理。2019年发布的《中国教育现代化2035》不仅再次重申我国要积极参与全球教育治理,深度参与国际教育规则、标准和评价体系的研究制定,而且通过与联合国《2030年全球教育治理》报告的紧密对接,将新发展理念与可持续发展思想有机融合,致力携手世界各国共同打造全球教育发展伙伴关系,捍卫全球教育共同利益。2020年《教育部等八部门关于加快和扩大新时代教育对外开放的意见》强调要深化与联合国教科文组织等多边机构的合作,为全球教育发展贡献中国力量,为全球教育治理贡献中国方案。

作为全球教育治理的重要参与者和推动者,中国一直在努力为全球教育治理贡献中国方案,积极推动多边机制下的教育合作,构建中外人文交流机制,与联合国教科文组织等多边机构开展深度合作,扩大优质全球教育公共产品供给,将中国教育发展的红利与世界共享,努力捍卫全球教育共同利益。面对未来的诸多挑战,中国应从以下方面着手,探索全球教育治理的更优路径。[1]

首先,坚持将人类命运共同体的理念与实践相结合。中国应在全球教育治理模式转变过程中,以"共商、共建、共享"的全球治理理念为基本指导,与各国政府通力合作,共同协商、集思广益、建言献策、贡献智慧,更好地体现和维护发展中国家的愿望和利益,促进全球教育治理相关制度向更加公平、合理的方向发展。在具体的实践过程中,应积极参与构建全球教育利益共同体,推动各国及国际机构共享教育成果,让所有人都能公平、自由地享

---

[1] 袁利平等:《全球教育治理的范式转换与中国应对》,《湖南师范大学教育科学学报》第2021年第6期;陈涛等:《防疫下的全球高等教育治理:影响、经验及中国策略》,《复旦教育论坛》第2021年第6期。

有教育机会,让所有主体都能最大化地共享和利用教育资源,例如课程资源、人力资源、信息资源、品牌资源及制度资源等。

其次,积极参与并主动发起全球教育治理相关活动。国家实力的提升和国际地位的提高为中国参与全球教育治理提供了基础,同时也提出了更高的要求。中国参与全球教育治理过程中应当敏锐洞察国际发展动向,顺应全球经济社会发展的趋势,积极推动全球教育治理模式的优化变革。这一过程中,中国的角色应从参与型学习者向引领型行动者转变,参与的方式应从积极输入型向主动输出型转变,不断拓展参与全球教育治理的广度和深度,全方位提升中国参与全球教育治理的能力和实力,更好地推动区域教育共同体和全球教育共同体的形成。

再次,全方位提高参与全球教育治理的专业能力。中国正从全球教育大国向全球教育强国转变,这既是在全球教育治理中提升话语权的重要基础,也是建设本国特色高质量教育体系的重要保障。引领全球教育发展的前提是融入全球教育体系,并具备高水平的全球教育治理专业能力,其中不可或缺的就是专业人才,应把全球教育治理专业人才的培养贯穿整个基础教育和高等教育全过程,应进一步巩固和提升基础教育阶段在人才培养方面的核心能力和竞争力,并在高等教育阶段重视对具有全球视野的教育管理人才的专门化培养。

最后,积极推进与全球教育体系行动者的合作交流。合作交流的前提是自身实力水平,因此应不断推进中国教育实现高质量内涵式发展,尤其是在高等教育阶段加强中国特色世界一流高校建设力度,培育具有引领性、突破性的重大原创性研究成果,提高学术研究和学术创新的国际影响力和吸引力。实施品牌战略,坚持品牌发展,打造"中国大学名片",积极推动中国优质高等教育资源走出国门,向世界展示中国教育的发展水平,讲述中国教育发展的经验故事,积极促进与周边各国和世界高等教育强国之间的人文交流。

第七章　青年群体：全球创新驱动型国家发展的核心要素

国际组织对于青年的发展一直以来都给予持续的关注。2016年,联合国经济与社会事务部发布了第七份《世界青年报告》,主题是青年人的民事参与。该报告指出,青年人有效参与民事生活的能力很大程度上取决于所生活的社会经济和政治环境,而这些环境并非仅仅只是统计数据能够体现出来的。缺乏体面工作,没有充分的劳工权益和社会保障,会对青年人在其一生中参与民事生活的能力造成长期的负面影响,而这又会对广泛的社会发展产生长期的负面后果。由此可以看出,青年人的社会参与对整体社会的发展有重要影响,已经具有世界共识。如果关注近10年的《世界青年报告》,可以发现其中最为关心的问题便是,青年人是否能够成为社会建设的中坚力量。聚焦在青年人的就业问题上的讨论尤为凸显,几份报告都展现了青年人在没有良好工作的前提下,很难真正积极参与到社会生活的方方面面。报告由此展开问题和挑战的分析,并对此提出一揽子的政策解决方案。如果用《世界青年报告》的相关内容对标中国的《中长期青年发展规划(2016—2025)》的相关内容,近年报告所关注的"青年健康""青年就业创业""青年社会融入与社会参与"三方面的内容具有高度重合度,可以发现,在全球范围内大家共同关心的问题是相当一致的。

第一节　青年人是国家发展的关键动力

"青年健康""青年就业创业""青年社会融入与社会参与"等问题是世界

上各个组织和机构,特别是智库组织最为关心的方面。总部设在英国伦敦的英联邦(The Commonwealth of Nations)在2016年发布了当年度的"全球青年发展指数"(Global Youth Development Index)及报告,依据卫生与福利、教育、就业与机会、公民参与和政治参与等5个类别的18项指标,对全球183个国家和地区的青年发展前景进行评估。英联邦甚至为让各个国家能够做出自己的指数推出了一个工具包,目前澳大利亚、印度等国家已经依赖这个工具包产生了本土的青年发展指数,并进行了发布,用以为青年相关的政策提供数据上的支持信息,从中也体现出,青年健康、青年就业以及青年的社会参与在其中被关注的程度,同时也可以看到一些观念上的更新,这些观念的更新可能会成为影响国家发展的阻力。

首先,从"青年发展指数"中比较具体的指数可以看出,在青年健康方面,青年人的生理健康和心理健康已经被放在了同等重要的位置上。在心理健康中,与社会发展息息相关的,是青年对于个体发展的信心,尤其是社会整体环境对于青年发展机会的影响,这很可能影响着青年整体对于自身幸福感的获取。近年来全球不同国家的相互关系、流动的受限、意识形态的极端化、国家经济发展放缓等问题,都有可能对青年心理造成很大的影响,从而影响青年的信心指数。表7.1中,澳大利亚的青年发展指数的健康和福祉一项,可见澳大利亚对于自杀率等心理相关的指标予以了重点的关注。

表7.1　澳大利亚青年发展指数健康与福祉的相关数据统计口径及来源

指标名称	描述	数据来源	最近更新年份
伤害	15—29周岁人群在最近的12个月内所经历伤害的比例人数	澳大利亚统计局	2014
衣原体感染	每十万人中15—29周岁人口的感染率	国家传染病监测系统	2014
近期违法药物	15—29周岁在近12个月内至少有一次非法使用17种禁用药物中一种的人数比例	澳大利亚健康和福利研究院	2013

续 表

指标名称	描述	数据来源	最近更新年份
自杀率	15—29周岁人群每十万人中的自杀比例(基于国家青年比例及全国总人数)	澳大利亚统计局	2013

数据来源:澳大利亚青年发展指数。

第二,在青年就业方面,不同的研究机构对于青年就业的研究已经不仅仅停留在就业率这一个简单的指标上了。联合国提倡的概念是青年人的充分就业,即受到一定的劳动训练,能够找到自己合适的职业。同时商业咨询机构有数据显示,青年人的整体择业观已经出现了转变,有相当大部分的青年人愿意选择零工经济。青年人对于充分就业的诉求以及对于就业多样化的价值观选择,这些就业趋势都是世界不同类型机构在青年研究中所重点关注的。青年人的推迟就业、临时就业以及青年人对于充分就业的追求与他们能在国家整体经济发展中承担什么样的角色,能否成为合格的建设者,都需要在对这些概念更新理解的基础上进行进一步的研究。

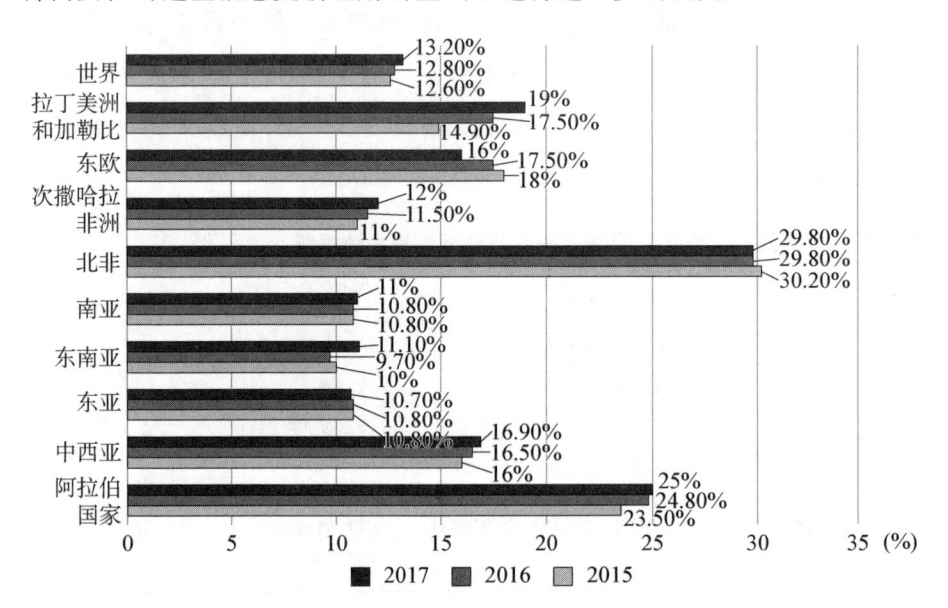

区域	2017	2016	2015
世界	13.20%	12.80%	12.60%
拉丁美洲和加勒比	19%	17.50%	14.90%
东欧	16%	17.50%	18%
次撒哈拉非洲	12%	11.50%	11%
北非	29.80%	29.80%	30.20%
南亚	11%	10.80%	10.80%
东南亚	11.10%	9.70%	10%
东亚	10.70%	10.80%	10.80%
中西亚	16.90%	16.50%	16%
阿拉伯国家	25%	24.80%	23.50%

图 7.1 世界部分区域青年失业率(2015—2017 年)
数据来源:2018 年《世界青年报告》。

第七章　青年群体：全球创新驱动型国家发展的核心要素 / 169

第三，在青年的社会参与和政治参与方面，很大程度上受到以上两方面的影响，青年首先需要对于个体的发展有足够的信心，能够真正在整体社会环境中得到充分就业的机会，才能感觉自己在有效参与社会发展。缺乏通常机制内的参与途径会让青年人诉诸相对极端的方式进行抗争，从而影响国家和社会的稳定。

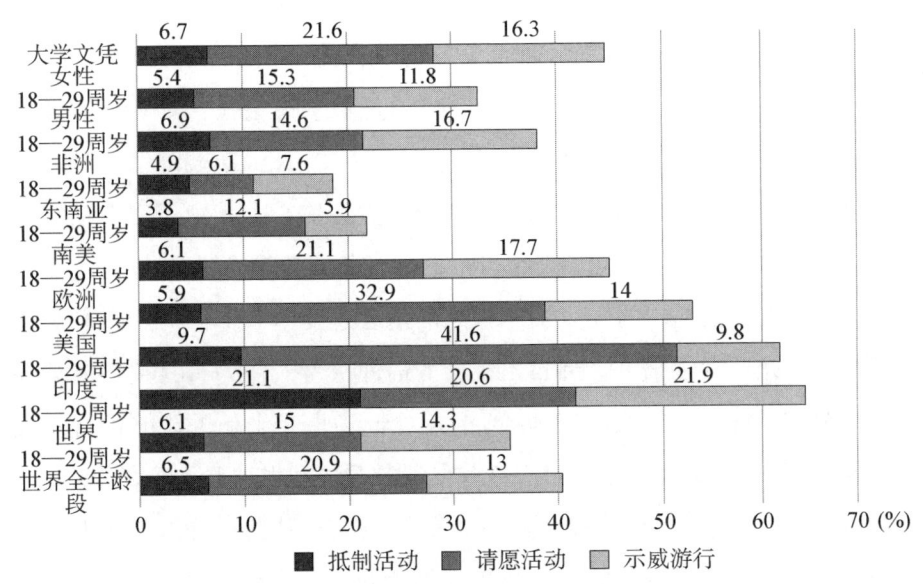

类别	抵制活动	请愿活动	示威游行
大学文凭	6.7	21.6	16.3
女性 18—29周岁	5.4	15.3	11.8
男性 18—29周岁	6.9	14.6	16.7
非洲 18—29周岁	4.9	6.1	7.6
东南亚 18—29周岁	3.8	12.1	5.9
南美 18—29周岁	6.1	21.1	17.7
欧洲 18—29周岁	5.9	32.9	14
美国 18—29周岁	9.7	41.6	9.8
印度 18—29周岁	21.1	20.6	21.9
世界 18—29周岁	6.1	15	14.3
世界全年龄段	6.5	20.9	13

图7.2　世界部分地区参与抵制、请愿和示威游行的青年
数据来源：2015年《世界青年报告》。

由此可以看出，目前世界不同的国际组织、重要的智库对于青年问题的研究主要集中在这三个主要方面，同时这三个主要的方面需要今后各界以概念更新的方式进行看待和研究，才能让青年人成为国家持续发展的真正动力。以下就从三个方面——亟须关注的青年健康对社会发展的持续作用、趋势渐新的青年就业对社会发展的推动作用和仍待落实的青年参与对社会发展的创新作用来讨论青年所面临的主要问题。这些问题与国家和社会发展的关系，以及在解决这些问题中不同国家和地区的尝试进行综述，从而了解如何从政策层面出发来促使青年人在创新型国家的新阶段成为国家发展的关键动力。

第二节　世界青年健康发展作为持续动力

一、新冠疫情后世界青年的情绪和心理普遍悲观

疫情之后,英美国家的智库普遍对青年人整体的悲观主义情绪表达出关切。英国伦敦政治经济学院国际事务与外交战略研究中心于 2020 年 9 月 11 日由研究员 Christine Huebner 发布的《新悲观主义:COVID-19 如何让青年人对自己的人生掌控力失去信心》[①]一文指出,新冠疫情的种种不确定性使英国青年人对生活与未来的掌控力失去信心。其中援引多项智库和学术研究成果,指出本次疫情确实给英国青年人带来较大的打击。而一项 2018 年的研究提及,青年人对于未来的信心主要基于他们对于辛勤工作的转化能力是否存在信仰。新自由主义的信仰认为人作为具有主观能动性的个体存在推动未来发展的能力,青年人对于某些变化是否能够进行心理上的调适,他人以及整体社会对于这些事情的看法和做法是怎样的,这些都会塑造出青年人对于未来是否具有信心。即,从心理层面来说,青年人对于未来的信心主要源于自己的努力是否能够通过一定的机制得到回报,有了这种信心,英国的青年人广泛地认定自己突破重围的能力,无论生活中可能会遭遇什么;反之,则可能出现信心的危机。同时,疫情造成的经济衰退将对青年人产生威胁,低薪工作者受冲击更大。社会关系脆弱的人受疫情影响更严重,在社会上感到孤立或排斥的人更容易在疫情影响下走向仇恨。相比新冠疫情前,有 36% 青年人认为自己的精神健康是个人面对的最大问题,疫情后人数增长到了 44%。

从一些研究结果来看,青年人有抱负,是重要的心理指标。美国布鲁金

[①] C. Huebner, D. Arya, The New Pessimism: How COVID-19 Has Made Young People Lose Faith in Their Own Agency, https://blogs.lse.ac.uk/covid19/2020/09/11/the-new-pessimism-how-covid-19-has-made-young-people-lose-faith-in-their-own-agency/, 2020-09-11(2021-08-10).

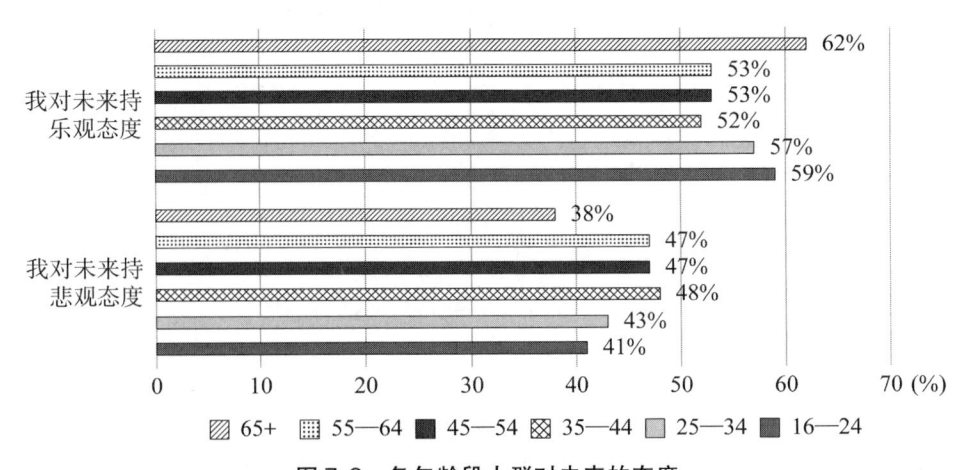

第七章 青年群体：全球创新驱动型国家发展的核心要素 / 171

我对未来持乐观态度	
65+	62%
55—64	53%
45—54	53%
35—44	52%
25—34	57%
16—24	59%

我对未来持悲观态度	
65+	38%
55—64	47%
45—54	47%
35—44	48%
25—34	43%
16—24	41%

图 7.3 各年龄段人群对未来的态度

数据来源：社会组织"希望而非仇恨"发布的 25—65 周岁的调查利用了 AI 手段在线上调查平台中抽取了有代表性的个体，完成了 2000 多人的问卷调查。16—24 周岁的数据来源于青年民意测验。

斯学会的高级研究员卡罗尔·格雷（Carol Graham），在 2021 年 2 月的《对抗绝望的经验——秘鲁年轻人的希望、抱负和结果》[①]一文中指出，疫情期间美国人心理健康状况的恶化动摇了本就不稳定的低技能工人的劳动力市场。根据美国疾病控制与预防中心（Centers for Disease Control and Prevention, CDC）的数据，相比 1999 年的自杀率，2017 年有显著的增高。在新冠疫情之前的 2019 年，自杀就已经是美国青少年死亡的第二大原因。比较疫情前后的数据，在疫情暴发一年左右的时间里，有更多的人表示自己遭遇了心理上的冲击（见图 7.4）。而疫情对于青年人的心理影响尤甚。美国人口统计局的家庭脉搏访问调查显示，报告自己有焦虑和/或抑郁障碍的青年人明显多于更高的年龄段，18—24 周岁高达 56%，25—49 周岁 48.9%。

---

① Carol Graham, Lessons for Combating Despair? Hope, Aspirations, and the Outcomes of Young Adults in Peru, https://www.brookings.edu/blog/up-front/2021/02/01/lessons-for-combating-despair-hope-aspirations-and-the-outcomes-of-young-adults-in-peru/, 2021 - 02 - 01（2021 - 08 - 10）.

表 7.2　　　　　　　1999 年和 2017 年美国各年龄段的自杀率对比

年份/年龄段	1999 年	2017 年
10—14 周岁	1.9%	3.3%
15—24 周岁	16.8%	22.7%
25—44 周岁	21.6%	27.5%
45—64 周岁	20.8%	30.1%
65—74 周岁	24.7%	26.2%

数据来源：https://www.cdc.gov/nchs/products/databriefs/db330.htm。

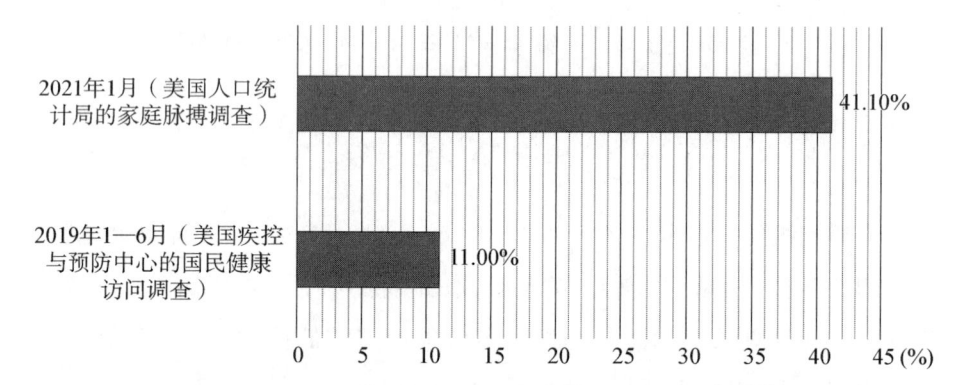

图 7.4　美国人成年人报告焦虑和/或抑郁障碍的平均比例
数据来源：美国人口统计局家庭脉搏调查；美国 CDC 国民健康调查。

疫情事实上将原本就具有一定恶化趋势的青年心理问题放大了，成为一个全世界不得不面对和解决的问题。因为青年人的心理健康不仅事关这一群体本身的个人发展，也关系到社会整体乃至国家的发展。秘鲁发展研究院 2021 年的一份报告提到，新冠疫情加剧了世界各地年轻人的焦虑、抑郁等精神健康问题。针对四个中低收入国家（印度、埃塞俄比亚、秘鲁和越南）生活贫困的青年人群体开展的调查显示，在越南和秘鲁，没有网络接入的受访者患上焦虑的可能性明显更高，且教育中断明显增加了年轻人的焦虑和抑郁。此外，各国疫情的严重程度与受访者的心理健康状况呈现了显著的相关性。16—24 周岁的女性在疫情期间受影响的比例最高。除了疫情最不严重的越南外，所有受调查国家的主观幸福感都比 2016 年有明显下降。其中,秘鲁青年人轻度焦虑和抑郁比率要比越南同龄人分别高出3到4倍。在世界范围内,青年人的心理问题已经变得不容忽视。

二、青年对于个体发展的信心影响着社会发展

许多研究达成共识,青年人的努力得到回报,是信心的基础。失去了希望和对未来的憧憬,来自落后社区的低收入青少年就较难获得必要的教育和其他技术提升的投资,以参与快速变化的劳动力市场。从数据可以看出,青年人的心理健康水平与受教育程度有密切的关系,越是受到一定劳动培训的青年,越是相对容易对未来有较强的信心(见图7.5)。而以受教育的程度划分,最显著的经济满意度降低发生在辍学的人群中。而即使在学的美国大学生也同样遭受严重的心理问题,2020年的一项调查显示,50%的

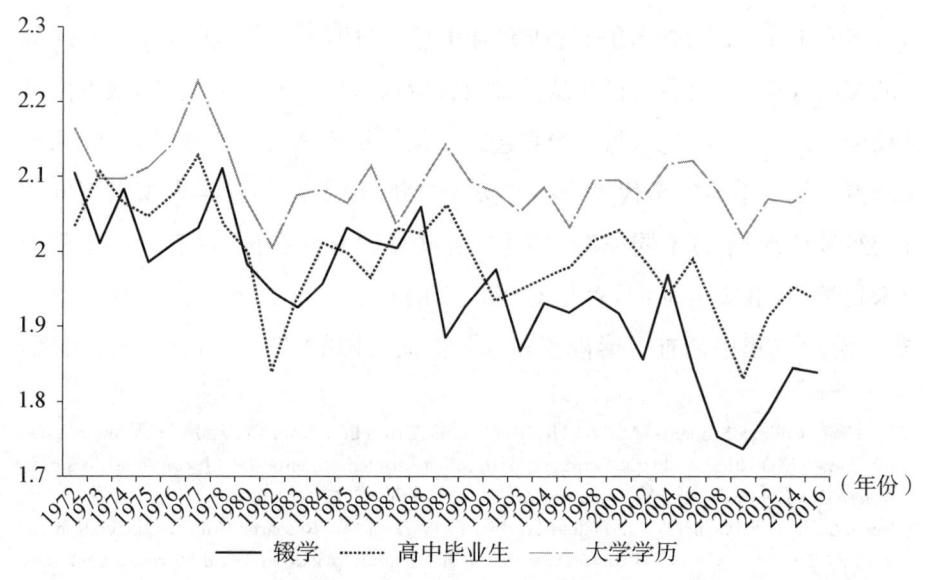

图7.5 美国1972—2016年以受教育程度为分组的经济满意度

数据来源:Blanchflower, D. G. & Oswald, A. J., Unhappiness and Pain in Modern America: A Review Essay, and Further Evidence, on Carol Graham's Happiness for All. *Journal of Economic Literature*, 2019, 57(2), 385-402。

大学生对未来的工作充满忧虑,49%的学生对身边人的健康表示关切。① 在这项针对502名在校大学生的全国性调查中,85%的受访者表示新冠疫情导致了其压力和焦虑的增加。此外,约翰·霍普金斯大学研究人员在一项针对美国成年人心理困扰的最新调查中发现,在18至29岁的年轻人中,有24%的人报告了严重的心理困扰,而在2018年4月的调查中该比例仅为4%。

疫情让青年人个体的能动性受到了动摇,在全球疫情阴影笼罩和社会居家隔离的情形下,产生了对于现状无力控制的情绪,这一现象对于中低收入家庭的青年人来说,后果尤其严重。英国皇家儿科和儿童健康学院在2020年5月开始发布并且持续更新的报告②总结了所有涵盖0—25岁人群的相关调查报告,报告名称、调研地点、人群年龄跨度、调查覆盖人数、主导机构被一一详细列出。这些报告显示,青年人对于未来产生了比较新的悲观情绪。英国伦敦政治经济学院国际事务与外交战略研究中心的研究员Christine Huebner进行的质性研究对此有所归纳。③ 其对象为15至24周岁的英国青年人,很多人正在从基础教育阶段迈向高等教育阶段,或者刚从学校毕业即将进入职场,与谈内容包含了他们从疫情危机以来的经历、希望和恐惧。虽然不能完全代表所有的英国青年,但是这些青年人来自不同的社会经济背景,来自不同类型的学校,有些在职有些在读,也有一些未就业也未就学的,事实也证明,疫情对于他们的影响是非常不同的。慈善组织"街头游戏"④集中调查了英格兰和威尔士最贫困的270个社区,研究发现,

---

① K. Neal, College Students' Mental Health Continues to Suffer from COVID-19, New Survery by TimelyMD Finds, https://timely.md/college-students-mental-health-continues-to-suffer-from-covid-19-new-survey-by-timelymd-finds/, 2020-06-29(2021-08-10).

② Royal College of Paediatrics and Child Health, COVID-19 — Research Studies on Children and Young People's Views, https://www.rcpch.ac.uk/resources/covid-19-research-studies-children-young-peoples-views, 2021-01-25(2021-08-10).

③ C. Huebner, D. Arya, The New Pessimism: How COVID-19 Has Made Young People Lose Faith in Their Own Agency, https://blogs.lse.ac.uk/covid19/2020/09/11/the-new-pessimism-how-covid-19-has-made-young-people-lose-faith-in-their-own-agency/, 2020-09-11(2021-08-10).

④ Street Games, The Experience of the Coronavirus Lockdown in Low-Income Areas of England and Wales, https://www.streetgames.org/the-experience-of-the-coronavirus-lockdown-in-lowincome-areas-of-england-and-wales, 2020-05-06(2021-08-10).

对于低收入家庭来说,封锁期间的居住环境往往不佳。由于青年人被困在过度拥挤的住房中,私人空间有限,难以接触社会支持。同时,缺乏运动的现象加重了贫困家庭青年人的心理负担,68%的青年人表示自己在封锁期间缺乏运动。这些客观的因素都可能加重青年人的心理健康问题。

同样在澳大利亚,"纽卡斯尔青年研究网络"组织有研究[1]揭示了在服务行业青年人受到疫情影响的状况,这一研究调研了纽卡斯尔和墨尔本服务行业的32位青年人,让他们记录两周内自己的生活受到疫情影响的方方面面。这项研究的结论表明,疫情对于他们经济、就业方面的影响大小有时候会被他们的家庭支持所中和,大部分的参与者并不认为疫情对他们造成的是人生转折点的作用,而仅仅是某些人生计划的搁置和延后。这些青年人本身的家庭背景对于他们应对服务业受到疫情冲击的危机来说起到了很重要的作用,从而更加验证了大型的公共危机对于弱势群体的负面作用远大于优势群体,弱势群体对于社会整体发展的信心将极大程度被突发的公共事件所影响。

在南美,研究则明确指出了对未来的信心和希望是青年人更为积极参与培训、教育和劳动的重要动能。卡罗尔·格雷近期在秘鲁发表的论文[2]通过调查利马一个贫困城市周边社区的青少年群体,探讨了教育、工作和流动的愿望与个人对未来的投资倾向之间的联系(见图7.6)。调查显示,超过80%的受访者渴望完成大学或研究生教育,且有一半的样本在3年后保持了相同的抱负水平(有1/4样本显示出了更高的抱负水平)。

具有更高抱负的受访者更有可能获得更好的教育和健康相关的结果。此外,利马地区许多自身教育水平不高的父母都愿意为子女的教育投资。作者指出,提高抱负水平可能是改善总体福祉和长期结果的潜在政策杠杆,

---

[1] The University of Newcastle, New Research Reveals Unequal Impact of the Pandemic on Young People, https://www.newcastle.edu.au/newsroom/faculty-of-education-and-arts/new-research-reveals-unequal-impact-of-the-pandemic-on-young-people, 2020-08-20(2021-08-10).

[2] C. Graham, J. R. Pozuelo, Do High Aspirations Lead to Better Outcomes? Evidence from a Longitudinal Survey of Adolescents in Peru, http://humcap.uchicago.edu/RePEc/hka/wpaper/Graham_Ruiz-Pozuelo_2021_high-aspirations-Peru.pdf, 2021-01-01(2021-08-10).

类别	增长的抱负水平	不变的抱负水平	降低的抱负水平
流动	23%	28%	19%
工作	17%	47%	18%
教育	21%	52%	27%

图 7.6　变动的抱负水平

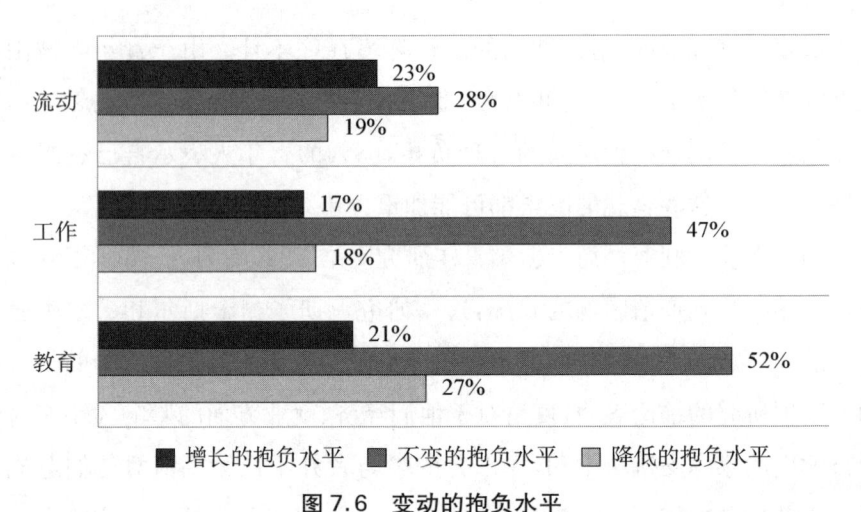

数据来源：C. Graham, J. R. Pozuelo, Do High Aspirations Lead to Better Outcomes? Evidence from a Longitudinal Survey of Adolescents in Peru, EB/OL, 2021 - 01 - 01 (2021 - 08 - 10)。

而且有证据表明干预,措施可以改变青年人的抱负水平。因此,从对策的角度出发,针对低收入青年的干预措施,不仅要鼓励他们获取劳动技能,也应该注重增强他们的自尊心和对未来的希望,更为重要的是,为青年人提供更加充分的获取劳动培训的相关资源,并且完善其机制。

三、青年心理问题解决方式的全球趋势

正因为以上提及的青年人的信心基础对于国家发展的重要作用,目前世界正在经历的大变动才对青年人的整体心理状态能产生较为重要的影响,也应该通过全球格局的思路去进行解决。

青年人的心理正在受到全球变化的巨大影响,针对青年人的心理支持体系也在面临新的变革,兰德公司行为社会学家 Lisa Sontag-Padilla 在《大学生需要心理健康支持》一文[①]中提到,为了控制新冠疫情的传播,许多大学仍然处于网络授课状态,针对大学生的医疗服务也开始向远程模式转变。

---

① Lisa Sontag-Padilla, College Students Need Mental Health Support, https://www.rand.org/blog/2020/10/college-students-need-mental-health-support.html, 2020 - 10 - 12(2021 - 08 - 10)。

在保证安全的前提下让学生了解和接受这样的服务仍存在挑战性。美国在CDC和美国国家心理卫生研究院的支持下开始推广Telemental的理念,即通过电子化的沟通方式和线上视频会议的手段来为人们提供健康支持服务。有研究佐证认为这样的服务会如面对面的心理咨询一样,也能对很多心理问题带来有效的咨询作用,包括多动症、创伤应激症、焦虑症和抑郁症等。[1] 因此,推广线上的心理咨询是目前要遵循安全指引所做的第一项工作(图7.7)。首先,学校和社区应该产生联动来对心理咨询师的相关资源进行共享以保证其充分供给。其次,兰德公司在2018年的调查显示学生对于朋辈间的互助团体并不了解,因此加强朋辈为基础的心理互助小组和培育相关机制将对大学生产生积极影响。最后,地方和国家层面实际上都存在危机中心这样的组织为人们提供心理支持,他们通常是非营利的,能够做专业心理咨询的有些是志愿者也有些是执业医师,大学应该和这些中心有所合作,提供财政上的支持,以为学生提供持续的资源。

项目	比例
未来你有个人问题,你是否会考虑寻求专业的帮助?	76%
未来你有个人问题,你是否会考虑寻求所在大学的咨询服务?	61%
未来你有个人问题,你是否会考虑寻求网上心理咨询服务?	60%
我觉得相比线上咨询还是面对面的咨询服务更容易沟通我的问题	54%
我觉得我在咨询师的办公室见面比线上咨询让我更舒服	59%
线上咨询可能更方便因为我不用跑来跑去	47%
使用线上咨询服务更方便因为我可以在自己方便的时候接受治疗	50%

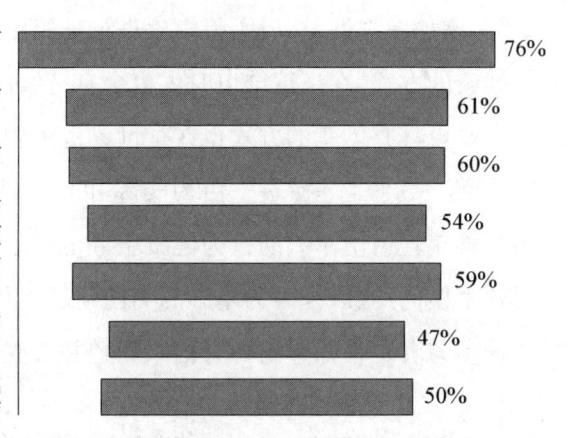

图 7.7 兰德公司 2018 年相关研究显示的大学生线上咨询服务意愿
数据来源:L. Sontag-Padilla, College Students Need Mental Health Support, https://www.rand.org/blog/2020/10/college-students-need-mental-health-support.html, 2020 - 10 - 12,(2021 - 08 - 10)。

---

[1] NIH, What is Telemental Health? https://www.nimh.nih.gov/sites/default/files/documents/21-MH-8155-Telemental-Health.pdf, 2021 - 08 - 10。

各类研究认为,有创造性地解决青年人的心理问题,必须纳入政策考虑的范围内来,必须实现学校和家庭的互动。佛罗里达州立大学教育心理与学习系统系副教授 Marty Swanbrow Becker 在 2021 年为布鲁金斯学会撰写的报告《疫情当下,教育者在学生心理健康保护中扮演关键角色》[①]中指出,疫情中的隔离政策和保持社交距离的规定加剧了美国学生本就普遍的心理健康问题。教师、学校辅导员、管理人员和父母可以做好三件事以呵护学生的心理健康。第一,对于教育工作者和管理人员,可以提供专门的学生心理健康工具包,佛罗里达州立大学就提供了在线的工具包供学生使用。第二,家长和教师应该帮助学生与资源充分对接,并利用国家自杀预防热线和特雷弗专案(针对 LGBTQ 青年群体的自杀预防组织)等公共资源。第三,要帮助学生建立社会联系,早有研究表明,具有自杀倾向的青年可能都倾向于找自己的朋辈进行倾诉。[②] 目前对于学校的挑战是如何在虚拟环境下,帮助学生与社群、社会建立联系,Becker 提出比较有效的图景包括了减小班额、增加虚拟课堂互动、将学生进行分组配对等方式。这些有效的增强心理健康的方式,在疫情结束时候也会有持续的正向作用。

一些更具有创意的方式也在全世界范围内被运用起来。美国兰德公司 2021 年的一份报告[③]探索了更为实际和具体的创新性心理疏导方式,他们认为改善年轻退伍军人的行为健康服务范围是当前的政策重点之一。该报告对两个横向的、以社区为基础的美国年轻退伍军人调查进行了重复分析,并根据参与者是否筛查出行为健康问题并接受相应的行为健康服务来考察

[①] M. S. Becker, Educators are Key in Protecting Student Mental Health During the COVID－19 Pandemic, https://www.brookings.edu/blog/brown-center-chalkboard/2021/02/24/educators-are-key-in-protecting-student-mental-health-during-the-covid-19-pandemic/, 2021－02－24（2021－08－10）.

[②] Drum, D. J., Brownson, C., Burton Denmark, A. & Smith, S. E., New Data on the Nature of Suicidal Crises in College Students: Shifting the Paradigm, *Professional psychology: research and practice*, 2009, 40(3), 213.

[③] S. Grant, A. Spears, E. R. Pedersen, Video Games as a Potential Modality for Behavioral Health Service for Young Adult Veterans, https://www.rand.org/pubs/external_publications/EP68425.html, 2021－01－07(2021－08－10).

其在电子游戏上花费的时间差异。研究数据表明，患有抑郁症或创伤后应激障碍的参与者，以及退伍后接受过戒毒服务的参与者，均会花费更多时间玩电子游戏。今后的政策应重点关注电子游戏的开发和评估，使其能够成为一种加强行为健康服务的工具，更好地为上述人群提供服务。美国大西洋理事会的非常驻研究员 Richard J. Cordes 也有非常类似的观点，在其2021 年 5 月发表的《具有重大影响的游戏：下一代严肃游戏》一文[①]中指出，严肃游戏(指那些以教授知识技巧、提供专业训练和模拟为主要内容的游戏)有助于推动人类行为研究、优化科学研究和知识管理流程，并帮助监管和司法机构在虚拟环境下测试新型商业模式。目前，游戏对人类心理健康、社交技能等方面的积极影响已引起业内关注。有不少玩家表示会通过游戏来磨炼他们在现实世界中的社交等技能，这也为未来的政策制定打开了思路。教育领域对于儿童有 edutainment(游戏教育)[②]的相关研究，这样的思路也可以在对青年人进行充分的研究的基础上，运用到针对青年心理健康的相关政策中。

第三节　世界青年就业发展作为助推动力

一、超越就业率意义上的青年充分就业

由于充分的就业是积极心态的主要来源，因而探讨青年就业的相关挑战和政策对策，将对于青年健康也起到正向的信息支持作用。2018 年由 Andy Furlong 等人撰写的《劳动力市场中的青年人——过去、现在和未来》

---

① R.J. Cordes, Games with Serious Impacts: The Next Generation of Serious Games, https://www. atlanticcouncil. org/blogs/geotech-cues/games-with-serious-impacts-the-next-generation/，2021 - 05 - 21(2021 - 08 - 10).
② D. Pojani, R. Rocco, (2020), Edutainment: Role-Playing versus Serious Gaming in Planning Education, *Journal of Planning Education and Research*.

一书①对于积极心态进行了重要论述,该书认为心态积极对于所有具有主观能动性的个体最终能够呈现出的输出成果起到了决定性的作用。青年人所面临的压力比政府所公布的要严峻得多,劳动力市场的不安全感实际上对于青年人来说具有更加深层次的原因,也实际上更为复杂,但青年人事实上也对自己所处的环境进行了适应性的调整。作者最终指出,劳动力市场的整体条件能够对于生活的满意度以及青年人的乐观情绪具有至关重要的作用。

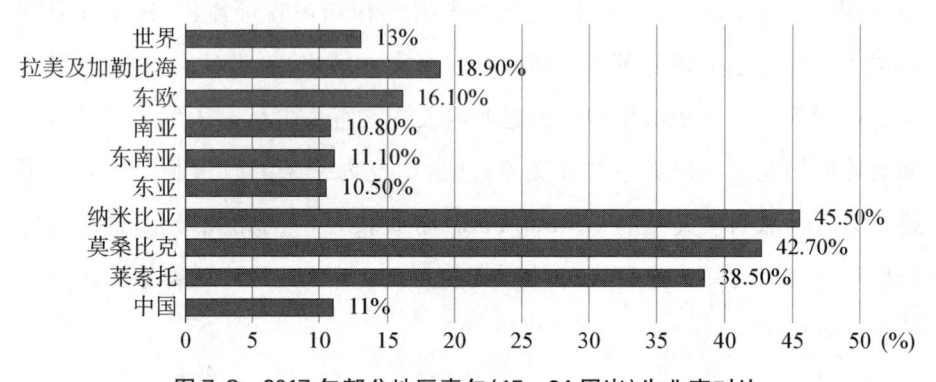

地区	失业率
世界	13%
拉美及加勒比海	18.90%
东欧	16.10%
南亚	10.80%
东南亚	11.10%
东亚	10.50%
纳米比亚	45.50%
莫桑比克	42.70%
莱索托	38.50%
中国	11%

图 7.8　2017 年部分地区青年(15—24 周岁)失业率对比
数据来源:2018 年《世界青年报告——青年人与 2030 年可持续发展议程》。

对于青年人来说,充分的就业首先需要充分的培训。2011 年的《世界青年报告》就提及青年人对于非正式的教育给出了比较积极的期盼和看法,认为这些教育机会能够对正式的教育经历有所补充,让青年人掌握必要的技能,同时对于没有机会获得正式教育的青年人也是重要的获取教育机会的资源。职业教育在青年人眼中是非常主要的为职业做准备的一种方式,尽管他们认为目前能够获取这样的教育机会仍旧是不充分的,也对这些职业教育是否能真的为他们获取体面的职业存疑。总体来说,青年人尤其认为,实习经历和志愿者经历能帮助他们发展生活所需要的技能,提高他们的

---

① A. Furlong, J. Goodwin, H. O'Connor, S. Hadfiled, S. Hall, K. Lowden, R. Plugor, (2019), *Young People in the Labour Market: Past, Present, Future*, London: Routledge.

求职机会，也能增强企业家的精神。报告也呈现了相关的趋势，青年人对于信息和通信技术领域、社交网络和环境可持续发展领域（所谓"绿色职业"）所能带来的新型职业已经有所察觉。自我鼓励、奉献精神、耐心和积极向上的态度是青年人求职中的制胜法宝。

充分培训的重中之重是能够跟上社会和经济整体发展的步伐。塔塔咨询服务有限公司企业社会责任全球主管 Balaji Ganapathy 在为瑞士世界经济论坛撰写的《企业如何在技能革命中引领目标明确的行动》[①]一文中提到，疫情加速了人工智能、云计算和大数据等技术对传统业务模式的冲击。正如瑞士世界经济论坛 2020 年 10 月发布的《未来工作报告 2020》所述，到 2025 年，预计将有 50% 的员工需要重新学习技能。

世界经济论坛和塔塔合作的"2020 年缩小工作技能差距"项目确定了四个关键领域对技术的需求：基础教育、高等教育、技工培训和成人教育。该项目发现，来自多个利益相关者的承诺和合作对于缩小技能差距至关重要。企业应致力于员工的终身学习和发展，并将技能培训计划融入公司的学习文化和发展战略中。培训关键绩效指标必须确保培训对员工的能力产生长期影响，以促进其职业目标和公司目标的实现。企业还需要追踪员工如何将新技能付诸实践，并研究这些对员工和公司带来的影响。教育系统对现有劳动力进行再培训和再提升之外，也需要解决下一代的教育差距问题，为青年人提供真实世界的工作情境。

工作的不稳定性是青年充分就业中较为重要的焦虑因素。青年人在不同的报告中都对短期合同的工作形式表达了自己的忧虑，较低的工资、高昂的生活成本、获取足够实际工作经验的困难都给他们的职业稳定性带来威胁。青年人也同样忧虑工作环境提升的可能性偏低的问题，学生贷款偿还问题和家庭整体的生活质量问题。体面的生活对于青年人来说不仅是人生中雇佣关系的成功，也能促成多方面的影响，包括家庭整体的生活质量、国

[①] Balaji Ganapathy, How Companies Can Lead Purposeful Action in the Skilling Revolution, https://www.weforum.org/agenda/2021/01/how-companies-can-make-noise-during-the-skilling-revolution/, 2021-01-20(2021-08-10).

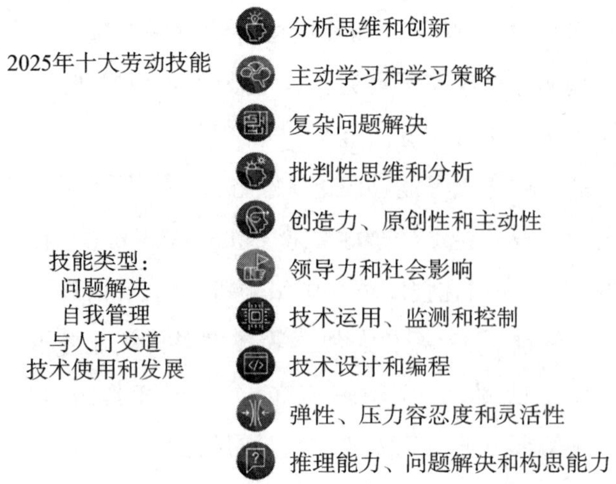

2025年十大劳动技能
- 分析思维和创新
- 主动学习和学习策略
- 复杂问题解决
- 批判性思维和分析
- 创造力、原创性和主动性
- 领导力和社会影响
- 技术运用、监测和控制
- 技术设计和编程
- 弹性、压力容忍度和灵活性
- 推理能力、问题解决和构思能力

技能类型：
问题解决
自我管理
与人打交道
技术使用和发展

图 7.9 2025 年最需要的十大劳动技能及其类型
数据来源：《未来工作报告 2020》。

民经济的整体健康程度以及社会的整体正常运行。社会不能再期待青年人通过努力学习和努力工作这样的传统方式来获取体面的工作和成功了，这已经被证明是缺乏效率的做法。因为全球的经济危机，越来越多的政府都在施行减少公共开支的方式来降低其负面影响，包括了在教育和就业的相关部门进行经费缩减。但证据表明，收紧开支的项目本身可能会加剧失业问题，青年人需要财政和社会的支持和投入来实现他们的潜能，来真正转变成成年人，成为具有行动力和参与感的公民。尽管《世界青年报告》调研中的青年人显现出对未来缺乏信心，但却并未完全失去希望。而只有青年人真正在身心两方面投入事业而非仅仅是工作中去，并且能够持续具有发展空间的时候，对于国家的建设和发展才能起到真正推动的作用。

二、社会政策对青年就业问题的支持

近 10 年来，联合国的《世界青年报告》一直都在尝试解决青年人良好就业的问题，大致提出以下几个方面的主张：（1）青年人目前仍旧面临严重的失业,或者未充分就业的问题,国家之间的差异可能会很大;(2)青年人对于就业的准备不足,主要体现在教育、技能培训、实践经历方面;(3)青年人只有拥有了良好的职业才能成为社会的中坚力量,从而也直接影响了社会的稳定;(4)青年人在社会事务中的代表性仍旧不足,无法影响政策;(5)对青年人的研究没有做到真正的细分;(6)青年人的整体发展出现一些好的趋势和模式,青年人在就业方面进行的尝试需要政府多方面的支持;(7)政府对青年人发展责无旁贷,在支持青年人发展方面要出台定制化的政策和措施。

政策建议方面,联合国的《世界青年报告》特别侧重青年人自己发挥作用的同时,需要政府的助力。由于联合国本身是一个不具有主权性质的组织,因此所有的决议都具有一定的倡议性质,联合国的这些报告呼吁政府必须认识到青年人的重要地位,才能在政策方向上对青年人有所照顾。这些建议的方向与一些商业机构的相关研究报告结果也有不谋而合之处。德勤在2019年发布了《千禧一代年度调研报告——社会矛盾和技术变革造就"被颠覆的一代"》,此份报告针对全球42个国家和地区的13 416名千禧一代展开了调研。调研中的千禧一代是指在1983年1月至1994年12月期间出生的人群。报告还针对10个国家和地区的3 009名Z世代展开了调研。Z世代受访者是指出生于1995年1月—2002年12月期间的人群。本调研的样本量为16 425人,属于大规模千禧一代和Z世代调查。调研时间从2018年12月4日持续至2019年1月18日,其中提及几项世界范围内这两个代际的青年人所面临的共同问题或具有的共同特性,包括对经济和社会还有政治的乐观情绪降至新低,有很强的幻灭感,非常注重体验,对企业的动机持有怀疑的态度,以及他们的消费行为也和他们的自身理念保持了一致。其中,受访者们被问及"考虑全球各地社会面临的各种挑战(包括您自己面临的挑战),以下哪三项问题是您个人最关注的?最多选择三项"。"失业"问题在两个人群中都排在了第三的位置(图7.10)。

其中,有些事项被青年人认为是重要的事项,却不是政府关心的内容,

千禧一代

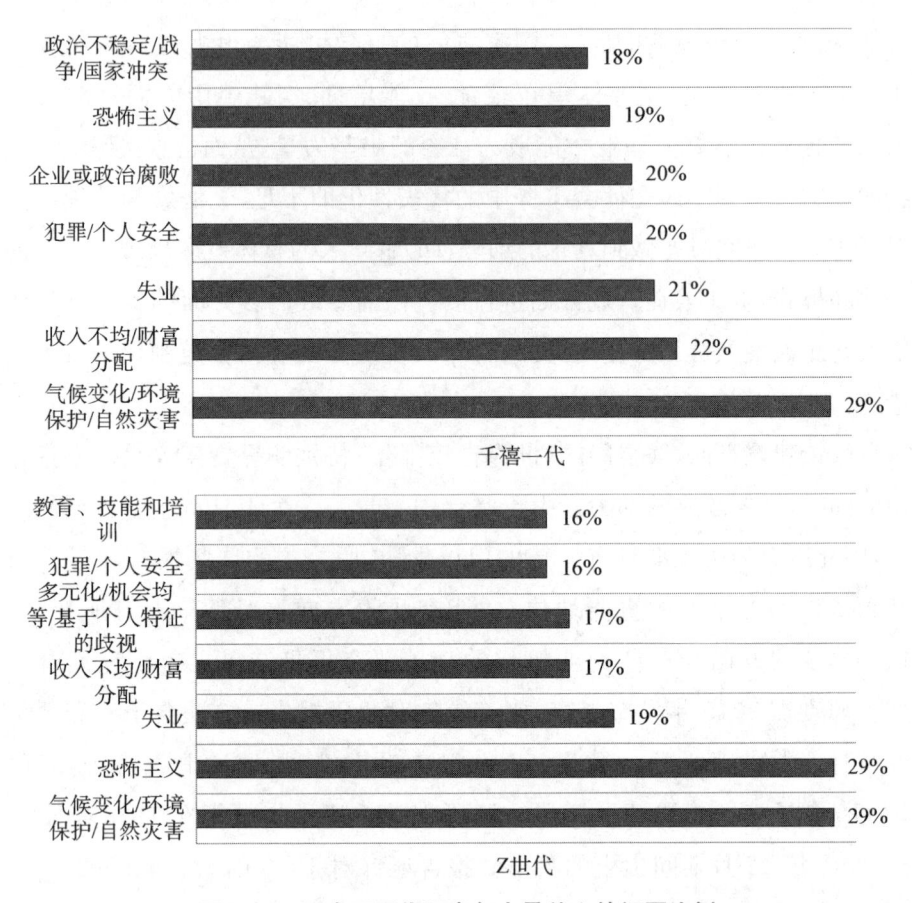

问题	比例
政治不稳定/战争/国家冲突	18%
恐怖主义	19%
企业或政治腐败	20%
犯罪/个人安全	20%
失业	21%
收入不均/财富分配	22%
气候变化/环境保护/自然灾害	29%

Z世代

问题	比例
教育、技能和培训	16%
犯罪/个人安全	16%
多元化/机会均等/基于个人特征的歧视	17%
收入不均/财富分配	17%
失业	19%
恐怖主义	29%
气候变化/环境保护/自然灾害	29%

图 7.10　两个不同代际青年人最关心的问题比例
数据来源：《2019 德勤千禧一代年度调研报告：社会矛盾与技术变革造就"被颠覆的一代"》。

例如，千禧一代认为政府是最有责任促进社会流动的力量，[①]《世界青年报告》2013 年的主题也是青年人的流动问题，但在很多国家青年人的社会流动并不在政府重点关注的事项之列。由此看来《世界青年报告》所提出的政策倡议仍旧非常重要，增强青年人在经济层面和社会层面的现实参与感，才能产生真正敬业乐群的青年人。

对于青年人的就业问题，事实上各国各地区都有一些具体的做法，但都离不开政府的重视和推动。日本亚洲开发银行研究所研究员 Helen

---

① 德勤：《千禧一代年度调研报告：社会矛盾与技术变革造就"被颠覆的一代"》，2019。

Osborne 在 2020 年 9 月撰文《如何避免产生"被封锁的一代"》,[1]其中提及亚开行所做的青年就业相关报告《解决新冠疫情中的亚太地区青年就业危机》,[2]该报告详述了各国青年就业的最新情况,针对亚洲各地区受疫情影响的青年就业问题(图 7.11),作者建议政府应考虑采取以下行动来缓解年轻人失业的问题:为企业雇主提供工资补贴,避免他们进行大规模裁员;创造适合青年人的就业和实习机会;为青年人提供求职帮助,使他们及时获取相关的招聘信息;向青年人提供职业培训,提升技能,提高他们的就业能力;投资培养青年企业家,促使青年人自雇成为生产力。同时亚开行也在报告中列出一些国家的具体操作案例,以供参考。

政府的负面行为也会对青年人的就业造成严重的影响。南非国际事务研究所青年政策委员会成员 Naledi Ngqambela 在《腐败阻碍南非青年的发展》[3]一文中指出,COVID-19 再次暴露了南非高官普遍存在的腐败现象,这削弱了民众对政府的信任度,浪费了本应用于经济发展和青年活动等项目的税收。由于历史原因,南非面临着贫穷、不平等、教育机会不足和创业机会少等挑战。如今,疫情又严重影响了南非的民众生活和经济发展,加剧了国家危机。国家财政部表示,南非 GDP 增长从 2017 年的 1.3% 放缓至 2018 年的 0.7%,这意味着就业机会紧缺,青年失业问题严峻,许多年轻人转而选择尝试创业。南非事实上早先就提出了《国家青年政策 2015—2020》的一揽子计划,细数问题与挑战,并提出在经济、教育、健康、社会凝聚力、青年发展等各方面的一系列政策建议。南非国际事务研究所研究员的这篇文章则严正指出,要将这些纸上谈兵的政策真正落到实处才能实现投

---

[1] Helen Osborne, How to Avoid Creating a "Lockdown Generation", https://blogs.adb.org/blog/how-to-avoid-creating-lockdown-generation, 2020-09-07(2021-08-10).

[2] Asian Development Bank, the International Labour Organization, Tackling the COVID-19 Youth Employment Crisis in Asia and the Pacific, https://www.adb.org/sites/default/files/publication/626046/covid-19-youth-employment-crisis-asia-pacific.pdf, 2020-09-07(2021-08-10).

[3] Naledi Ngqambela, Corruption Hampers the Development of South Africa's Youth, https://saiia.org.za/research/corruption-hampers-the-development-of-south-africas-youth/, 2020-08-31(2021-08-10).

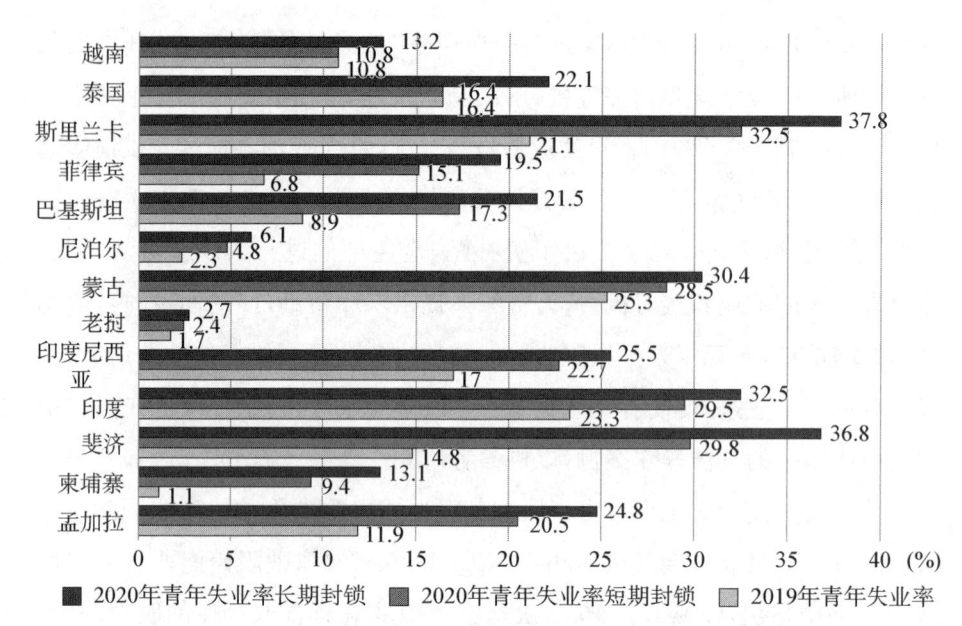

186 / 转型时代的治理：重构全球发展动力

图 7.11 亚太地区部分国家青年失业率的疫情前后对比

国家	2020年青年失业率长期封锁	2020年青年失业率短期封锁	2019年青年失业率
越南	13.2	10.8	10.8
泰国	22.1	16.4	16.4
斯里兰卡	37.8	32.5	21.1
菲律宾	19.5	15.1	6.8
巴基斯坦	21.5	17.3	8.9
尼泊尔	6.1	4.8	2.3
蒙古	30.4	28.5	25.3
老挝	2.7	2.4	1.7
印度尼西亚	25.5	22.7	17
印度	32.5	29.5	23.3
斐济	36.8	29.8	—
柬埔寨	14.8	13.1	1.1
孟加拉	24.8	20.5	11.9

数据来源：Asian Development Bank, the International Labour Organization. Tackling the COVID-19 Youth Employment Crisis in Asia and the Pacific, https://www.adb.org/sites/default/files/publication/626046/covid-19-youth-employment-crisis-asia-pacific.pdf, 2020-09-07(2021-08-10)。

资在青年身上这项国家战略，呼吁要加强公共和私营教育机构之间的合作，在强调青年创业精神的同时，尽早将金融知识和创业培训纳入学校教育体系，还必须投资青年的技能培养，创造就业机会和包容性经济活动。确保政策和执行的协调性与一致性，检测和评价目标实现的进展，以促进青年就业。因而要首先认清目前青年就业的形式，才能有针对性提出合理有效的政策改进和改良。

三、青年就业的新形态及其政府角色

青年就业的全新形态不仅仅因为疫情而产生，近年来事实上已经出现了不少新的趋势，这些新趋势应该被纳入政策制定的研究范畴之内。2020年的世界青年报告标题为《青年社会企业家精神和2030年议程》，提到了社会企业作为一种就业型的存在对于青年人的帮助和整体社会发展的推

动。2020年的这份报告将社会企业家精神定义为在创造利润的同时寻求社会影响的企业，这一形式发端于19世纪的欧洲合作运动，在社会创新和社会企业学派的相关思想和实践的影响下，于20世纪80年代和90年代获得了人们的关注。社会企业展现了独特的交叉特质。报告指出，社会企业家精神可以为创造可持续和包容性的就业做出贡献。全球范围内青年人面临的最大挑战之一是失业问题，新冠大流行之前的估计表明，未来15年必须创造6亿个工作岗位，以满足青年的就业需求。预估显示，有96.8%的发展中国家青年人在非正式的经济体中工作。很多情况下，即使青年人的失业率看起来很低，但工作质量不高的问题却被掩盖了，这样的问题也是在发展中国家表现尤甚。青年人不就业、不就学、不在培训（NEET rate，尼特族）的比例，全球范围内在过去15年中一直保持着女性青年30%和男性青年13%的高比例（图7.12）。除非结构障碍得到扫除，否则针对青年人增加就业的相关干预措施只会让情况变得更加糟糕。在一定合适的条件下，社会企业是能为青年人提供探索可持续就业需求的一个场所。

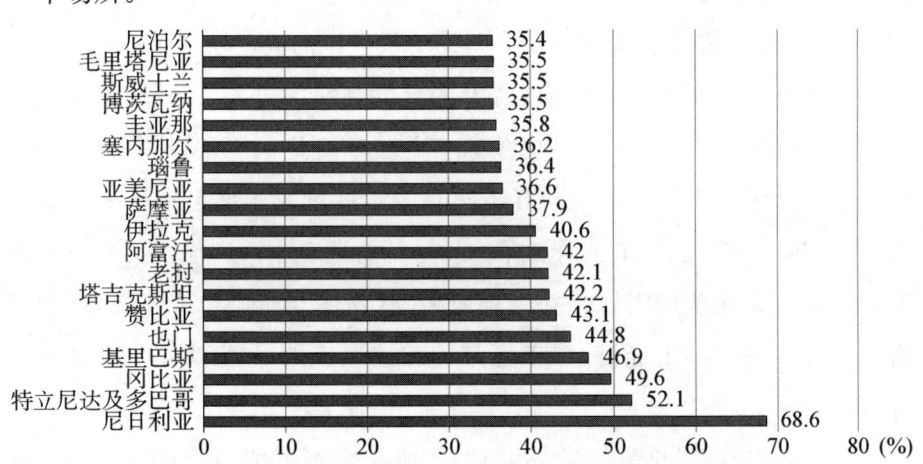

国家	比例(%)
尼泊尔	35.4
毛里塔尼亚	35.5
斯威士兰	35.5
博茨瓦纳	35.5
圭亚那	35.8
塞内加尔	36.2
秘鲁	36.4
亚美尼亚	36.6
萨摩亚	37.9
伊拉克	40.6
阿富汗	42
老挝	42.1
塔吉克斯坦	42.2
赞比亚	43.1
也门	44.8
基里巴斯	46.9
冈比亚	49.6
特立尼达及多巴哥	52.1
尼日利亚	68.6

图 7.12　2018 年或最近预测的有最高的"尼特"青年比例的国家
数据来源：《2020年世界青年报告——青年社会企业家精神和2030年议程》。

该份报告指出，社会企业能够合理利用青年人的能力和天赋，促进个体成长和创造动力。青年人目前仍旧被排除在与他们性命攸关的政策制定和政治决定之外,社会企业可以为他们提供一个场所来表达自己的意见并对社会产生影响。青年人正在呼唤拥有更多参与,能被吸纳到决策中去,他们也正在采取行动解决他们面临的挑战,社会企业正是其中的一种形式。虽然创立和维持一个成功的社会企业会面临非常多的困难和挑战,社会企业对于青年人来说仍旧充满了吸引力,因为它提供了一种独特的合体,将经济收入和社会影响进行了融合。不管是主动还是被动成为企业家,都会面临非常多的障碍,但就所处的社会环境和需求来说会有很大的不同。成功的青年社会企业很大程度上依赖于诸多促进的因素、条件和设定,或者可以说是一种企业的生态系统,它决定了青年的社会企业领导者能在这样的环境中被激发潜能。

作为另一种新的工作形态,青年人对于零工或者更为灵活的就业形式也采取了更为开放的态度。根据德勤的《千禧一代年度调研报告——社会矛盾和技术变革造就"被颠覆的一代"》,[①]千禧一代表示他们会毫不犹豫地从事自由职业或者合同制工作。整体而言,80%的千禧一代和Z世代愿意加入零工经济。仅6%受访千禧一代表示已经选择了加入零工经济而非全职工作,但50%表示会考虑,61%从事现职工作的同时会选择零工任务。考虑加入零工经济的受访者最常提及的目的是增加收入(58%)、能在自己希望的时间开展工作(41%)或者实现工作生活更好的平衡(37%)。但是,这三个方面存在的不稳定性同样也是有人不愿意加入零工经济的主要原因。无法确定的收入和工作时间是最大的阻碍因素(分别为39%和30%),其次是无法制定计划并规划未来(27%)。被问及"总体而言,您是否认同这些关于零工经济/零工任务的表述",千禧一代和Z世代略有差异(图7.13)。

事实上,"零工"的概念本身也已经有所变革,传统意义上的零工以低技能类的为主,例如,美国布鲁金斯学会的大都会政策项目客座高级研究员Xavier de Souza Briggs 和为全体的现代市场项目创始人Wingham Rowan

---

[①] 德勤:《千禧一代年度调研报告:社会矛盾与技术变革造就"被颠覆的一代"》,2019。

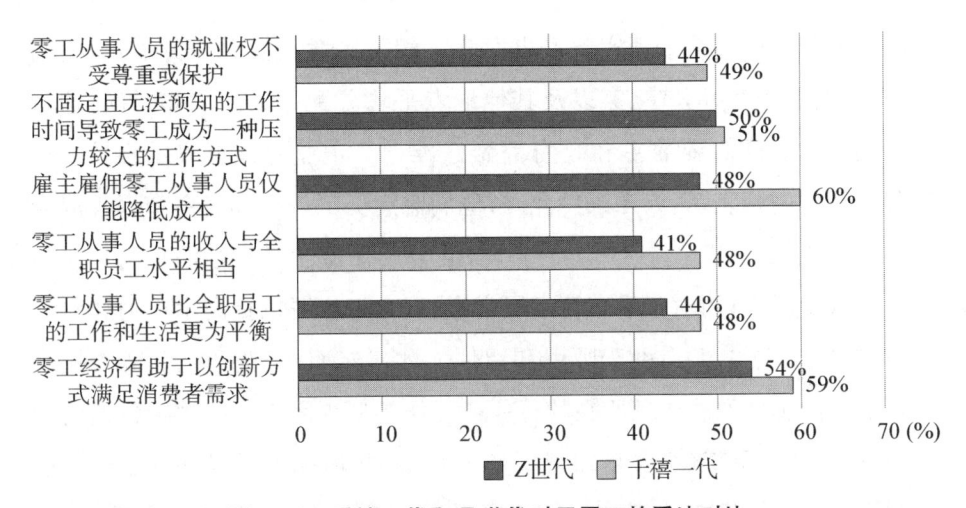

第七章 青年群体：全球创新驱动型国家发展的核心要素 / 189

图7.13 千禧一代和Z世代对于零工的看法对比

数据来源：《千禧一代年度调研报告——社会矛盾和技术变革造就"被颠覆的一代"》。

在《寻找在零工经济中就业的公共选择》[①]一文中指出，截至2018年，超过35%的美国工人至少依赖于某些临时性的工作，新冠疫情暴发后，这一比例可能达到了50%。其中，女性和有色人种更有可能从事薪酬最低、最不灵活且受剥削最严重的岗位。但需要注意的是，目前青年人眼中的零工经济或者从事的相关职业已经不再局限于低端手工制造或者重复劳动，而是更为灵活的居家办公或者非固定时间办公的知识经济模式。越来越多的企业提供弹性工作任务，并且刻意表现出某些特点以吸引考虑从事零工的人员，充分反映出千禧一代创造的颠覆性影响。[②] 而疫情的持续影响，对于灵活就业的需求刺激也在持续上涨，成为一种国际趋势。

达沃斯论坛网站刊载了Workplace和WeWork做的一项新研究，[③]比

---

① X.S. Briggs, W. Rowan, Wanted: A Public Option for Finding Work in the Gig Economy, https://www.brookings.edu/blog/the-avenue/2021/03/19/wanted-a-public-option-for-finding-work-in-the-gig-economy/, 2021-03-19(2021-08-10).
② P. Economy, The (Millennial) Workplace of the Future is Almost Here — These 3 Things are About to Change Big Time, https://www.inc.com/peter-economy/the-millennial-workplace-of-future-is-almost-here-these-3-things-are-about-to-change-big-time.html, 2019-01-15(2020-08-10).
③ D. Schawbel, Hybrid Working is Here to Stay, But What Does that Mean in Your Office? https://www.weforum.org/agenda/2021/05/hybrid-working-your-office-future/, 2021-05-21 (2021-08-10).

利时欧洲与全球经济治理实验室也发表了相关文章,[①]这些研究显示,疫情后,员工们希望在办公室、家以及其他地点平均分配一天的工作时间,这种半工模式的变迁需要雇主和政府都做好准备。企业对此也表示支持——79%的受访高管表示,如果条件允许,他们愿意员工进行办公室和远程混合的办公模式(图7.14)。对员工们来说,混合工作能使其更好地平衡工作与生活并减少压力;而对于最高管理层来说,混合工作可以提高生产力和参与度,降低房屋成本,并有助于吸引和留住人才。然而,企业和组织能否提供混合工作的选项取决于其所在的行业或工作类型等因素。高德纳咨询公司估计,近2/3的员工(主要是知识型员工)在某些情况下可以远程工作。疫情封锁使许多知识工作者在一夜之间转向居家办公,尤其是在发达国家。在欧洲,远程工作人员的比例从2019年的5%已增加到了2020年的40%。[②]

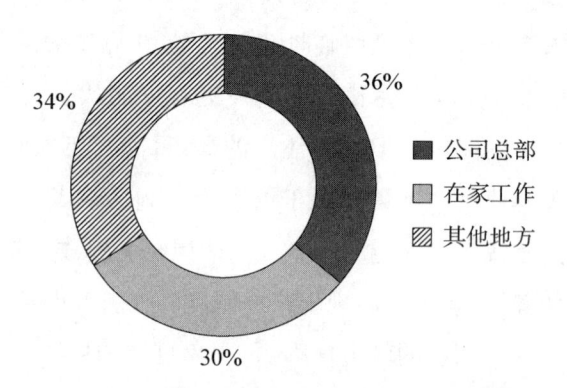

图7.14 新冠疫情之后办公地点倾向性[*]

* 受访人=1 000,其他地方指公司分部、客户办公地或者公共区域(诸如图书馆或者咖啡馆)。
  数据来源:WeWork 和 Workplace Intelligence 发布的报告。

[①] M. Nikolova, Self-employment, COVID-19, and the Future of Work for Knowledge Works, https://www.bruegel.org/2021/03/self-employment-covid-19-and-the-future-of-work-for-knowledge-workers/,2021-03-08(2021-08-10)。

[②] European Commission Joint Research Centre, Telework in EU Before and After the COVID-19: Where We Were, Where We head to, https://ec.europa.eu/jrc/sites/default/files/jrc120945_policy_brief_-_covid_and_telework_final.pdf, 2021-03-08(2021-08-10)。

此外，企业在过渡到混合工作的过程中，需考虑与疫情相关的安全问题以及劳动力管理等问题。在实施混合工作计划的过程中，一些研究机构的相关报告结果也建议，雇主应该在疫情后继续为远程工作人员提供支持，升级信息通信设施，明确在哪些条件下可以远程办公，员工可以选择哪些办公模式，并且尽量照顾到每一个员工的需求。同时，政府也应该继续完善育儿、教育方面的补贴政策，尤其是要照顾到育儿负担更重的女性工作者，修订劳工法以适应办公模式的转变。面对"工作"本身的概念革新，法律法规的制定应该具有一定前瞻性，首先应从社会研究的角度对社会保障的问题进行充分研究，其次再进行具有针对性的政策研究和制定，这样才能对青年人充分投入社会生产实践提供支持，最终促成个体和社会的共同发展。

第四节 世界青年参与发展作为创新动力

一、青年参与机制的政策鼓励与政治环境

就目前世界各机构的研究来看，青年人的参与需要更多赋权。2012年Alan France关于公民权利和公民参与的研究表明，青年人的社会参与和他们获得的权利以及相对应需承担的责任是紧密相关的，但往往忽略了对于青年人进行真正的赋权。[1] 2020年Berry和McDaniel发布的后危机时期的研究也表明，[2]青年人会在后危机时代将岌岌可危的不稳定判断进行内化，从而来预判劳动力市场的情况，但也会认为这是一种不正常的情况。因而在经济研究中，代际的身份认同研究也是至关重要的，因为不同时代的人确实经历了可能迥然不同的社会变动。这两项研究说明，对于相对弱势的

---

[1] A. France, D. Bottrell, D. Armstrong, A Political Ecology of Youth and Crime, *The British Journal of Criminology*, 2013, (53:5), 964-966.

[2] C. Berry, S. McDaniel, Post-crisis Precarity: Understanding Attitudes to Work and Industrial Relations Among Young People in the UK, *Economic and Industrial Democracy*, 2020(1), https://doi.org/10.1177/0143831X19894380.

青年群体来说,社会危机的产生将对他们的主观能动性产生决定性的作用,并且左右他们的参与选择,因社会危机而产生暂时的消极怠惰以及自我效能感的缺失。加上有研究表明,政府整体的假设是青年人事实上是公民体系和相关政治制度健康运行的一种威胁,因而一些政策的预设也是为了规训青年人的行为,尤其在本土社区,青年人更是希望被教育和训练成符合成人社会标准的模样。Hart 的研究显示,英国工党在 21 世纪初的一些类似的做法恰恰让英国青年人产生了疏离感。[1] Lister 等人在 2010 年的研究也表明,[2]英国城市青年人对于自己享有的权利并不清晰,反而对于自己的义务还更加明确一些。这一次疫情的产生事实上对于不同社会背景的青年人都产生了动摇未来发展信心的影响,从而更加影响了青年人的社会参与和政治参与。

世界不同地区的研究都指向了青年人的社会与政治参与不足的问题。新德里哈丁夫人医学院医生 Pallika Singh 在 2021 年提交给印度观察家研究基金会的一份报告中指出,[3]虽然全球青年人口不断增加,其政治参与程度却在降低。青年是国家生产力的支柱,社会应该为青年——尤其是边缘化青年提供更多的公平机会,鼓励其参与到政治和社会治理中来。然而,虽然政府已朝着这一目标进行了多年的努力,但诸如父权制度下的年轻女性依旧面临着教育、就业和健康方面的多重保障的缺失。因此,作者认为,需要采取强有力的公共卫生措施,将重点放在控制危险因素、促进健康以及预防和治疗等方面。为增强青年的社会权能,政府的青年政策需要特别关注女性的赋权、教育及财务稳定,并确保政策在基层的落地。

在过去的几十年里,青年人从体制内的框架参与(例如选举和参与政党),慢慢走向了参与由事件主导的政治运动中,同时,社交媒体和信息技术

---

[1] S. Hart, (2009), The "Problem" with Youth: Young People, Citizenship and the Community, *Citizenship Studies*, https://doi.org/10.1080/13621020903309656.

[2] R. Lister, N. Smith, S. Middleton, L. Cox, Young People Talk about Citizenship: Empirical Perspectives on Theoretical and Political Debates, *Citizenship Studies*, 2003, 7(2).235 – 253.

[3] P. Singh, Youth Development and Health Agenda 2030, http://www.orfonline.org/expert-speak/youth-development-and-health-agenda-2030/,2021 – 02 – 15(2021 – 08 – 15).

的兴起,以及移动技术的普及化,也使得青年人有更多的机会去在他们身处的社区进行参与,方式上也更加新颖和富有创意。青年人所关心的问题不仅聚焦在青年人本身,也对整体社会有很高的关注度,对发展尤其关心,而青年人口所面临的共同问题,包括失业及未充分就业、贫困、不平等、政治动乱和社会排斥等问题则是他们最为关心的问题。

也有部分国家和地区对青年人在制度框架内的参与有一定的新尝试。马来西亚公共政策研究中心的研究分析师 Zayd Shaukat Ali 在 2020 年的报告中[①]指出,马来西亚政府近年来在青年发展和青年参政方面取得了重大进展。2020 年,该国成立了以青年为中心的政党——马来西亚民主联合阵线(MUDA),从社会各阶层吸纳年轻的技术官僚、专业人士和政治家,以确保年轻人的声音能够被聆听。该党宣布成立的两个月内就有 3 万余人注册加入,对以往的政治格局无疑是一种颠覆。该党成立后便有条不紊地开展了青年帮扶行动并提出一系列可行的计划,无论该党未来成功与否,都将在马来西亚政府内树立一种以青年为中心的新常态。

同样在中国香港地区,由于青年强烈的社会参与意愿和通道的不足,政府为了为青年提供更多议政机会,自 2017 年开始推出"青年委员自荐计划",年龄在 18—35 周岁的人士可以自荐成为指定政府咨询委员会的委员。这些委员会包括保育历史建筑咨询委员会、创科生活基金评审委员会、香港海运港口局、社会福利界资讯科技联合委员会、儿童发展基金督导委员会等 15 个专门界别。特区政府在民政事务局下设青年发展的重要功能,然而目前从历届委任的青年委员来看,多以专业人士为多,并未做到真正多元,因此社会其他阶层青年可能会通过别的方式进行一些社会参与,而这些社会参与在一定程度上也可能会对社会稳定产生一定的破坏作用。

二、青年的正面参与不足导致的负面参与

就目前的研究来看,青年人的政治参与意识和能力虽然是衡量国家政

[①] Z. S. Ali, Is Youth-Centrism the New Norm? https://cpps.org.my/publications/is-youth-centrism-the-new-norm/,2021 - 02 - 15(2021 - 08 - 10).

治参与水平的一个重要标志,但它在现实中也有矛盾。青年人既要应付大规模的非主动政治动员,也会在参与本身的条件上受到很大的限制。2015年的《世界青年报告》指出,全球范围内青年在机构政治程序中的参与和对决策的参与程度相对都较低。青年人在正式的政治结构中代表性不足,如在议会的参与度、政治党派以及选举活动中的参与度均较低。青年人群选民的比例比成年群体就是要明显的低,青年人也基本不太可能成为政治党派的成员。例如,G7国家下属青年组织Y7每年也有举行峰会,但达成的政策建议让人不禁觉得仅仅停留在倡议的阶段。世界范围内金融危机的阴魂不散,也使得青年人对于传统的治理体系以及选举参与失去了信心,认为这些体系对于有意义的政治参与来说是非常低效的工具。这种脱离的感觉导致青年人在体系化政治进程中的缺位,也使得很多人采取了其他的方式来参与政治。

2015年的《世界青年报告》显示,通过抗议示威,青年人感觉能发挥他们的作用,使得维权政体能受压改变,如此的行事方式挑战了现有框架和规则,也让青年人在治理中的作用得到了重新的定义。然而,尽管世界各地的很多事例显示了青年在进行抗议示威的过程中能够成为促进政府改变的强有力的工具,但是在政治转型之后,青年人往往被排斥在政治进程之外。有证据显示,如果不能有目的的并真正意义上将青年人纳入新的政治进程中,青年人的无力感和对政府的厌恶情绪可能会加剧,尤其在政治运动者中,这种厌恶情绪同时也会威胁民主和升级矛盾。

帮助青年人通过体制内的传统路径参与政治,同时融合一些非传统的政治参与形式,是现在很多政府和政策制定者头疼的问题,一旦解决的不好,就会威胁到国家的安全和稳定。经历过权力真空的国家尤其容易出现暴力群体和极端分子的渗透。青年人会在一些无奈的情况下向这些组织或者群体靠拢,例如自己经济状况很差的时候。

青年人在既有政治制度框架下如果不能参与和影响决策,将可能诉诸负面和暴力的参与方式。英国皇家联合军种国防研究所在2021年进行的

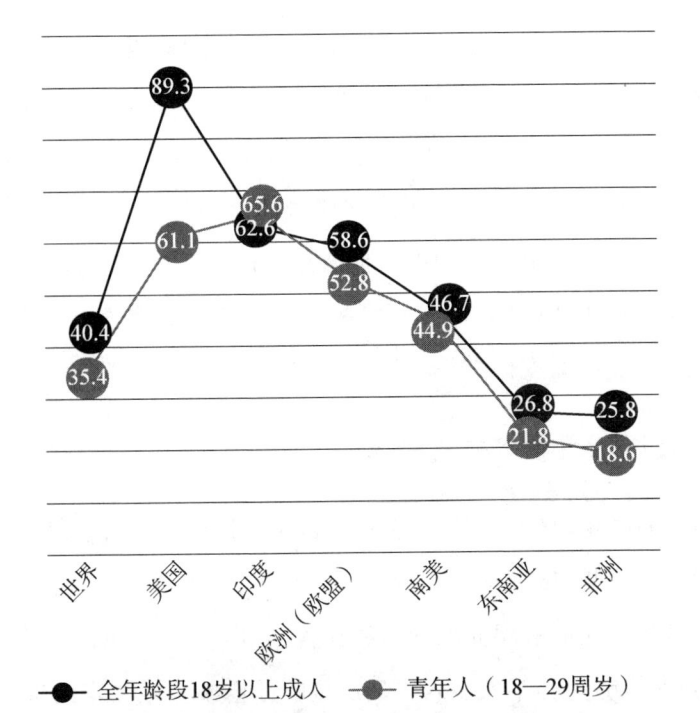

第七章 青年群体：全球创新驱动型国家发展的核心要素 / 195

图 7.15 世界部分地区参与抵制、请愿和示威游行的青年人（18—29周岁）
与全年龄段 18 岁以上成年人的参与比较（%）

数据来源：《世界青年报告——青年民事参与》，2015。

一次研讨会上深入讨论了青年与暴力极端主义之间的关系，并为此撰文，[1]评估是否可以通过干预青年行为有效防止与打击暴力极端主义。目前年轻人在恐怖主义活动中具有高参与度，由此产生许多针对"青年"群体的预防措施。但该会议的与会人员认为并不应该将某一特定年龄段的人群作为干预重点，因为这种对于人群的划分会给人们造成一种错觉，即一个群体中的所有个体都有激进化的趋向，并且都有可能加入暴力极端组织。这种说法的缺陷在于：第一，缺乏事实支撑；第二，使人们忽略了不同地域、不同文化中对"青年"定义的差异；第三，没有深入探究极端主义组织如何影响年

---

[1] C. Wallner, The Contested Relationship Between Youth and Violent Extremism: Assessing the Evidence Base in Relation to P/CVE Interventions, https://rusi.org/explore-our-research/publications/occasional-papers/contested-relationship-between-youth-and-violent-extremism-assessing-evidence-base-relation-pcve, 2021-02-08(2021-08-10).

轻人。该会议探讨了针对青年的干预措施的局限性，并且提出了一系列可能的解决方案。研究分析师 Claudia Wallner 提出，对于青年人的定义应该是更加包容的而非狭隘的，生理上的年纪已经不足以解释青年的行为，因而因地制宜地采用动态的青年的定义对于政策是研究都更有帮助。同时，在制定政策时对于已经处于弱势的群体要避免使他们进一步被边缘化。对于一些需要干预的青年群体，针对性别的研究也显得尤为重要。预设青年人为既定政治体制的对立面并不有利于吸纳青年人成为支持者和建设者。

三、青年新型参与方式的探索

各报告同时也显示，尽管参与的程度不尽相同，世界不同地区的青年人在社区层面的参与，特别是志愿服务，和平建设以及体育锻炼方面，都是相对比较积极的。在社区层面的参与能让青年得到第一次积极参与公共事务的初次体验，能够为青年人步入更加广阔的社会事务做一定的准备，这些益处将会影响青年人的整个生命历程，也是帮助他们提高自己领导能力的机会。

不同的报告指出，世界不同地区的青年人正在以自己的方式进行社会参与。经济生活上的参与是很重要的一个环节，包括消费和投资等方面。达沃斯论坛投资者行业社区负责人 Meagan Andrews 在《千禧一代投资者的崛起对可持续发展的世界意味着什么》[①]一文中指出，千禧一代的思维方式比前几代人更具可持续性和社会责任感，他们向以社会或环境改善为目标的公司投资的可能性是前几代人的两倍。在未来的 20 年里，婴儿潮一代有望将 30 万亿美元的财富转移给年轻一代，这对于解决财富不平等和创造长期可持续价值或有深远的意义。摩根士丹利的首席市场官员及首席可持

[①] M. Andrews, What the Rise of the Millennial Investor Means for a Sustainable World, https://www.weforum.org/agenda/2021/02/rise-millennial-investor-sustainable-world/, 2021 - 02 - 09 (2021 - 08 - 10).

续发展官员 Audrey Choi 也持有类似的观点,[①]青年投资者在社会和环境领域会将资本大规模流动起来,这对于经济和社会的发展都将起到良性的作用。该公司 2015 年的调查指出,相当一部分千禧一代投资者对于可持续发展的投资项目具有浓厚的兴趣,并且千禧一代对于世界事务表现出更强烈的关心(见图 7.16)。

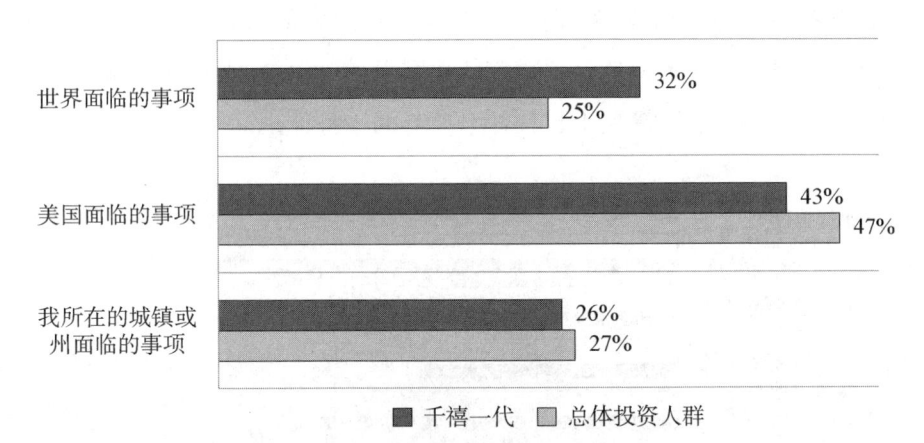

事项	千禧一代	总体投资人群
世界面临的事项	32%	25%
美国面临的事项	43%	47%
我所在的城镇或州面临的事项	26%	27%

图 7.16　如果你有机会来参与一项可持续化发展相关的投资,哪一个层面的事项您会最有兴趣

数据来源:Morgan Stanley (Institute for Sustainable Investing), Sustainable Signals: New Data from the Individual Investor。

另外,也有报告显示,青年人也通过消费的方式在进行社会参与。德勤 2019 年的报告《千禧一代年度调研报告:社会矛盾与技术变革造就"被颠覆的一代"》指出了千禧一代和 Z 世代所共有的特质。这两个代际的青年人普遍青睐与他们的价值理念一致的企业。许多受访者表示,若发现企业的业务活动、价值理念或政治倾向与自身理念存在分歧,他们会立刻减少或终止与该等企业的联系。报告进一步指出年轻一代与前几代不同,他们用不同的购物方式表达自身理念。所有消费者很容易受到广告宣传的影响,对较差的服务和产品感到失望。然而,千禧一代和 Z 世代会出于个人原因而与

[①] A. Choi, How Younger Investors Could Reshape the World, https://www.morganstanley.com/access/why-millennial-investors-are-different, 2018 - 01 - 24(2021 - 08 - 10)。

企业开始或者停止联系,这些原因通常与该企业对社会产生积极或消极的影响相关。企业的对外形象因此尤为重要,广告和公关有时会成为扭转信息的关键。报告举例,42%的受访千禧一代表示他们已经开始或者加深了与企业之间的联系,原因在于他们认为该企业的产品或服务对社会和/或环境带来积极影响。此外,37%的受访者表示他们因为企业的道德行为而停止或减少了和该企业的联系,而36%的受访者因为某家企业符合道德标准而开始/加深与该企业的联系。青年人会使用消费的方式对他们本身所持有的价值观进行表达,事实上也是社会参与的一种体现。

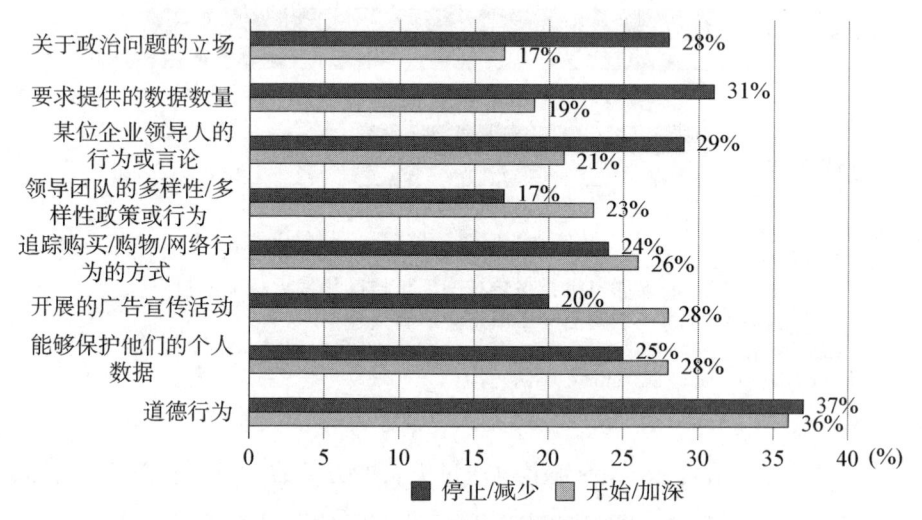

图 7.17 千禧一代改变与企业联系的最常见原因
数据来源:《千禧一代年度调研报告——社会矛盾和技术变革造就"被颠覆的一代"》。

因此,在经济参与、政治参与和社区参与三个层面,要青年人积极参与到社会生活中来,需要一定的正向鼓励和政府对此促动的决心。只有通过有意义的参与和积极的伙伴关系,以及包容的政策和决策过程,青年人所面临的一些关键问题的解决方法才能得到真正的发展。要达到这样的效果,青年人、决策者和相关机构各自的角色需要被清晰地界定。青年人需要居于中心地位来阐释他们关切的问题,但他们并不能单打独斗,尤其是在经济和就业的相关领域,需要各方面的合力,才能面对多层次多方面的挑战。

第五节　个体与国家共同发展的中国青年之路

以上从青年健康、青年就业和青年参与三个角度简述了目前世界各国关注的青年问题，以及如何通过解决这些主要的问题来排除社会发展的障碍，使得青年人成为社会发展的重要动力。这些问题看似都是针对青年人自身的，然而，如不妥善解决这些看似是以个体主义为中心的青年问题，就可能为国家发展埋下隐患。

阎云翔在 2015 年接受《东方早报》访问时表示，中国改革开放以来最大的变化是一种新的个体主义的兴起。他认为这种个体主义不是一般所理解的西方意义上经典的个体主义，也不是毛泽东时代所批判的自私自利的个体主义，而是另一个新的版本。这种个体主义的兴起，使得对个人利益的追求、个体的自我实现这些行为获得了正当性，从而迅速造成了伦理上的改变。因此，中国整体上正在经历着一个从过去的集体主义伦理到现在中国式个体主义伦理的转变。过去的集体主义伦理强调的是责任、义务和自我牺牲，个体是实现某个伟大目的的手段，为了这一目的，所有个人的奉献、牺牲、义务、责任都是必要的，包括经济利益在内的任何现实利益都可以舍弃。那么，现在向个体主义伦理转型的时候，权利、自由和自我实现慢慢地取代责任、义务和自我牺牲，成为新的标准。但是，他特别提出，中国的个体仍然把自己当成实现某一更高目的之手段。在这个意义上，中国的个体主义不同于西方的个体主义，因为西方个体主义最根本的特点就是把个体当作目的，而不是手段，个体被摆在了核心位置。他认为西方那种经典的个体主义可能不适合中国文化的大环境。

因而，结合上面三个不同方面的分析可见，在世界范围内，首先，对于青年的关注需要观念上的革新，健康、就业和参与的外沿都在不断拓展的过程中，政策的制定也需要依据这些变化做出调整；其次，青年所面临的问题是相互关联的，本章提出的最受瞩目的三个领域相互之间都有合集关系和因果关系，因而真正能够促进青年人成为国家发展的动力，需要全盘的考虑；

最后，青年人个体的发展与国家整体的发展如何有机融合、有序并轨，是世界上所有国家都需要解决的问题。外观世界之外，回头内省，也能够发现，中国的青年人在关注自身利益和在试图实现他们的个体主义的同时，事实上完全能够接受更高目的的实现。因而，要使中国青年人的力量迸发，成为社会发展甚至是国家发展的动力，成为合格的建设者和接班人，也更需要个体主义和集体主义的有机结合。中国青年表面体现出的个体主义在何种程度上能够展现出其集体意识，需要政策上对青年个体行为中能真正服务于社会发展的集体意识进行激发。

图书在版编目(CIP)数据

转型时代的治理：重构全球发展动力 / 刘虹主编
. — 上海：上海社会科学院出版社，2023
ISBN 978 - 7 - 5520 - 4201 - 6

Ⅰ. ①转… Ⅱ. ①刘… Ⅲ. ①国际政治—研究 Ⅳ.
①D5

中国国家版本馆 CIP 数据核字(2023)第 140988 号

转型时代的治理：重构全球发展动力

主　　编：刘　虹
责任编辑：王　睿
封面设计：黄婧昉
出版发行：上海社会科学院出版社
　　　　　上海顺昌路 622 号　邮编 200025
　　　　　电话总机 021 - 63315947　销售热线 021 - 53063735
　　　　　http://www.sassp.cn　E-mail: sassp@sassp.cn
照　　排：南京前锦排版服务有限公司
印　　刷：上海新文印刷厂有限公司
开　　本：710 毫米×1000 毫米　1/16
印　　张：13.5
字　　数：195 千
版　　次：2023 年 10 月第 1 版　2023 年 10 月第 1 次印刷

ISBN 978 - 7 - 5520 - 4201 - 6/D · 698　　　　定价：78.00 元

版权所有　翻印必究